北京市社科基金项目

健康是生产力

Health is
Productivity

王彦峰 著

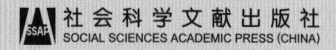

社会科学文献出版社
SOCIAL SCIENCES ACADEMIC PRESS (CHINA)

前言
为什么要研究"健康是生产力"

2005年,党的十六届五中全会提出要解决人民的"看病难、看病贵"的问题。当时,刚刚成立的中国医药卫生事业发展基金会的同志奔赴全国城乡进行调查研究,为医疗卫生扶贫工作做准备。但是,我们在调查中发现,有些干部对中央这一重大战略部署并不那么热情,甚至认为"看病吃药"从来都是老百姓自己的事,同政府没有什么关系。还有的人说:"政府拿钱帮老百姓治病能增加GDP吗,对发展生产力有什么好处?"由于在一段时间内出现了"因病致贫、因病返贫"的现象,因此有些群众对参加新农合也缺乏积极性。针对干部群众中的这些糊涂观念,我们明确地提出:"健康就是生产力。""关心人民的健康就是关心和保护生产力。"有了健康全面发展的人就有了一切,穷国就可以变成富国,弱国就可以变成强国,这是历史发展的客观规律。

我们之所以提出这样一个命题,是因为这既体现了马克思主义的历史唯物主义基本原理,同时也是我们日常生活中每天都会遇到的实际问题。人是组成人类社会的主体,生产力是推

健康是生产力

动人类历史发展的根本动力。任何社会的生产力都是由掌握一定劳动技能并且身体健康的劳动者、生产工具和劳动对象构成的,而具有一定劳动技能的健康劳动者,是生产力诸因素中最活跃、最革命、最有创造性的。生产工具、劳动对象都是生产新产品必不可少的重要因素,但它们都是经过劳动者加工创造出的具有价值的载体,它们在生产新产品方面所起的作用只是把原来具有的价值转移到新产品上,不能为新产品增值;只有掌握一定劳动技能且身体健康的劳动者在参加生产过程中,才能创造出大于他(她)本身成本的新价值。马克思在《资本论》中称这部分新价值为剩余价值,这就是在资本主义制度下被资本家无偿剥削的价值,是资本家发财致富的来源。在社会主义制度下,这部分新价值被称为利润,这是国家实现社会扩大再生产,发展国民经济,提高人民物质文化生活水平,建设强大国防,使国家繁荣富强的源泉。国家和企业家为让劳动者不断地创造出这种大于劳动成本的新价值,就必须增加保护劳动者需求的投入,保障劳动者的身心健康。我们强调健康是生产力,关心和保护人民健康就是发展和保护生产力,其道理就体现在其中。

健康是生产力的理论来源是马克思创立的剩余价值学说,是马克思主义政治经济学的一个基本问题,是每一个国家工作人员必须具备的理论基础知识。但是,在西方思潮的影响下,人们对马克思的原著淡漠了,对其基本观念的认识模糊了。从现实生活来说,健康是我们天天都会遇到的问题。比如,只有身心健康的人,才能通过学习和实践成长为德智体美全面发展的有用人才;只有身心健康的人,才能创造社会价值,为国家的繁荣富强作出应有的贡献;只有身心健康的人,才能有个人和家庭的美满幸福。现在一些年轻的夫妇离婚率高,其中的原因之一,就是一方的身心不够健康。因此,人民健康素质的高低是一个国家社会发展进步的标志,它对拉动国民经济发展的作用,早已成为世界各国关注的一个热门话题。世界银行和哈佛大学的专家学者曾对发达国家和亚洲一些国家经济获得迅速发展的原因进行研究,他们得出的一个共同结论就是:这得益于人民健康素质的提高。在我国,人民健康对拉动经济发展的作用更为显著。在改革开放前,我国经济虽然取得了引人注目的成就,但无法与西方发达国家相比。改革开放后30多年来,党中央在抓经济发展的基础上,把改善民生放在重要地位,在解决了13亿以上人口的吃饭问题之后,紧接着又解决了人民群众的"看病难、看病贵"的问题,使人民的生活得到了很大改善,健康水平大为提高,人均期望寿命由新中国成立前的35岁提高到2010年的74.8岁。北京、上海的人均期望寿命已经超过80岁。由于人民健康水平和劳动积极性提高,我国的国内生产总值到2012年超过英国、法国、德国和日本等发达国家,成为世界第二大经济体。世界经济发展的实践证明,人的健康是生产力,是拉动经济发展的重要动力。

20世纪50年代以来,人类赖以生存的客观环境发生了深刻复杂的变化,伴随着经济全球化、信息化、国际政治多极化、思想文化多元化、人口城镇化,自然生态发展趋于恶化。客观环境的变化对人类健康必然产生影响,要求我们以更加开阔的视野来对待健康问题。"无病即健康"的观念早已过时,健康的内容涵盖了政治、经济、文化、社会、生态环境以及国际交往各个方面,而且都会产生正负两个方面的影响。健康不

健康是生产力

再是老百姓个人的小事，而是关系世界能否持续发展、人类能否健康生存的大问题。关心和保护人民的健康，已经不再是某个地域或某个国家的问题，而是全球性的问题。各国只有政府通力协作，并把关心和保护人民的健康纳入自身发展战略，人类的健康、生存、发展才能得到保障。

值得庆幸的是，中国共产党一贯重视人民的健康。改革开放以来，历届党的代表大会和全国人民代表大会都有关心人民的生活和健康的议题。特别是2003年战胜"非典"袭击之后，党的十六届五中全会将解决人民的健康问题纳入党和国家的重要议事日程，2008年卫生部组织医学专家起草了《健康中国2020战略》；2012年10月8日，国务院将医疗卫生事业纳入国家"十二五"发展规划；2013年12月14日，习近平主席主持召开城镇化工作会议；2014年3月16日，党中央、国务院颁布了《国家新型城镇化规划（2014～2020年）》。这些都为在全面建设小康社会阶段坚持健康中国之路指明了发展方向和目标。

新中国成立以来，在保护人民健康方面取得了令人瞩目的成就。但是，我国人口众多，经济发展不平衡，医疗资源分布不均衡，历史欠账多，探索一条符合中国国情的健康之路，是一个不断发展的、相当长的历史过程。其中每个发展阶段都要求我们根据国情的发展变化，制定不同的目标任务和政策。为同大家一起探索"健康中国"之路，我们几位理论工作者撰写了这本书。由于水平有限，占有资料不全，不足之处在所难免，欢迎读者批评指正，以便继续深化相关研究。

2014年9月于北京

目　录

第一章　人是推动人类社会发展的主体 ………………… 001
 第一节　人是社会的主体，一切社会活动都是人的
    活动 ……………………………………………… 001
 第二节　人是生产力中最活跃、最根本的因素 ………… 006
 第三节　人的全面发展是社会发展的核心和
    最终目标 ………………………………………… 013
 第四节　健康是促进人的全面发展的必然要求 ………… 023

第二章　健康是人生之本 ………………………………… 028
 第一节　健康历来都是人们的愿望和追求 ……………… 028
 第二节　健康的含义 ……………………………………… 035
 第三节　健康的生活方式 ………………………………… 043
 第四节　健康的理念有哪些 ……………………………… 049

第三章　健康是一切价值的源泉 ………………………… 060
 第一节　科学理解生产力的含义 ………………………… 060

第二节　身体是革命的本钱 …………………… 067
第三节　健康就是生产力 ……………………… 072
第四节　健康因素对生产力的正负向影响 …… 076

第四章　健康与经济文明的关系 …………………… 087
第一节　健康投入与经济增长并不矛盾 ……… 087
第二节　健康与经济水平的双向影响 ………… 096
第三节　健康保健品已成为刺激生产和消费的
　　　　重要因素 …………………………… 108

第五章　健康与政治文明的关系 …………………… 116
第一节　人最基本的权利是生存权和发展权 … 116
第二节　政治文明建设对人的全面健康发展的
　　　　促进作用 …………………………… 120
第三节　战争直接威胁人的健康 ……………… 125

第六章　健康与社会文明的关系 …………………… 133
第一节　社会文明程度越高，人们对健康问题
　　　　越重视 ……………………………… 133
第二节　社会因素是影响国民健康水平的根本因素 … 140
第三节　健康的人应具有较强的社会适应性 … 146
第四节　个人的健康观念有助于社会文明建设 … 151

第七章　健康与科学文化的关系 …………………… 158
第一节　健康的理念必须符合科学 …………… 158

第二节　维护健康需要科技水平的支撑 ……………… 164
第三节　健康的理念需要家庭、学校和社会
　　　　共同培育 ……………………………………… 170

第八章　健康与生态文明的关系 …………………………… 177
　第一节　生态环境直接关系人类的身心健康 ………… 177
　第二节　人类盲目改造自然引发的危害 ………………… 182
　第三节　建设美丽中国，营造良好的自然环境 ………… 188

第九章　健康与医疗卫生服务体系之间的关系 …………… 198
　第一节　健康问题刺激医疗卫生服务水平的提高 ……… 198
　第二节　医疗卫生服务体系的完善有助于健康水平的
　　　　提升 ……………………………………………… 211
　第三节　健康并不是有病治病，而是预防为主、
　　　　让人不患病 ……………………………………… 218

第十章　健康中国之路 ……………………………………… 227
　第一节　党和政府对居民健康问题非常重视 …………… 227
　第二节　健康是北京奥运会的重要文化遗产 …………… 238
　第三节　健康中国之路 …………………………………… 243

**附录一　北京市人民政府办公厅转发市卫生局《关于
　　　　在全市开展"健康奥运，健康北京
　　　　——全民健康活动"的通知》** ……………… 254

**附录二　中国国际健康城市市长论坛杭州宣言（2008年）
　　　　——让城市成为健康生活的家园** ……………… 263

附录三　以奥运会为契机　开展全民健康活动
　　　　 提高全民健康素质
　　　　　　——"健康奥运、健康北京——全民健康活动"
　　　　　　　工作总结 …………………………………… 265

附录四　北京市人民政府关于印发《健康北京人
　　　　——全民健康促进十年行动规划（2009～2018年）》
　　　　的通知 ………………………………………………… 279

附录五　推进健康城市建设
　　　　——唐山共识（2010年）………………………… 289

附录六　继承奥运健康遗产　努力把北京建设成
　　　　健康之都 ……………………………………………… 291

附录七　北京市人民政府关于印发《健康北京"十二五"
　　　　发展建设规划》的通知 …………………………… 297

附录八　健康城市·北京倡议
　　　　——健康城市　科学发展 ………………………… 301

附录九　首届"国际健康论坛"在京举行
　　　　发布《国际健康宣言》……………………………… 303

参考文献 …………………………………………………………… 306

后　　记 …………………………………………………………… 309

第一章
人是推动人类社会发展的主体

第一节　人是社会的主体，一切社会活动都是人的活动

社会和人不仅在起源上是同步的，而且在人类社会形成之后仍然并且永远处于不可分割的联系之中。社会是由人组成的，人的存在是社会存在和发展的前提，没有一个个现实的人的存在，也就没有社会。人是社会的主体，一切社会活动都是人的活动。在社会生活的各个领域中，人是无所不在的。社会发展的客观规律，体现在人的活动之中。离开了人去认识和研究社会，不仅没有意义，而且是根本不可能的。

一　人总是社会的人，人是社会的主体

在汉语中，"社"指古时祭地神之所，"会"是众人之聚合。"社"与"会"联用，最早见于北宋理学家程颐所说的"乡民为社会"，意为众人会合、结为社团。

健康是生产力

人类社会是整个自然界的一个特殊部分,是在自然界发展一定阶段上随着人类的产生而出现的。

人类社会的形成主要不是人的生理组织与机制进化的生物学过程,而是以劳动为基础的人类共同活动和相互交往等社会关系形成的过程。人类的直接祖先曾经是一种群居动物,它们在严酷的大自然面前不得不以群体的联合力量和集体活动来弥补个体能力的不足。恩格斯曾把过着群居生活的古猿称为"社会化的动物",把它们的群体关系称为"社会本能"。他指出:"我们的猿类祖先是一种群居的动物,人,一切动物中最爱群居的动物,显然不可能来源于某种非群居的最近的祖先。"① 人类祖先的群体关系的社会本能,是从猿进化到人的最重要的杠杆之一。同劳动的发展相适应,这种群体关系越来越广泛和密切,终于随着人类的出现而成为真正意义上的社会关系。

马克思说:"人是最名副其实的政治动物,不仅是一种合群的动物,而且是只有在社会中才能独立的动物。孤立的一个人在社会之外进行生产——这是罕见的事,在已经内在地具有社会力量的文明人偶然落到荒野时,可能会发生这种事情——就像许多个人不在一起生活和彼此交谈而竟有语言发展一样,是不可思议的。"② 人类社会是每一个个人生存和发展的基础和环境,它规定着人的现实的存在和本质。人的本质是人的真正的社会联系,离开人类社会就无法理解现实的活动着的人。

---

① 《马克思恩格斯文集》第 9 卷,人民出版社,2009,第 553 页。
② 《马克思恩格斯文集》第 8 卷,人民出版社,2009,第 6 页。

因此，人类社会不是抽象的单个人的机械相加，而是由处于现实活动中、现实关系中的社会的人，形成的相互联系和相互作用的有机系统。人和社会的有机统一，是从总体上正确把握人类社会的一个基本观点。如果离开这一基本观点，则既无法理解人，也无法理解人类社会。

二 人类社会具有复杂的结构，但其基本前提是人的活动

马克思和恩格斯在人类历史上第一次科学地揭示了人类社会的基本结构，这就是：①由人的劳动生产活动形成的人同自然界的关系，实现着社会与自然的物质、能量和信息交换，构成生产力系统；②在劳动生产活动中形成的人和人的联系，使生产力获得具体的社会形式，构成生产关系体系；③以生产关系为社会的基础而派生出其他各种社会关系，建立起由政治法律制度和设施以及政治法律观点、各门社会科学、道德、哲学、艺术、宗教等意识形态组成的庞大的上层建筑系统。普列汉诺夫依据马克思和恩格斯的理论对人类社会的结构做出了更为具体的划分，提出了如下五个层次：①生产力的状况；②被生产力所制约的经济关系；③在一定的经济基础上生长起来的社会政治制度；④一部分由经济直接决定的，一部分由生长在经济上的全部社会政治制度所决定的社会中的人的心理；⑤反映这种心理特性的各种思想体系。

把社会结构分解为三个或五个基本系统，是对社会结构的最基本的划分。每个基本系统中都包括由各种要素构成的更具体的组织和系统，同时还有由特定的社会关系或纽带联结起来

的人群共同体，如氏族、部落、家庭、民族等。这些人群共同体，不能简单地划入生产力、生产关系或上层建筑中的任何一个领域。像家庭和民族这类人群共同体，既体现一定的物质的、经济的关系，又体现一定的心理的、思想的关系。此外，社会中还有与各个基本领域相联系的各种社会现象，如教育、语言等。

把统一的社会机体分解为不同社会生活基本领域，只是对社会结构的一般考察，而现实存在的具体社会结构是一个复杂的动态系统。随着历史的发展，社会的联系越来越广泛和密切，社会的结构越来越复杂和丰富。社会结构的复杂性要求人们：对于各种社会现象，只有将它摆在社会体系的整体联系中，才能确切地把握它。

人类社会是不断发展的，它的内在活力在于它自身的矛盾性。人类社会是一个复杂的矛盾体系，其中生产力和生产关系的矛盾、经济基础和上层建筑的矛盾是社会的基本矛盾，它在阶级社会中表现为阶级矛盾、阶级斗争。由于生产力和生产关系、经济基础和上层建筑的矛盾运动形成了人类社会从低级到高级的发展，经历着从原始社会、奴隶社会、封建社会、资本主义社会到共产主义社会（社会主义社会是它的初级阶段）这五种社会形态的依次更替。这是人类社会发展过程的基本轮廓。

三 人的本质是一切社会关系的总和，一切社会活动都是人的活动

第一，人作为社会关系的总和而产生。科学早已经证明，人是由类人猿进化而来的。那么，是什么东西使人和猿区别开

来的呢?地理环境的变化是猿变成人的一个外部条件。早在二三百万年前,地球上气候变冷,森林大大减少,这就使类人猿不能像以前那样靠大自然提供的食物和条件生活了。地理环境的变化迫使类人猿发生了巨大的变化。这是猿变成人的一个外部条件,显然不是人的本质。类人猿要继续生存下去,就必须战胜恶劣的自然环境,创造自然界不能提供的物质生活资料。而要战胜自然界,创造物质生活资料,单靠个体的力量是不行的,必须结成一定的关系。这种结成一定关系去创造物质生活资料的活动,就是劳动。由此可知,正是由于结成一定的社会关系,才能进行劳动,类人猿才变成人,人和猿才区别开来。劳动是人的活动,劳动把人和猿区别开来,但不是人的本质。决定劳动的是一定的社会关系,人一旦产生就是一定社会关系中的人。所以,人的本质是一定社会关系的总和。

第二,人作为一切社会关系的总和而存在和发展。人类要存在和发展,就必须解决衣食住行等问题。而要解决这些问题,就必须进行劳动,也就必须结成一定的社会关系。人们结成怎样的社会关系,人们就怎样劳动创造,人们也就怎样存在和发展。我们还知道,人和动物的另一个重要区别,是人的目的意识性。人的目的意识性是在劳动实践中形成和发展的,因此人的目的意识性也就是由人的社会关系所决定的。人的意识一开始就是社会的产物,现代人和未来人的意识仍然是社会的产物。所以,劳动创造性和目的意识性,都是由于人们结成一定的社会关系才具有的。由此可知,人类是以一定的社会关系的形成而存在和发展的,每个人都是作为一定社会关系的总和而存在和发展的,因此,人的本质就是一定社会关系的总和。

第三，人的本质的具体性、历史性。"社会关系的总和"这个规定，不仅表示它的客观性，而且表示它的变动性、历史性，就是说它不是凝固不变的，而是发展变化的，社会是具体的、历史的，因此必须对人的社会关系做具体的历史考察。阶级社会中人的关系与阶级产生以前是不同的，各个阶级社会中人的关系也相互区别。如果把人的本质设想为某种固定不变的气质或某种抽象的观念都是不正确的、不科学的。既然社会关系是变动的，那么作为社会关系的总和的人的本质也就不是抽象的固定不变的。

人的本质就存在于现实的、可感知的、发展变化着的社会关系之中；离开了人的实践活动，离开了社会关系的变化和发展，就抓不住人的本质，就不能理解现实的人。

第二节　人是生产力中最活跃、最根本的因素

生产力是人类社会发展的最终决定力量和最根本的推动力。马克思在《〈政治经济学批判〉序言》指出，物质生产力直接决定生产关系并进而最终决定一切社会关系，是社会存在和发展的最终决定力量。列宁也认为，物质生产力的状况是所有一切思想和各种趋向的根源，人类社会的发展就是由生产力的发展所决定的。

生产力是人类认识自然、利用自然、疏导自然和保护自然的能力，它反映生产过程中人同自然界的关系；是人们运用劳动资料进行物质资料生产的能力，在社会生产发展中起主要的决定作用；是推动人类社会发展的最终决定力量。劳动者、生

产资料（劳动工具）、劳动对象共同构成生产力的实体性要素。

物的因素是生产力中不可缺少的重要因素。在劳动资料中，生产工具起着最重要的作用，它是生产力发展水平的最主要标志。但是，人是生产力中最革命、最活跃的因素，起决定性作用。一方面，人的全面发展是生产力发展的前提和基础；另一方面，生产力的充分发展又是推动人的全面发展的前提和基础。

在社会发展过程中，生产力总是处在不断发展变化之中。对生产力发展变化起决定性作用的因素，就是"劳动者"。人们在认识和利用自然的活动中，随着生产经验的积累、劳动技能的提高、科学技术的发明，特别是利用科学技术改进生产工具并将改进后的生产工具作用于劳动对象，总是要使生产力发展到一个新的水平。在这里，"劳动者"表现得最积极，是生产力中最活跃的因素。

一 人是生产资料的承担者

生产资料是生产力发展的物质基础，其中生产工具是生产力得以展开的显性的"物"的载体。马克思在《〈政治经济学批判〉导言》中说："没有生产工具，哪怕这种生产工具不过是手，任何生产都不可能。"[①] 而人恰恰是生产资料的创造者与应用者，人是生产力中"活"的因素。

人们从事物质资料生产所必需的一切物质条件，即劳动资

[①]《马克思恩格斯选集》第 2 卷，人民出版社，1995，第 3 页。

料和劳动对象的总和，又称生产手段，包括土地、机器、设备、厂房、工具、燃料、原材料、辅助材料等。生产资料是生产力中物的因素，在任何社会生产中，人们总是借助于生产资料，通过自己的劳动生产出劳动产品。在生产资料中，生产工具起决定性作用，生产工具的发展水平，决定了人类利用自然、疏导自然的广度和深度。生产资料总是存在于一定的社会经济形态之中，成为特定生产关系的物质承担者。

在不同的社会经济形态中，由于生产资料所有制形式不同，生产资料和劳动者的结合方式不同，因而生产资料也具有不同的性质。在资本主义制度下，生产资料属于资本家所有，丧失了生产资料的无产阶级，只有在资本家的支配下，才能与生产资料结合起来进行生产。生产资料成为资本家剥削劳动者的手段，表现为生产资本。在社会主义制度下，生产资料是公有财产，劳动者是生产资料的共同主人，生产资料不再表现为生产资本，而成为生产基金的物质形式。

先进生产力是一个具有相对性的历史范畴。人类社会最早出现的是以石器为标志的生产力，后来出现了以铁器（铁制手工工具）为标志的生产力，再后来又出现了以机器为标志的生产力。从 20 世纪中叶开始，出现了以高科技为标志的生产力。可以说，人类社会生产力的发展就是先进生产力不断取代和淘汰落后生产力的过程。在这一过程中，人作为生产力中最活跃的要素发挥了决定性作用。

从两次工业革命中我们可以领会到人在推动生产力发展中的创造性贡献。18 世纪工业革命为什么发生？英国为什么能成为世界上第一个工业化国家乃至引领世界发展 100 多年？这恰恰是缘于三个人：牛顿、瓦特和博尔顿。牛顿用数学方法证明了万有引力定律和三大运动定律，这四大定律被称为"人类智慧史上最伟大的一个成就"。他告诉世人：自然界存在规律，而且规律是能够被认识的。这为18～19世纪乃至我们当今诸多科学领域的研究铺平了道路。瓦特对旧式蒸汽机进行了脱胎换骨的发明改造，其思维方式也是来源于此。1773年，在瓦特试制新式蒸汽机的时候，公司合伙人破产了，37岁的他穷困潦倒，欲离开故乡英国到俄国去发展。这时，一个名叫马修·博尔顿的"工厂主"挽留了他。他在写给瓦特的信中说："我将为发动机的竣工创造一切必要的条件，我们将向全世界提供各种规格的发动机。您需要一位'助产士'来减轻负担，并且把您的产儿介绍给全世界。"这相当于博尔顿为瓦特的发明提供了"孵化器"。最后，瓦特留在了英国，并开始了他和博尔顿之间长达25年的成功合作。正是这一合作，使瓦特的万能蒸汽机真正实现生产，为工业部门普遍应用。后来人们把解决了工业化核心问题的瓦特蒸汽机，作为工业革命的标志，瓦特也被称为"工业革命之父"。这是一个人的创造力转化为生产力最好的例子。

19世纪70年代末，美国人爱迪生发明了电，电力取代蒸汽动力成为经济发展的新能源，给美国的经济发展带来了强劲的动力。由电力使用引发的一系列技术革命，正是第二次工业革命。据1922年美国国会统计，爱迪生使美国政府在50年内的税收增加了15亿美元。而1928年的一项调查则显示，全世界的资本用在与爱迪生发明有关的事业上的数目达到157.25亿美元。爱迪生一生共有1000多项发明，几乎都用在了生产力上。而爱迪生本人只是当时美国众多发明家中的一员，仅1865~1900年，被正式批准登记的发明专利就达到了64万多种。依靠爱迪生等一批科学家，依靠强大的科技实力，美国很快在第二次工业革命中独占鳌头，从一个照搬欧洲技术的国家变成了自主创新能力强、经济发展领先的国家。

因此，从两次工业革命可以看出，人在生产力发展中具有决定性作用。没有瓦特、爱迪生，就没有两次工业革命。人的作用最终能利用到发展先进生产力上去，这才是人的价值的最终体现。

二　人是发展生产力的主体

在生产力的三个要素中，人的因素占有特殊重要的地位，是生产力中最重要的因素。劳动者是生产过程的主体，是生产工具的创造者、使用者和改良者。创造生产工具、原材料的是人，没有人的劳动，这些东西就发挥不出任何作用，物质要素只有被劳动者所掌握，只有在劳动过程中和劳动者结合起来才能形成现实的生产力。即使是最先进的生产工具，如果不为劳动者所使用，至多也不过是一堆不发生任何作用的废铁。当然，劳动者的作用不能离开生产资料，它是通过创造和使用生产资料来表现自己的重要作用的。

马克思主义认为，资本主义不是没有解放生产力，而是没有解放人。资本主义取得了前所未有的经济进步，但是没有使人获得实际性的解放，反而使人处于深刻的异化状态。这里揭示了一个先进生产力的衡量标准问题，我们之所以坚持以人为本的科学发展观，就是把解放人与解放生产力统一起来，切实解决发展生产力过程中"见物不见人"的思想障碍和制度障碍。人类社会不同经济形态的演进过程表明,生产力不是孤立存在的,它是不同发展阶段的特定生产关系中的生产力。因此,要评价一种生产力先进与否,只有把它放到特定的生产关系中,作为一个整体来把握,才能得出正确的答案。

我们坚持人是最活跃的先进生产力,就是把人摆在发展生产力的主体地位,揭示生产力中主客体的辩证关系,强调先进生产力与先进生产关系的统一性。因此,营造"尊重知识、尊重人才、尊重劳动、尊重创造"的良好制度环境和社会环境,就成为社会主义制度下发展先进生产力的重要衡量标准。

三 人是生产力发展的目的

生产力是人与自然、社会、他人之间进行物质、能量和信息传递与转换的手段,生产力水平的提升直接受益者是人,人是生产力发展的内在价值旨归。人的需求满足状况也为检验生产力发展成效的大小提供了标尺。

马克思所说的"人的全面发展"中的人,不是抽象、孤立的人,而是指现实的、具体的、社会中的个人,不是"某一个人",而是"每一个人"。人获得全面发展、自由发展,主要指人的个性得到发展,才有创造活力的发展。生产力是"自由个性"的现实基础。马克思说,自由个性"建立在个人全面发展和他们共同的、社会的生产能力成为从属于他们的社会财富这一基础上"[1]。人的个性发展是在生产力发展过程中

---

[1] 《马克思恩格斯文集》第8卷,人民出版社,2009,第52页。

发展出来的。全面发展、自由发展、充分发展、和谐发展在"每一个人的发展"内部是相互联系、不可分割的。

人类社会的历史进程,是生产力的发展和人自身发展的过程。人类社会的进步,有两个评价尺度:一个是生产力的发展,这是评价历史进步的客体尺度,或称物的尺度;另一个是人的发展,这是评价历史进步的主体尺度,或称人的尺度。

生产力的发展是社会进步的客体尺度。一部人类社会发展的历史,从根本上说,就是先进生产力不断取代落后生产力的历史。可见,物的尺度作为社会进步的客体尺度,主要是指生产力的解放和发展。一个社会的进步程度,取决于该社会的生产关系和上层建筑是否促进和在何等程度上促进了生产力的解放和发展。

人的发展是社会进步的主体尺度。生产力的发展并不是社会的最终目的,发展生产力说到底是为了满足人的需要,实现人的发展。从这个意义上说,人的解放和发展的程度表明了社会进步的程度。马克思主义高度重视人的发展及其在社会进步中的作用,主张"每个人的自由发展是一切人的自由发展的条件"[①]。由此可见,马克思主义在高度重视生产力发展的同时,也高度重视人的发展,并把人的发展作为社会进步的重要尺度。

物的尺度和人的尺度是社会进步的两种尺度,两者是密切联系在一起的。人类社会的发展,就是在生产力的发展和人的

---

① 《马克思恩格斯文集》第2卷,人民出版社,2009,第53页。

发展的矛盾运动中实现的。生产力是社会发展的基础，但它不是社会发展的终极目的。人们从事生产活动的直接目的是满足人的需要，而更高的目的则是实现人的全面发展。

在当代社会发展中，以生产力为基础的综合国力的竞争日趋激烈，而所有的竞争都集中表现为人才的竞争。因此，解决社会发展问题，必须关注人的发展。发展是为了人，发展也需要人。要实现生产力的解放，就必须实现人的解放；要实现生产力的发展，就必须不断促进人的发展。

第三节　人的全面发展是社会发展的核心和最终目标

人的全面发展是马克思主义的最高目标和根本价值取向，马克思将其称为"每个人的全面而自由的发展"[①]，是人的"自由个性"的全面发展。人的全面发展理论是建立在对人的科学认识和对资本主义深刻批判的基础之上的，揭示了人类社会发展和人的发展的客观规律，是马克思主义理论的重要组成部分。

马克思初步提出人的全面发展理论是在《1844年经济学哲学手稿》中。在《德意志意识形态》中，马克思明确地提出了关于人的全面发展的思想。后来马克思和恩格斯在《共产党宣言》中指出，人的全面发展是共产主义者的理想目标和共产主义社会的基本原则。

---

① 《马克思恩格斯选集》第2卷，人民出版社，1995，第239页。

健康是生产力

一 人的全面发展的含义

马克思主义认为,人的全面发展主要包括人的劳动活动、劳动能力、社会关系、自由个性、需要的全面发展以及人类整体的全面发展。

第一,人的劳动活动的全面发展。马克思指出:"有意识的生命活动把人同动物的生命活动直接区别开来。正是由于这一点,人才是类存在物。"① 正是在劳动中人的类存在才得以体现,人的本质才得以反映,人才成其为人。人通过劳动在改造客观世界的同时改造本身,在劳动的发展中获得自身发展。人类社会发展的历史已经证明,人类在劳动中产生,人类因劳动的异化而异化,因劳动的解放而解放,因劳动的发展而发展。由此可知,人的全面发展必须建立在人的劳动活动全面发展的基础之上。人的劳动形式丰富多样,其实质是人的本质力量对象化的多维展现或生命活动外化范围和程度的扩大、提高,它反映和揭示了人的本质的全面提升,以及人对自身本质的全面占有。

第二,人的劳动能力的全面发展。社会生产和社会关系的发展,归根到底是为了全面地拓展、张扬、提升人的一切能力,如人的体力、智力、自然力、道德力、现实能力和内在潜力等。因此,劳动能力的发展在人的全面发展中具有重要的地位。它是人的全面发展的核心。人的能力既包括体力,又包括智力;既包括从事物质生产的能力,又包括从事精神生产的能

---

① 《马克思恩格斯文集》第1卷,人民出版社,2009,第162页。

力；既包括社会交往的能力，又包括加强道德修养的能力和审美能力等；既包括现实能力，又包括潜在能力。其中，体力和智力的发展是人的能力全面发展的主要内容，也是人的其他能力得以全面发展的基础和前提。

第三，人的社会关系的全面发展。人的劳动从来就是社会的劳动，因而人是社会的存在物，人总是在一定的社会关系中生存和发展。社会关系实际上决定着一个人能够发展到什么程度，个人的全面性就是"他的现实联系和观念联系的全面性"①。从这一意义上可以说，人的全面发展就是人的社会关系的全面发展。一个人的发展取决于与他人之间的普遍的交往和全面的关系。因为只有进行普遍的交往才能扩大人的视野，才能造成人与人之间普遍的交往、全面的联系。

第四，人的自由个性的全面发展。人的个性，是个人的自我意识及由此形成的个人特有的素质、品格、气质、性格、爱好、兴趣、特长、情感等的总和。人的个性的全面发展，就是指这一"总和"的全面发展。自由个性的充分发挥，是人的全面发展的综合体现和最高目标，也是人的全面发展的根本内涵。个性即人的品质和风格等，是人们在日常生活中所表现出来的体质能力、精神状态、心理倾向及行为特征的总和，它反映的是人的不断发展的特殊性和差异性。人的个性的发展程度表现为人的独立自主性、自觉能动性和独特创造性的发展程度。自觉能动性是个性的根本特征。创造性则是个性的最高表现，也是最活跃的因素，其实质是主体对现实的超越。

---

① 《马克思恩格斯文集》第 8 卷，人民出版社，2009，第 172 页。

第五,人的需要的全面发展。资本主义生产方式的建立和发展,使人的需要有可能向多个方面发展。到了社会主义和共产主义社会,剥削制度被消灭,生产力高度发展,社会产品极大丰富,人的需要将呈现丰富性和多面性。

第六,人类整体的全面发展。马克思主义认为,个人的全面发展和人类整体的全面发展是相辅相成、不可分割的一个问题的两个方面。一方面,没有个人的全面发展,就不可能有人类整体的全面发展;另一方面,个人的全面发展也只有在人类整体的全面发展中才能实现。真正的人的全面发展必须是人的素质的普遍提高,是全社会所有成员的共同发展,而不是部分阶级、阶层和个人的片面发展,更不是某一个体或社会集团的特殊嗜好的畸形扩张和繁衍。这是因为,一个人的发展取决于和他直接或间接地进行交往的其他一切人的发展。

二 人的全面发展与社会发展是一致的

在马克思看来,人的全面发展与社会发展是一致的,都是一个历史发展过程。与自然经济、商品经济、产品经济三大社会形态相对应,在《政治经济学批判(1857~1858年手稿)》中,马克思说:"人的依赖关系(起初完全是自然发生的),是最初的社会形式,在这种形式下,人的生产能力只是在狭小的范围内和孤立的地点上发展着。以物的依赖性为基础的人的独立性,是第二大形式,在这种形式下,才形成普遍的社会物质变换、全面的关系、多方面的需要以及全面的能力的体系。建立在个人全面发展和他们共同的、社会的生产能力成为从属于他们的社会财富这一基础上的自由个性,是第三个阶段。第二个阶段为第三个阶段创造条件。"① 在这里，马克思论述了人的发展与社会形态发展的关系，他所指的第一大社会形态就是前资本主义社会，第二大社会形态就是资本主义社会，第三大社会形态就是共产主义社会。他的关于人的发展的三阶段理论表明：人的全面发展与社会形态的发展具有内在的一致性，它的实现是一个历史发展过程。

首先，在原始社会、奴隶社会和封建社会，人受到生产力水平低下的束缚，不能得到全面的发展。

其次，在资本主义社会中，人虽然在形式上能独立发展，但依然存在对物的依赖。马克思对资本主义对人的全面发展的影响做出了全面分析。一方面，他指出，资本主义生产对人的全面发展起了推动作用，只有资本主义所创造的生产的物质条件"才能为一个更高级的、以每一个个人的全面而自由的发展为基本原则的社会形式建立现实基础"②，资本主义"本身已经创造出了新的经济制度的要素，它同时给社会劳动生产力和一切生产者个人的全面发展以极大的推动"③。另一方面，马克思认为，资本主义社会虽然冲破了人的依赖关系，但又陷入了物的依赖关系，形成了"以物的依赖性为基础的人的独立性"④，资本主义社会造成了人的畸形、片面的发展。在马克思看来，在资本主义统治的时代，在资本主义世界历史时代，还不可能建立真正的个人的普遍交往，资本主义的世界历

---

① 《马克思恩格斯文集》第8卷，人民出版社，2009，第52页。
② 《马克思恩格斯文集》第5卷，人民出版社，2009，第683页。
③ 《马克思恩格斯文集》第3卷，人民出版社，2009，第465页。
④ 《马克思恩格斯文集》第8卷，人民出版社，2009，第52页。

史时代只能为人的彻底解放提供一些前提条件,而不会使人获得彻底解放。这是因为:"每一个单个人的解放的程度是与历史完全转变为世界历史的程度一致的。"①

异化劳动、雇佣劳动是阻碍人的全面发展的根源。马克思眼中的现实,不是一切社会中的劳动和社会关系,而是首先指资本主义社会的劳动和社会关系,马克思先后称之为"异化劳动""异化关系"和"雇佣劳动""雇佣关系"。

异化劳动具有四个规定:①劳动者的劳动同他的产品之间的异化。劳动者生产的产品越多,与他对立的力量就越强大,他得到的就越少。②劳动活动本身的异化。从本来的意义上说,劳动应该是自由的,但是在资本主义私有制条件下,工人在劳动时是被迫的,是不自由的,反而在不劳动时才能暂时地感到自由。③人同自己"类本质"的异化。人的本质是自由自觉的劳动。由于劳动的异化,人失去了自己的类本质。④人与人之间相互关系的异化。劳动成为个人谋生的手段,人类本身的自由和发展不再是目的,导致了人与人之间的异化。最后,马克思得出结论:正是异化劳动才产生了私有财产。

在《资本论》中,为了更严谨,马克思改用雇佣劳动这一概念,并将其区分为必要劳动和剩余劳动,指出剩余劳动是剩余价值的源泉,伴随着剩余价值而不断出现的,是资本家财富的积累和工人贫困的积累,社会日益分裂为两大对立的阶级:资产阶级和无产阶级。通过对资本主义社会的劳动和经济关系的深入分析,马克思发现正是异化劳动或雇佣劳动及其关

---

① 《马克思恩格斯文集》第 1 卷,人民出版社,2009,第 541 页。

第一章　人是推动人类社会发展的主体

系阻碍了工人的全面发展，也阻碍了资本家的全面发展。

最后，到了共产主义社会，人才能获得全面而自由的发展。马克思认为，只有到了共产主义社会，人才能得到全面而自由的发展。在共产主义社会，人最终从物的统治下解放出来，共产主义通过联合起来的个人对生产力总和的占有，将实现人的自由个性和人的全面发展。在共产主义社会中，联合起来的个人对全部生产力总和的占有，消灭着私有制。它是个人的这样一种联合，"这种联合把个人的自由发展和运动的条件置于他们的控制之下"①。共产主义和过去所有运动不同的地方就在于：它推翻了一切旧的生产和交往的关系的基础，并且第一次自觉地把一切自发产生的前提视为先前世世代代的创造，消除这些前提的自发性，使它们受联合起来的个人的支配。这时，"自主活动才同物质生活一致起来，而这又是同各个人向完全的个人的发展以及一切自发性的消除相适应的。同样，劳动向自主活动的转化，同过去受制约的交往向个人本身的交往的转化，也是相互适应的"②。

三　人的全面发展的实现条件或途径

要实现人的全面发展，既要依靠社会生产力的发展，消灭私有制，消除旧式分工，又要通过教育和实践，建立自由人联合体。

第一，社会生产力的高度发展。高度发展的社会生产力是

---

① 《马克思恩格斯文集》第 1 卷，人民出版社，2009，第 573 页。
② 《马克思恩格斯文集》第 1 卷，人民出版社，2009，第 582 页。

人的全面而自由的理想得以实现的物质基础。因为只有社会生产力高度发展，人们才能消除长期以来制约着人类发展，并导致人的发展过程中所出现的不公平、不公正、不合理现象。同时，也只有社会生产力高度发展，才能保证社会财富的充分涌流，才能保证社会财富从过去支配人的异己力量，变为被每个人所支配的力量。

社会生产力发展了，人民的物质生活就会日益改善，物质文明程度就能不断提高；社会生产力发展了，必然造成生产劳动者的新的力量和新的观念，造成新的交往方式和新的需要；社会生产力发展了，还会大大地缩短人的劳动时间，延长人的自由时间，从而增加使个人得到全面发展的时间。

第二，在生产关系上要消灭私有制，消灭旧式分工，建立公有制。马克思是在资本主义国家的制度下提出关于人的全面发展思想的，这一思想有着强烈的现实性，那就是针对资本主义制度。正是由于资本主义私有制的存在才导致人的片面发展，所以人的片面发展的根源在于私有制。只有废除私有制，建立公有制，才能使劳动成为自由自觉的活动，实现人的发展由片面到全面的飞跃。

私有制的产生，一方面，造成了有限的生产资料和消费资料的积聚和集中，客观上促进了社会生产力的发展和社会分工的深化；另一方面，私有制的产生又给人的发展带来了无尽的屈辱、灾难和痛苦，并不可遏制地导致人本质的异化和社会的对抗，特别是私有制和商品经济的结合，更加剧了这种对抗。正是在这种意义上，马克思恩格斯把私有制的消灭和旧式分工的消除视为"人的全面而自由发展"理想得以实现的重要条件。马克思在《1844年经济学哲学手稿》中指出:"共产主义是对私有财产即人的自我异化的积极的扬弃,因而是通过人并且为了人而对人的本质的真正占有。"① 在《共产党宣言》中他又指出:"共产主义的特征并不是要废除一般的所有制,而是要废除资产阶级的所有制。""共产党人可以把自己的理论概括为一句话:消灭私有制。"②

同时,旧式分工的片面性、强迫性也造成人的发展的片面性和被动性,因而在消灭私有制的同时还必须消灭旧式分工。消灭旧式分工是实现人的全面而自由发展的重要前提。分工作为一个历史范畴,是人类历史发展到一定阶段的产物。在原始社会末期,随着分工的出现,一方面它使社会劳动发生分化,产生了职业、技术和发明,促进了社会的进步和人的发展;另一方面,由于物质生活资料的匮乏,劳动成为谋生的手段,分工的产生又使人长期固守某一种职业,产生了单调、乏味和厌恶。不仅如此,在阶级社会里,分工的产生导致了物质生产和精神生产、体力劳动者和脑力劳动者之间的对立,以及生产与消费、劳动与享受之间的对抗,从而使人的发展片面化、畸形化,对人的发展具有极大的否定意义。

只有消灭旧式分工,才能使人根据社会的需要和自己的爱好自由地选择和交换职业,从一个生产部门转移到另一个生产部门,熟悉整个社会生产系统,形成自己全面丰富的本质,从而使人的才能得到全面发展。

---

① 《马克思恩格斯文集》第1卷,人民出版社,2009,第185页。
② 《马克思恩格斯文集》第2卷,人民出版社,2009,第45页。

第三，无产阶级革命。马克思指出，历史的动力是革命，而不是批判。"解放"是一种历史活动，不是思想活动，无论是共产主义意识的普遍化还是共产主义事业本身的实现，都必须采用现实的手段才能实现。一方面，只有在革命中才能推翻统治阶级，变更生产关系；另一方面，原来的被统治阶级也只有在革命中才能得到改造。

第四，建立自由人联合体。"在共产主义社会里，任何人都没有特殊的活动范围，而是都可以在任何部门内发展"①，他可以随时自由地选择自己是猎人、渔夫、牧人或批判者，"每个人的自由发展是一切人的自由发展的条件"②。

第五，教育。马克思十分重视教育在个人的全面发展中的作用。他认为，教育是一种知识、经验和技能的传授活动，是人类进步的阶梯，它"不仅是提高社会生产的一种方法，而且是造就全面发展的人的唯一方法"③。可以说，人的全面发展离不开教育，因为教育可以使人摆脱那种异化对人造成的片面性。

第六，实践。既然是个人的全面发展，那肯定离不开个人的主观能动性的发挥，这种发挥主要体现在实践上。马克思指出，人的生产实践活动使人"也改变着，他炼出新的品质，通过生产而发展和改造着自身，造成新的力量和新的观念，造成新的交往方式，新的需要和新的语言"④。"生产劳动给每一

---

① 《马克思恩格斯文集》第1卷，人民出版社，2009，第537页。
② 《马克思恩格斯文集》第2卷，人民出版社，2009，第53页。
③ 《马克思恩格斯文集》第9卷，人民出版社，2009，第340页。
④ 《马克思恩格斯文集》第8卷，人民出版社，2009，第145页。

个人提供全面发展和表现自己的全部能力即体能和智能的机会。"①

第四节 健康是促进人的全面发展的必然要求

据统计,我国国民经济总产值的增加,有20%是由于保健工作降低了职工的发病率、提高了职工的出勤率所获得的。多年来,我国提倡全民健身运动、加强健康教育、改进自我保健措施,使全民的身体素质由弱变强从而使经济增长率不断提高。

由此可见,健康往往与学习、劳动、贡献、生活幸福联系在一起,也与个人、家庭、国家、民族的命运联系在一起。从一定意义上可以讲,健康是促进人的全面发展的必然要求,健康是社会、经济发展的重要条件,健康就是生产力。因此,尽可能提高社会群体的健康水平是一项最重要的社会发展目标。

健康是促进人的全面发展的必然要求,这是党的十八大报告提出的重要观点,阐明了健康不仅对人的全面发展具有基础作用,同时还具备促进作用,除了重要性和客观性之外,还具备能动性。这一新提法充分体现了我们党对健康的认识提到了新的高度。

一 健康是加强经济建设的必然要求

人是生产力中最活跃的要素。从人力资源的角度来看,劳动者的身心健康是经济建设的重要基础。较为普遍的观点认

---

① 《马克思恩格斯文集》第9卷,人民出版社,2009,第311页。

为，中国发展速度和效率是基于三大红利：人口红利、全球化红利和资源环境要素红利。其中，人口红利就是指健康劳动力人口的红利。已经有越来越多的国家将国民健康战略纳入了国家发展战略。当前，国际经济环境正在发生深刻变化，加快转变经济发展方式，关系中国发展全局。

从产业发展的角度来看，健康产业已经成为现代产业体系中不可或缺的组成部分。发展包括现代医疗卫生服务业在内的健康产业，既是回应人民群众健康诉求、提升劳动者素质的客观需要，同时也是加快转变经济发展方式的客观需要。在当前中国综合国力已经大幅提升、人民生活水平显著提高的新阶段，已经有条件把探索健康产业发展摆在重要位置，在维护公共卫生、基本医疗等卫生事业公益性的基础上，充分发挥健康产业就业吸纳能力强、资源消耗低、污染小等特点，提高其对经济发展的贡献率，推动经济转型发展。

二　健康是加强政治建设的必然要求

以人为本、执政为民是检验党一切执政活动的最高标准。2009年启动的新一轮医改，明确提出要把基本医疗卫生制度作为公共产品向全民提供，这是我们党向人民发出的政治宣言。以"保基本、强基层、建机制"为主线，经过三年多的努力，基本医疗保障制度基本建立，基本药物制度从无到有建立起来，基层医疗卫生服务体系建设显著加强，基本公共卫生服务均等化水平明显提高，公立医院改革试点有序推进，群众看病就医的突出问题得到切实缓解。

医改在世界范围内得到了广泛认可和好评，充分体现了我们党是有诺必践、言出必行的政党。医改的实施使群众真正得到了实惠，客观反映了我们党坚持执政为民，始终把人民群众的利益放在第一位。"人民对美好生活的向往，就是我们的奋斗目标"，美好生活包含着"更高水平的医疗卫生服务"①，这进一步体现了党中央对群众健康的关心。要继续通过深化医改，进一步完善基本医疗卫生制度，为人民群众提供更高水平的医疗卫生服务。

三 健康是加强文化建设的必然要求

文化是民族的血脉，中华民族医学源远流长，博大精深，是民族文化的重要组成部分。中医认为，人是一个整体，讲究"辨证论治"，其整体观和辩证法，不仅在医学领域，在经济社会其他领域亦可加以借鉴。传统医学讲究"望闻问切"，强调医者与患者的互动与接触，现代医学更多取而代之的是复杂的机器，然而，技术再发达，病人仍然需要医生那种给人以希望的近距离接触和长谈。"健康所系，性命相托"，医学的崇高使命决定了对医务人员道德品质的特殊要求：医务人员不仅要牢牢掌握医学理论和技术，而且应该具有高尚的医疗卫生职业精神。

医疗卫生职业精神是社会主义核心价值体系在卫生系统的具体化，是医疗卫生事业赖以发展的内在动力。我国传统医学

---

① 习近平：《人民对美好生活的向往就是我们的奋斗目标》，新华网，http://news.xinhuanet.com/18cpcnc/2012 - 11/15/c_123957816.htm，最后访问日期：2014年5月26日。

中就有大医精诚之学说,体现了"医者仁心、诚心救人"的美德,现代医学中更涌现出了"尊重生命"的人文思想,以及救死扶伤的革命人道主义精神,这些都是职业道德精神的基础。当前深化医药卫生改革任务重大,更需要弘扬体现社会主义核心价值体系的医疗卫生职业精神,形成敬畏生命、崇德尚义、救死扶伤的职业风尚。

四 健康是加强社会建设的必然要求

医疗卫生事业服务所有人群的生老病死,是关系人民群众切身利益的民生事业。正因为如此,医疗卫生事业在整个社会体系中有着举足轻重的作用,既代表了社会发展水平,也包含着科技进步,维系着社会基本关系,反映出社会根本制度。

当前,加强和创新社会管理,改进政府提供公共服务的方式,体现在医疗卫生领域,就是在筹资上,要落实政府责任,在加强财政投入托底的同时,通过完善各项政策积极引导社会资金投入卫生领域,尤其要鼓励基金会和慈善组织的投入;在服务上,要注重基本医疗卫生服务提供的均衡性,在完善基层网络布局、发挥公立医疗卫生机构主导作用的同时,更多地探索通过向社会举办的医疗卫生机构购买服务的方式提供服务,并实行一定的公共政策加以调控;在管理上,在不断完善法制、规划、标准、监督、信息化等管理手段的同时,要注重发挥好社会第三方组织的评价、管理和自律作用。

五 健康是加强生态文明建设的必然要求

党的十八大报告要求"把生态文明建设放在突出地位,

融入经济建设、政治建设、文化建设、社会建设各方面和全过程"①，将生态文明提到了一个新的高度。早在2002年，南非约翰内斯堡"地球峰会"就将全球环境问题聚焦在水资源、能源、健康、农业和生物多样性，明确把健康列为生态文明的一个重要方面。

实现健康与生态文明的互动，一要聚焦以人为本。人是生态文明的需求主体，生态系统是人赖以生存的基础，发展生态文明的一个重要原因就是源于人们对自身乃至子孙后代的健康诉求；人也是生态文明的实践主体，其身心健康是进行生态文明建设的保障，因此要从人的主体地位的角度充分认识健康在生态文明建设中的重要意义。二要聚焦医学科技。以生物工程技术为例，它的发展使人类面临的资源、环境、食品等方面的问题有了新的解决途径，不仅推动了医疗卫生事业的发展，对环境保护、能源技术也都有着很强的渗透力，赋予了生态文明建设新的手段。三要聚焦系统发展。从大卫生的角度，与人民群众健康相关的环境卫生、放射卫生、职业卫生、食品卫生等都属于公共卫生管理即健康管理的范畴。此外，经济、政治、文化、社会、生态文明本就五位一体，相互作用，相互影响。从和谐发展角度，健康与生态文明的关系更是不言而喻的。

---

① 胡锦涛：《坚定不移沿着中国特色社会主义道路前进　为全面建成小康社会而奋斗——在中国共产党第十八次全国代表大会上的报告》，人民出版社，2012，第39页。

第二章

健康是人生之本

第一节 健康历来都是人们的愿望和追求

健康长寿是古今中外人们的美好愿望和不懈追求的目标。在科学高度发达的今天,健康已经成为许多学者以毕生之精力加以研究的课题。它涉及人类的遗传学、老年医学、心理学、营养学等。

一 健康长寿历来是人们的美好愿望

从古之王侯将相、帝王贵族,到今之黎民百姓、普通大众,每个人都希望自己能健康长寿,这是人类对于生命的美好向往和追求。有人这样说:"地位是暂时的,金钱是身外的,荣誉是过去的,孙子是子女的,唯有健康是自己的。"健康是人类生存、发展、提升的最基本和最重要的条件,是人们通向美好生活的动力和前提。

儒家和道家学说里无不贯穿着对人文和健康的关怀与重

视。他们都把现代人所提到的精神健康、行为健康、心理健康放在养生、修业和处世中的首位。儒家学说的"修身齐家治国平天下"与老子讲的"知足不辱,知止不殆,可以长久"正是最好的注解。俗语云:"留得青山在,不怕没柴烧。"中国人把生命健康与青山相提并论,此外还有"寿比南山"之说。

古希腊喜剧作家米南德说:"健康和聪明是人生的两大幸福要素。"德国哲学家叔本华说:"健康的乞丐比有病的国王更幸福。"德国诗人哈格多恩说:"唯有健康才是人生。"英国哲学家培根说:"健康犹如真正的朋友,不到失去的时候,不知道他的珍贵。"另一位英国哲学家约翰·洛克说:"健康是为我们事业和福利所必需的,没有健康,就不可能有什么福利和幸福。"美国诗人爱默生说:"健康是智慧的条件,快乐的标志。"日本学者池田大作说:"不论有多么出众的才能和力量,不论有多么高明的见识,一旦卧床不起,就将化为乌有。"

我国现存最早的医学著作《黄帝内经》中的《素问·上古天真论》一篇中记载了这样的文字:"上古之人,其知道①者,法于阴阳,和于术数,食饮有节,起居有常,不妄作劳,故能形与神俱,而尽终其天年,度百岁乃去。今时之人不然也,以酒为浆,以妄为常,醉以入房,以欲竭其精,以耗散其真,不知持满,不时御神,务快其心,逆于生乐,起居无节,故半百而衰也。"这段话的意思是说,了解掌握必要的养生保

---

① 这里的"道",是指养生保健的道理和方法。

健方法，并据此来安排自己的生活，就可以"度百岁乃去"，活过一百岁；如果任性妄为、不思节制、起居毫无节律，就会"半百而衰"，五十岁就衰老了。这段话，是古代文献中有关养生论述的精华，也是被后世大多数医家奉为经典的养生保健观。

"自古名医多长寿。"历代中医大家，通过吸收古人经验，结合自身体会，积累了宝贵的养生经验。借鉴他们的经验，可以帮助我们寻找到适合自己的养生保健方法。

一个人能否健康长寿，是由诸多因素决定的，但概括起来，一是遗传基因，二是后天的调摄（包括环境因素等）。前者决定于父母及祖辈，生命一旦落地即已铸就，本人无法改变；后者则在于人的主观能动性。所谓后天的调摄，又分为两个方面，即摄取生命活动所必需的营养和预防有损健康的各种疾病，想方设法延缓人的肌体衰老的过程。

早在两千多年以前，秦始皇就曾派遣徐福带领3000名童男童女出东海去寻找"长生不老药"，这个故事在我国几乎家喻户晓。但是，两千多年来，没有一个人见到过真正的"长生不老药"，也没有一个长生不老之人。事实恰好相反，那些企图通过服用"长生不老药"达到长生不老之人，反而由于药物中毒加速了死亡。例如，唐代的宪宗、穆宗、敬宗、武宗、宣宗等，都是因为服用"仙丹"而死的。曾经风骚一时的唐太宗也是因为服用"延年药"而一命呜呼。武则天曾经服用过三年"长生不老药"，结果也是没有"长生"。明代的"宫廷秘方"非常驰名，直到现在某些人为了获得暴利仍在喋喋不休地宣传它是"万应灵药"，而事实上当时"享用"过这些"宫廷秘方"的皇帝,长寿者屈指可数。

而今,"真正的财富是健康的身体"已成为世界流行语。然而,要实现人类健康长寿的愿望,困难是很大的。美国是当今世界头号强国。美国一年的医药费开支就达数千亿美元,占美国国民生产总值的13%以上,占全世界医药费开支的40%;就是这样一个国家,仍有3700万"穷人"缺医少药,无法保证享有保健。可见,那些处于第三世界的不发达国家的老百姓,人人享有保健更是不知何时才能实现了。

健康长寿历来是人们的美好愿望,然而由于各种自然条件的限制,人类的寿命终有尽时,而且在短暂的生命过程中还要经受各种疾病的困扰。因此,要想达到健康长寿,就需要掌握必要的养生方法,以减少各种不利因素对自然生命过程的损害,提高生命质量。

身为万物之灵的人类,在长期与恶劣自然环境和各种疾病作斗争的过程中,逐渐积累起各种保健防病的方法,我们称之为医学。中医养生保健是中医文化宝库中的一部分,颇受历代中医大家的重视。

二 改革开放后的30多年,是中国健康教育与健康事业开拓创新发展的30多年

无论在哪一个时期,追求健康都是人类的共同愿望。我国进行社会主义革命和现代化建设的重要目标之一就是促进社会和谐并让人民享有健康。在中国步入小康社会之后,人民追求健康比追求富裕更迫切了。

近年来,广大城乡居民崇尚健康、关注健康的热情空前高

健康是生产力

涨,越来越多的城乡居民正在积极改变不良生活习惯,形成健康生活方式,并不断地学习和了解科学健康知识。怎样吃出健康?怎样运动?怎样保持身心健康?怎样自我保健?衣、食、住、行如何健康?这些已经成为百姓身边的话题。通过广大医疗卫生工作者、社会工作者,特别是健康教育工作者的共同努力,一种学习科学、拥有健康、享受生活的健康观正在促进良好社会氛围的形成。

改革开放30多年来,解放思想为健康教育工作者带来了最大的收获。坚持以人为本,转变发展观念,学习国际经验,创新发展模式,提高发展质量,成为健康教育事业大发展的指导理念。

在改革开放以前一个相当长的时期内,健康教育工作一直围绕着"卫生宣教"做文章,而很少注重行为干预。对"健康"的理解,也只停留在"身体是革命的本钱"上。这种说法强调健康从属于革命工作,没有全面准确地表达健康与民生、与经济社会可持续发展之间的关系。

经过30年的实践,我国的健康教育工作经历了一个由经验管理到以证据为基础的科学规划管理的发展历程。改革开放以来,健康教育与健康促进工作的领域更加拓展,包括国际学术交流和"请进来";健康教育与健康促进的内容更加丰富,健康教育与健康促进理论与实践的结合更加深化,探索并建立了多种适合城市、农村社区及重点场所的健康教育与健康促进工作模式。

在实践探索中,我国健康教育工作模式发生了深刻的变化,健康教育与健康促进工作的目标由以疾病为中心的卫生知识传播和行为干预，逐渐转变为倡导健康的生活方式和健康政策、社会环境的改变。各级政府部门和社会团体对健康教育更加关注和支持，政府主导、社会参与和全民动员的健康促进氛围逐步形成。

在不断探索的过程中，我国的健康机构日趋健全，逐步形成了从中央到地方的一套完整的健康教育与健康促进管理体系，以及覆盖城乡各地、各类人群的健康教育服务网络。健康教育与健康促进队伍的素质和装备水平不断提高，拥有了一批具有系统专业理论并从事专业研究的队伍。

同时，在城乡社区和医院、学校、企业等工作场所，还有为数众多的兼职健康教育人员和志愿者，广泛覆盖城乡各地、各类人群的健康教育服务网络基本形成。

党的十六大报告在阐述全面建设小康社会的目标时提出了"全民族的思想道德素质、科学文化素质和健康素质明显提高，形成比较完善的现代国民教育体系、科技和文化创新体系、全民健身和医疗卫生体系"[①]的重要思想。党的十六届五中全会决定把解决人民群众"看病难、看病贵"问题提上了党和国家的重要工作日程。

1997年1月，《中共中央国务院关于卫生改革与发展的决定》明确指出："健康教育是公民素质教育的重要内容，要十分重视健康教育，提高广大人民群众的健康意识和自我保健能力，积极推进9亿农民健康教育行动。"这是我国政府重视和

---

① 中共中央文献研究室编《十六大以来重要文献选编》（上卷），中央文献出版社，2005，第15页。

健康是生产力

加强健康教育工作的集中体现。

党的十七大报告进一步指出:"健康是人全面发展的基础,关系千家万户幸福"①,并把人人享有基本医疗卫生服务作为全面建设小康社会的一项重要奋斗目标。党的十八大报告则提出:"健康是促进人的全面发展的必然要求。""开展爱国卫生运动,促进人民身心健康。"②

目前,全社会对健康教育与健康促进工作的重视与参与程度正在逐步提高,在社会化、大众化和规范化方面开展了大量工作,我国城乡社区健康教育活动也得到了广泛深入开展。其中最具有代表性的有"亿万农民健康促进行动""相约健康社区行""控烟健康教育"等,推动健康教育与健康促进走向基层;以创建卫生城市(镇)、健康城市(镇)、控制疾病、推进城市社区卫生服务体系建设为特点的多种形式的健康教育与健康促进活动,日益覆盖并深入更广泛的社区与人群。

学校、医院和基层社区卫生服务中心、农村乡镇卫生院,以及工矿企业的健康教育与健康促进工作普遍有效地开展起来,为提高我国城乡居民健康知识与自我保健意识水平、促进传染病及慢性非传染性疾病的预防控制工作、促进全体国民健康水平的提高起到了积极重要的作用。

---

① 胡锦涛:《高举中国特色社会主义伟大旗帜 为夺取全面建设小康社会新胜利而奋斗——在中国共产党第十七次全国代表大会上的报告》,人民出版社,2007,第40页。
② 胡锦涛:《坚定不移沿着中国特色社会主义道路前进 为全面建成小康社会而奋斗——在中国共产党第十八次全国代表大会上的报告》,人民出版社,2012,第37~38页。

第二节 健康的含义

"健康"一词对任何人来讲都不陌生,凡是住院求医者就意味着其健康出现了问题。健康内涵、健康观念是随着社会生产力和科学技术的发展、人类文明进步而不断发展和完善的。它不是一成不变的,而是不断丰富的。传统的健康观念认为,健康就是不得病,"无病即健康",不涉及生活质量的好坏。随着生产力的提高,科学技术不断进步,生活不断改善,生活水平不断提高,特别是到了现代,世界卫生组织(WHO)1948年在其《组织法》中将健康观念定为"健康不应该只是没有疾病和身体虚弱,而是身体、心理和社会适应的完美状态",从而提出了一种"三维"健康观。1984~1989年,世界卫生组织将健康理念又进一步修改为"健康不应该只是没有疾病和虚弱,而是生理、心理、社会适应能力和道德上的完满状态",形成了"四维"健康理念。

显然,世界卫生组织所说的健康主要是指生理学、心理学及伦理道德基础之上的一种基本状况。随着全球化、网络化时代的到来,随着科学技术的突飞猛进,许多既定的概念和知识也需要与时俱进地不断得到更新并被赋予新意,从而有助于人们重新加以认识。在新的历史条件下,健康概念同样需要得到重新界定,以便于人们更好地进行理解和利用。

那么,我们应该怎样来解读健康呢?从狭义上来理解,健康专指人的静态的、某一时点的状态。而我们所说的健康,是指人或事物维持生存和发展的机能,这是对健康的广义理解。

健康是生产力

它含有四层意思：首先，健康的主体不单指人，而且还包括其他事物等。其次，健康是动态的，是经常变化的运动形式，健康主体与外界（包括人或事物）不断地进行着能量交换。再次，健康不仅具有利己性，而且还有利他性。最后，健康还具有历史性。昨天的健康与今天的健康或许就不是一个层面上的事，它是一个发展的、运动的过程，是内容与形式的统一体。所以，世界卫生组织所定义的健康，只是广义上的健康在某一时点的状况。健康已不再是只属于医疗卫生方面的问题，它已经成为包括医疗卫生在内，而又涉及政治、经济、文化、社会及环境等各个领域的一门学科。

特别是在当今时代，我们所关注的健康已经不是简单的身体强壮。健康是动态的、变化着的、阶段性的、有因果关系的、影响因素众多的、相对的、结构复杂的综合问题。从个体的角度出发，人类社会的健康可定义为：健康是掌握科学的饮食和锻炼方法，具有并保持生理和心理平衡调节能力，尊重和爱护生活环境，热衷于促进人类社会文明和进步的一种良好状态。

一　体质是健康的物质基础

一个国家的国民体质是其综合国力的重要组成部分。从社会发展的总体趋势看，国民体质的改善和增强是国家经济发展的结果，同时也是社会发展的动力。1952年毛泽东提出"发展体育运动，增强人民体质"，高度概括了体育与体质的关系，从此人们对体质这一名词有了初步的、形象的认识。

体质是一个古老的名词，东西方关于体质的学说都可以追溯到远古时代。在西方，公元前 400 年以前，希波克拉底按体型与体力特征把人体分为弱型、强型、肥胖型与湿润型。在中国关于人体体质的学说也可以从两千多年前的《黄帝内经》中找到系统的阐述。

体质包含的范围甚广，各学科均有涉及。例如，从组织形态学的角度来看，主要是指人体的形态结构特征，包括人体各个组成部分及各组织、器官和各功能系统的形态特征与正常范围；从生理学的角度来看，体质是机体所具有的各种特性的总和，与形态学的特征有关，尤其与生理学的特征有关，所以体质是机体在形态上、生理上的特性和本质；从遗传学的角度来看，体质是在遗传素质的基础上，个体在发育过程中，内外环境相互作用而形成的整个机能状态和躯体形态特征，其更侧重于体质的形成因素与遗传及生活环境相关性的研究。因此，关于体质研究归属于哪一类学科范畴，至今仍然众说纷纭。体质涵盖了运动能力、身体素质等方面的内容，体力活动也对体质水平变化的影响很大。

体质是人体的品质。它是人体表现出来的形态结构、生理机能、身体素质、适应能力和精神因素的综合的相对稳定的特征。体质与健康是两个既有关联又有区别的概念。健康状况主要是指人体生长发育、各器官系统机能的正常与否。凡正常者，均属健康状况良好；反之，则健康状况不佳。

体质是人们进行生活、工作的物质基础，也可以视为健康的物质基础。健康是评价人的体质状况起码的条件，同是健康的人，其体质是有天壤之别的。所以，不应满足于"健康"这种起码的标准，而应在健康的基础上，采用各种有益的手段，不断增强体质。

世界卫生组织把"合理饮食、戒烟限酒、适当运动、心理平衡"称为"健康基石"。美国国家疾病预防和控制中心曾公布，推行"健康基石"后，美国人高血压的发病率降低了55%，脑卒中的发病率降低了75%，糖尿病的发病率降低了50%，美国人的预期寿命可增加10年。

二 健康不只是指身体的健康

健康的英文是"health"。在一些词典中，"健康"通常被简单扼要地定义为"机体处于正常运作状态，没有疾病"。这是传统的健康概念。通常我们确实把疾病看成机体受到干扰，导致功能下降，生活质量受到损害（主要由肉体疼痛引起）或早亡。

在《辞海》中，健康的概念是："人体各器官系统发育良好、功能正常、体质健壮、精力充沛并具有良好劳动效能的状态。通常用人体测量、体格检查和各种生理指标来衡量。"这种提法要比"健康就是没有病"完善一些，但仍然把人作为生物有机体来对待。这是因为，它虽然提出了"劳动效能"这一概念，但仍未把人当成社会人来对待。对健康的这种认识，在生物医学模式时代被公认是正确的。

关于健康和疾病的概念，《简明大不列颠百科全书》1985年中文版的定义是："健康，是个体能长时期地适应环境的身体、情绪、精神及社交方面的能力。""疾病，是以产生症状或体征的异常生理或心理状态"，是"人体在致病因素的影响下，器官组织的形态、功能偏离正常标准的状态"。"健康可用可测量的数值（如身高、体重、体温、脉搏、血压、视力等）来衡量，但其标准很难掌握。"这一概念虽然在定义中提到心理因素，但在测量和疾病分类方面没有具体内容。可以说，这是从生物医学模式向生物、心理、社会医学模式过渡过程中的产物。一方面，这种转化尚缺乏足够的临床实践资料以便进行理论概括；另一方面，撰写者虽然接受了新的医学模式的思想，但难以进行进一步的理论探讨。

事实上，要对此作出确切的定义很难。因为，即使没有明显的疾病，人对健康或不健康的感觉也具有很大的主观性。毫无疑问，觉得身体健康，不等于身体没有病。

1946年世界卫生组织成立时在它的宪章中提出的健康概念是："健康乃是一种在身体上、心理上和社会上的完满状态，而不仅仅是没有疾病和虚弱的状态。"世界卫生组织关于健康的这一定义，把人的健康从生物学的意义，扩展到了精神和社会关系（社会相互影响的质量）两个方面的健康状态，把人的身心、家庭和社会生活的健康状态均纳入其中。

现代健康的含义是多元的、广泛的，包括生理、心理和社会适应性三个方面，其中社会适应性归根结底取决于生理和心理素质的状况。心理健康是身体健康的精神支柱，身体健康又是心理健康的物质基础。良好的情绪状态可以使生理功能处于最佳状态，反之则会降低或破坏某种功能而引起疾病。身体状况的改变可能带来相应的心理问题，生理上的缺陷、疾病特别是痼疾，往往会使人产生烦恼、焦躁、忧虑、抑郁等不良情绪，导致各种不正常的心理状态。对于作为身心统一体的人而言，身体和心理是紧密依存的两个方面。

健康是生产力

心理健康是比较而言的,绝对的健康是不存在的,人们都处在较健康和极不健康的两端连续线中间的某一点上,而且人的心理健康状态是动态变化的,而非静止不动的。人的心理健康既可以从相对的比较健康变成健康,又可以从相对健康变得不那么健康。因此,心理健康与否只是反映了某一段时间内的特定状态,而不是固定的和永远如此的。

此外,健康的人应具有良好的处世能力,看问题客观现实,具有自我控制能力,能适应复杂的社会环境,对事物的变迁能始终保持良好的情绪,能保持对社会外部环境与机体内部环境的平衡;形成良好的人际关系,待人接物能大度和善,不过分计较,能助人为乐,与人为善。

"健康金字塔"对健康进行了排序:最上层(第四层)是社会适应能力,它是对健康的最高要求;第三层是道德健康,它是更高级的健康要求;第二层是心理健康,它是生理健康的发展;最底层(第一层)是生理健康,它是所有健康的基石。

"健康金字塔"的健康价值还有更深一层的意义,即它不是单纯把躯体的健康视为生活的最终目的,而是将其视为争取使生命更高尚、更丰富所具备的必要的物质条件。或者说,健康是提高生命质量的基础,其价值远不止是为了维持个体的生存和寿命的延长,而是为了提高生命的社会价值。只有身体健康的人,才能精力充沛、生机勃勃地投身于火热的、自己所钟爱的事业中,实现自己的理想和目标;对家庭而言,只有一家人的健康,才能给家庭带来富裕、安乐和幸福;对单位或企业而言,只有每个企业或单位的职工人人健康,才能有利于生产发展,经济繁荣,事业蒸蒸向上;只有人人道德健康,社会才能和谐,充满友爱;只有社会群体健康,才能有助于促进社会发展、国家兴旺。

三 良好的生活方式是健康的根本保证

人类当中只有5%的人是健康的,有20%的人是有疾病的,有75%的人处于亚健康状态[①]。健康的人需要经常性地进行适当运动,维持自己的健康状态。有疾病的人需要医治,然后进行身心的调理,以恢复健康。亚健康的人处于一种向疾病转化的潜伏状态,需要"清、调、补、防"——清理脾胃肠道,调节气血阴阳,补充营养成分,达到预防和保健的目的。

世界卫生组织认为,亚健康状态是健康与疾病之间的临界状态,各种仪器及检验结果为阴性,但人体有各种各样的不适感觉。这是社会发展、科学与人类生活水平提高的产物,它与现代社会人们的不健康生活方式及所承受的社会压力不断增大有直接关系。

由于亚健康状态是介于健康状态和疾病状态之间的一种游离状态,所以对于亚健康状态的诊断很难界定。亚健康的表现是自感不适,经常有病痛缠身,却又查不出病来,试着治疗又总不对症,越治越糟。从此,人们开始认识到过多地依靠医药来获得健康已经不够了,而应该把健康的"钥匙"掌握在自己手中,也就是说健康的生活方式是根本。生活水准的提高,

---

① 此为世界卫生组织的一项全球性调查结果。转引自耿庆文《亚健康状态与健康教育》,《中国医学研究与临床》2006年第5期,第46~48页。

健康是生产力

使追求健康形成时尚，许多人开始意识到必须采取自我保健的方法，来维护和提高自己的健康水准。

当今世界，人类健康的威胁主要来自两个方面。一是环境污染，如大量使用农药化肥，使土壤失去了矿物质元素，农产品的微量元素减少，其依附的残留农药对人造成危害。二是不良的生活方式，如油盐摄入过多，缺乏运动、偏食、嗜烟酒，造成一些慢性病的发生。导致这种现象的根本原因是人体的有益菌锐减，微量元素大量丧失，从而导致胃肠功能紊乱，便秘、腹泻，引起高血压、高血脂、糖尿病、心脏病、癌症、痢疾等。为此，需要补充对人体有益的菌群和微量元素，使人体保持阴阳平衡，预防各种现代疾病的发生。

在现实生活中，有很多人平时不注重身心保健，不改变错误的生活方式和习惯，不知不觉地摧残着自己的健康，有病时不惜花费重金四处求医问药买健康。在现代人死亡的10大原因中，有7个是由不良的生活方式和习惯造成的。改变人们的生活习惯和方式是降低发病率和早年死亡率的关键。

目前，一部分中国人对保健有很多误区：①得了病就治病，没病时就等病，来了病就去求医问药，最后花钱受罪，丧失生命，祖祖辈辈都是这样，从来不去主动保健。②一旦有病要治疗时非常积极，花多少钱都无所谓，但是一说到营养保健就说没钱没时间。劝他保健，他有钱也说没钱，有空也说没空；大病临头时，则花费万千。③重医疗轻保健。人身体的细胞缺少了营养，造成组织功能下降，时间一长就会产生疾病。而我们得病后都去吃药，是药就有三分毒，它一直都在无形地摧残我们的身体。很多人都明白这个道理，可是却没有多少人能主动为自己的身体去提供营养。④重视子女,轻视自己的健康。家长们经常说:好吃的让孩子吃吧,好衣服让孩子们穿吧,好的东西让孩子们享受吧,却从来不把自己摆到重要的位置。人们今天把自己的一切奉献给孩子,到老了得病时却要花更多的钱,那岂不是得不偿失?

我国的健康大师洪兆光先生提出一个观点——中国人最少应活到 100 岁。有资料显示,中国国民的平均寿命是 71.8 岁,平均健康寿命是 62.3 岁。平均每个人有 9.5 年是带着疾病或残疾生活的。人在 60 岁以上时,消耗的医疗费用约占他一生全部医疗费用的 40%,其中有相当一部分医疗费是在人生的最后 28 天花费的,也就是抢救费用。如果我们能够有效地预防疾病,把抢救费用用于预防,就可以使人的健康生命延长远远超过 28 天。

我国有 13 亿以上人口,在这个庞大的基数下,患病者不在少数。如果得了病才忙于治疗,普通的家庭难以承受高额的医疗费,不仅会造成因病致贫、因病返贫,还会给国家带来巨大的经济负担。增加公费医疗投入与医疗保险是"治标不治本"的办法,只有重视营养知识的普及,提高全民健康素质,才能把庞大的医疗费用节省下来。

第三节 健康的生活方式

所谓"生活方式",简单地说就是怎样生活,是指人们长期受一定的民族文化、经济、社会习惯、规范以及家庭影响所形成的一系列生活意识、生活习惯和生活制度的总和。生命的

健康是生产力

健康首先取决于自己。在决定人的健康和寿命的诸因素中，60%取决于自己的生活方式。良好的生活方式可以促进人的健康，反之则会危害人的健康。

目前，在我国，威胁人们生命健康的主要疾病已由过去的传染病转变为慢性非传染性疾病。医学工作者通过大量反复的研究表明：生活方式和行为不健康、不科学是最主要的发病原因。因此，树立文明、健康、科学的生活方式，克服和消除不良的生活方式是十分必要的。

一 健康的生活方式有六项标准

健康的生活方式是维系与增进身心健康和适应能力的正确的行为习惯，包括饮食习惯、衣着习惯、起居习惯、运动习惯、睡眠习惯、人际交流习惯等方面，其中有的是个人习惯，有的是群体习惯，有的还与周围环境相关联。

概括起来，健康的生活方式主要有六项标准。

一是有利性，是指行为表现有益于自身、他人乃至整个社会的健康，如不吸烟、不乱扔果皮纸屑等。

二是规律性，是指行为表现有规律、可重复，如饮食定时定量、起居日日如常等。

三是同一性，首先，表现在外显行为和内隐思维动机和能力的协调一致，即在表现某种行为时，无冲突（包括心理冲突、机体冲突和社会冲突）存在，这是内在的同一性。其次，行为还有外在的同一性，即行为与所处的自然环境与社会环境条件无冲突存在。

四是持久性，即维持时间较久的好习惯才称得上是健康的习惯，那些短暂的行为则不能算是健康的行为。

五是适宜性，就是指行为强度在常态水平及有利健康的水准之上。例如，经常性的体育锻炼是一种增强体质的积极手段，但对运动强度要有一定的要求，运动量过小，达不到锻炼身体的目的，运动量过大则有损于机体。

六是和谐性，即要求个体的行为应反映自己的固有特征——个性，但若与他人或环境发生冲突时，又能够随自身和外界的条件变化来调整自己的行为。例如，每个人的体育锻炼行为各有其特点，因此锻炼项目以及运动量应随场地条件、个人兴趣爱好、自己身体状况等加以选择和调整。

在具体判断某个人或某群人的行为是否为健康的行为时，需要注意该行为本身需具备两个以上上述基本特征，而且第一个基本特征是必须具备的。

二　行为和生活方式是影响人类健康的重要因素

多数影响健康的因素都属于行为和生活方式范围，它们直接或间接给健康带来不利影响。例如，吸烟与肺癌、慢性梗阻性肺病、缺血性心脏病及其他心血管疾病密切相关，吸烟者患肺病的概率是不吸烟者的220倍。在我国，近年来，由于生活方式和不良行为导致了慢性非传染性疾病及性病、艾滋病的迅速增加，恶性肿瘤、脑血管病和心血管病已占总死亡数的61%，心血管疾病已成为列第二位的死因，其危害远远高于癌症。

生活方式决定健康状况，很多疾病都是由个人的不健康生活方式造成的。随着生活方式类疾病发生率的日益增长，人们

健康是生产力

越来越有必要重新审视自己的日常行为习惯和生活方式。

不健康的生活方式与行为是指那些对于个体或群体的身心健康和社会适应能力带来伤害的行为与习惯。1993年世界卫生组织指出,吸烟、酗酒、营养不平衡、运动不充足、应激能力下降和频发交通事故是六种最不健康的生活方式。

世界卫生组织根据全球卫生状况,向各国提出了"人人享有卫生保健"的战略目标,要求人们提高自我的保健能力,学会健康地生活。世界卫生组织前总干事中岛宏说:"世界上绝大多数影响健康和过早夭亡的问题都是可以通过改变人们的行为来防止的,只要改变一下生活方式,死亡率可以减少50%。"[①] 中国卫生部前部长陈敏章在全国健康教育理论研讨会上指出:"如果每个人都能主动地担负起保护自己健康的责任,建立科学的生活方式,养成良好的卫生习惯,整个中华民族的健康水平就能得以提高。""有相当一部分疾病是可以通过转变行为或自我保健达到预防、控制或取得良好康复效果的。"[②]

因此,2000年世界卫生组织提出了"合理膳食、戒烟限酒、心理平衡、体育锻炼"的健康促进新准则。人们如果都能恪守这种新的健康生活方式,就可以使我国的高血压病减少55%,脑卒中(脑中风)、冠心病减少75%,糖尿病减少

[①] 《体验科学 健康生活》,道客巴巴,http://www.doc88.com/p-39322220875.html,最后访问日期:2014年6月6日。
[②] 转引自万承奎《倡导健康的生活方式》,湖北理论信息网,http://www.hbllxx.com/typenews.asp?id=739,最后访问日期:2014年6月6日。

50%，肿瘤可减少 1/3，平均寿命可延长 10 年以上，这将是非常辉煌的成就，将为千秋万代开创一种科学的健康模式，为中华民族的伟大复兴奠定坚实的健康基础。

三　如何形成健康的生活方式

首先，健康教育是帮助人们树立健康观和促进健康的重要措施。

健康教育是通过信息传播和行为干预，帮助个人和群体掌握卫生保健知识，树立健康观念，自愿采纳有利于健康行为和生活方式的教育活动与过程，其目的是消除或减轻影响健康的危险因素，预防疾病，促进健康和提高生活质量。健康教育可以为人们提供改变自身行为所必需的知识、技术与服务，使人们在面临促进健康、疾病的预防、治疗康复等各层次的健康问题时，有能力做出行为抉择。加强全民健康教育，报纸、刊物、电视、网络等媒体具有重要作用，应多办一些健康栏目。

健康教育是健康促进的基础，而健康促进如不以健康教育为先导，则是无源之水、无本之木，而健康教育如不向健康促进发展，其作用就会受到极大的限制。

其次，增进健康的良策之一是加强体育运动。

体育锻炼不仅能强健身体、增强体质，还具有完善身体、发展身体、修炼人生、健康心灵、健全人格、提高社会适应能力等功能，其重要价值还在于改善人类的生活方式、生命活力、心理品格和实现人的现代化，使人的本质力量得到体现，不仅从身体上，也从精神上、社会适应上达到人的健全、健康状态。

健康是生产力

1994年世界卫生组织和国际运动医学联合会就召开了"健康促进与体育"会议，明确提出"体育成为健康的生活方式"。1997年在第47届世界健康大会上，世界卫生组织与国际奥委会召开了联席会议，阐述了一个完整的健康促进的视野，在全世界范围内推广"积极生活——体育为健康"的运动观点。

体育运动对健康的影响具体表现在：促进人的整体机能全面发展；加强人的社会性与生物性在健康上的高度协调；促进心理过程对人的生物功能与社会功能之间的调控，实现人的现代化的生活方式。

再次，树立科学合理的健康观，养成良好的生活方式，促进健康的发展。

更新观念，树立适应现代化社会发展的健康观，建立保障人人身心健康的生活方式，创造健康的社会环境，是现代人应该付诸实施的社会工程。

最后，定期进行国民体质健康及营养状况调查，及时发现问题，并尽力加以快速解决。

国民营养与健康状况是反映一个国家或地区经济与社会发展、卫生保健水平和人口素质的重要指标。良好的营养和健康状况既是社会经济发展的基础，也是社会经济发展的重要目标。通过健康调查不但可以建立中国居民营养与健康状况数据库，为科学研究和制定相关政策提供重要资源，也是坚持以人为本，树立和落实全面、协调、可持续发展观的具体体现。

在经济高速发展的今天，每一个人都很关注自己的健康状况，但健康的诸多因素都取决于个人的生活方式。因此，应加强健康教育,让每个人都认识到自我保健的重要性,养成良好的健康观,促进社会健康发展。

第四节 健康的理念有哪些

世界卫生组织1948年在《组织法》中提出:"健康不仅是没有疾病或不虚弱,而是身体健康、心理健康和社会实践的完美状态。"这就是说,一个完全健康的人不仅自身客观上拥有健康,而且应该懂得基本的健康知识,具有追求健康的信念和意识,形成健康的生活方式,同时对他人和社会承担健康责任。1992年,世界卫生组织针对影响现代人健康的主要危害因素——不良行为和生活方式,提出了健康生活的"四大基石"——合理膳食、适量运动、戒烟限酒、心理平衡。如果能做到这一点,全球人口的期望寿命可以延长10年以上。这"四大基石"就是健康生活的新观念。

一 健康的身体必须具备四个条件,即四个理念

健康就是人与自然的一种平衡关系,包括身体健康、心理健康和适应社会的能力三个方面。健康的身体必须具备以下四个条件。

(1)积极乐观的心态,这是健康的最重要的因素之一。天天保持好的心情,身体的免疫系统也会非常旺盛和强大。遇事能够拿得起放得下,不慌不忙,不急不躁,心态平和,这是健康最基本的要素。在为人的心态上,要做到"不攀不比";在处事的心态上,要做到诚信、公正;在饮食的心态上,要做

到"菜好菜坏一个样"。很多大学生自杀不是因为学习成绩不好,也不是因为身患绝症,而是因为无法面对现实、心态改变;很多人因为各种压力而患上了忧郁症。

(2)充足的睡眠。睡眠充足,人的机体就能够得到很好的修复,第二天又可以饱满的热情投入学习、工作和生活中。所谓睡眠充足,不是说睡的时间越长越好,而是说深睡眠的时间越长越好:一觉睡到天亮,而且自我感觉睡的时间短。午饭半小时后小憩一会儿非常重要,可以确保整个下午和晚上头脑清醒、精力充沛。刚吃过饭血糖急剧上升,如果一吃过饭就睡觉,容易诱发糖尿病,故不可一吃过饭就睡觉。

(3)适量的运动。运动分为有氧运动和无氧运动。运动员短跑、掷铅球、举杠铃等都是无氧运动,而散步、慢跑、打太极拳、练瑜伽等都属于有氧运动。无氧运动会增加体内大量的自由基,加速人体的老化,所以运动员都有年龄规定,到年龄就该退队了。

(4)均衡的营养。这一点比上面三点更难做到。

二 健康从改变观念开始,需破除一些不正确的理念

(1)"健康是金子。"世界卫生组织早在1953年就把"健康是金子"作为当年"世界卫生日"的主题口号,希望唤起全世界人民能像热爱金子一样热爱自己的健康。

健康比财富还要珍贵,因为健康很难再生或不可再生,一旦失去,再先进的高科技也无法使受损的机体恢复到原来的状态,只能是"无可奈何花落去",而财富却可以"千金散尽还

复来"。

我们可以试想一下：当一个人躺在病床上痛苦呻吟时，他最渴望的会是健康。当一个人病入膏肓，面对死神的威胁时他最渴望的当然是恢复健康。如果他确信有人能让他活下来并恢复健康，但有一个条件是必须付出他的全部金钱，他会毫不犹豫地选择同意。这是因为，任何人在此时此刻都能意识到金钱与他的生命相比是微不足道的。

世界卫生组织对财富的最新排序是：健康排第一位，知识排第二位，家庭排第三位，金钱排第四位。可见金钱是财富，但不是全部，而且不是最主要的财富，健康才是最大的财富。一个人即使有存款千万，死时也带不走一分一厘；即使有广厦千间，死时也带不走一砖一瓦。有一位企业家患了肝癌，花了上千万元也没有保住生命。临死时他感慨万千，对身边的人说："成绩是党的，财产是儿女的，只有身体是自己的。我走了，你们保重。"世界卫生组织前任总干事中岛宏博士也语重心长地告诫说："健康是人生的第一财富，不要死于愚昧，不要死于无知。"

（2）"没病不等于健康，亚健康猛于虎。"很多人认为没病就是健康，能吃能睡就是健康。这是一种很片面的观点。世界卫生组织早在1989年就提出，健康不仅是躯体没有疾病，还包括心理、社会适应能力、道德均处于完好状态，从而提出了躯体（生理）健康、心理健康、社会适应良好、道德健康四位一体的健康概念。

躯体（生理）健康：这是健康的基础，指人体结构完整，生理功能正常。

心理健康：具有同情心、爱心，情绪稳定，有责任心和信心，热爱生活，与人和睦相处，善于交往，有较强的社会适应能力，知足常乐。

道德健康：最高标准是无私奉献，最低标准是不损害他人。道德不健康的标准是自私自利、损人利己或损人不利己。

社会适应良好：在不同的时间、不同的岗位上对各种角色都能适应。适应状况良好指的是能胜任各种角色，不良则是指缺乏角色意识。

世界卫生组织进一步提出了健康的十条标准：

——充沛的精力，能从容不迫地担负日常生活和繁重的工作而不感到过分紧张和疲劳；

——处世乐观，态度积极，乐于承担责任，不挑剔，不抱怨；

——善于休息，睡眠状态好；

——应变能力强，适应外界环境中的各种变化；

——能抵御一般感冒和传染病；

——体重适当，身体匀称，站立时头肩位置协调；

——眼睛明亮，反应敏捷，眼睑不发炎；

——牙齿清洁，无龋齿，不疼痛，颜色正常，无出血现象；

——头发有光泽，无头屑；

——肌肉丰满，皮肤有弹性。

按照以上标准，世界卫生组织进行的一项全球调查表明，真正健康的人只占全球人口的5%，经医院确诊为病人的占20%，75%以上的人处于健康与疾病之间的临界状态，即"亚健康"状态。我国的调查表明，处于亚健康状态的人总体占

60%以上，在城市新兴行业的工作人员中处于亚健康状态的占60%~70%，其中知识分子和企业管理者超过70%。

1999年，世界卫生组织向全世界宣告："亚健康和艾滋病是21世纪人类健康的最大敌人。"艾滋病的危害和可怕程度可以说是尽人皆知，但是大部分人对亚健康的危害却知之甚少，甚至有些医生也是知其然不知其所以然。其实，亚健康的危害远在艾滋病之上。因为现在的诊疗技术已能明确诊断艾滋病病毒携带者和艾滋病人，人类扼杀艾滋病毒的疫苗与药物的科研工作已经露出曙光。可以说，人类制服艾滋病已指日可待。但是，到目前为止，尚没有哪一个国家制定了亚健康诊断标准，也没有任何一种医疗设备可以对亚健康做出诊断。所以，亚健康是一个遁形无踪的"隐形杀手"，往往不为人所知，得不到重视，但是它无时不在，并随时可能危及人们的身体健康甚至生命。有很多自认为健康的人，甚至有很多在医院检查结果正常的人，却暴病而亡甚至是猝死，正是幽灵般的亚健康将他们送上了毁灭之路。在日常生活中，英年早逝的悲剧时有发生。有些事业如日中天的中年人、某一行业或某一领域的精英骨干、家庭中的主心骨，却因为不重视亚健康状况而转眼间就离开了人世。

（3）"预防大于治疗，最好的医生是自己。"世间万事万物都有因果关系，有结果必有原因，疾病也是如此。疾病是一个结果，任何疾病的发生都是有其原因的，而且在疾病发生前都要经过一段或长或短的发展过程，这个过程就是亚健康过程。如果我们能够了解疾病发生的原因并远离它们，如果我们能在身体进入亚健康状态时进行科学合理的干预，就完全可以

健康是生产力

避免患病，很多人间悲剧就可能不会发生。但是很可惜，现代人很少能意识到这一点，人们的思想中缺少预防保健意识，把健康完全寄托给医生，在生活中、工作中全然不顾自己的健康。有的人长期吸烟，使冠心病患病率增加了3倍，癌症患病率增加了9倍，用金钱买来了死亡和肺气肿；有的人长期酗酒①，造成肝硬化和肿瘤；有的人通宵达旦地搓麻将；有的人一高兴就得意忘形，大吃大喝，对"饱餐、激动、酗酒"死亡三联征置若罔闻；有的人随心所欲，想吃什么就吃什么，全然把健康抛在脑后，结果是"用牙齿掘出了自己的坟墓"。所以，有人说中国人前半生"透支健康，拼命挣钱"，后半生"透支金钱，拼钱买命"，这确实是对现实社会中很多人的健康观念的一个形象写照。

把健康完全交给医生的想法是不现实的：一是有很多疾病一旦患上，医生也无能为力。1999年11月，第72届国际心脏年会在美国亚特兰大召开，来自世界各国的3万多名医学专家出席了这次盛会。会议指出："等病人患病后再去找医生，医生能给予病人的帮助已经很有限了，即使是治好了，也不可能恢复到和患病前一样。"会议还提出了超越"二级预防"的概念，不能坐着等病人发病后进行治疗和"二级预防"，而是要找出可能导致发病的危险因素进行"一级预防"，使他们不发病。像心脏病、高血压、糖尿病、癌症、脑卒中等疾病，一旦患上，即使病人不惜代价，即使医生将最先进的技术、最好

---

① 据统计，有50%的监狱中的罪犯、40%的交通事故、25%的重病人都与酗酒有关。

的药物都给他用上，能让他恢复得和病前一样吗？可能性很小。二是高昂的医疗费会使大部分家庭难以承受。从20世纪80年代以来，中国居民的收入增加了10~20倍，但医疗费上涨幅度却达到了200倍以上。2004年的一项统计显示，全国综合性医院每人次门诊费用平均为117.7元，每人次住院费用为42283.7元，医疗负担占月收入的15%~45.5%。高昂的医疗费使很多家庭难以承受，因病致贫或因病返贫已成为普遍现象。据统计，在未来将会有60%以上的家庭面临着因病返贫问题。

所以，重视预防保健，让自己不得病才是最大的节约，才是最明智的选择。我国一项"九五"攻关课题研究表明，一个人花1元钱用于保健，就可以为他节约8.5元医疗费和100元抢救费。坚持科学的生活方式是预防疾病、保护健康的根本措施。1992年，世界卫生组织总结了数十年医学研究的成果，发表了著名的《维多利亚宣言》，提出了健康的四大基石，通过改变生活方式，可以使高血压、糖尿病的发病率下降80%，脑卒中的发病率下降75%，癌症的发病率下降50%。所以，最好的医生是自己，因为只有自己才能做到这些。

（4）"食疗大于药疗，食物是最好的药物。""人以饮食为生，亦以饮食为死。"唐代医学家孙思邈也曾说过："安身之本，必须于食，不知食疗者，不足以全生。"可见"寓医于食"的理念源远流长。饮食结构是否合理，是提高人体抗病能力、延年益寿的关键因素，而且在疾病治疗上，食物也比药物更为重要。

人体免疫系统的绝大部分功能依赖于饮食调节。人体的免疫系统由体液免疫、细胞免疫和免疫因子组成，通过识别、屏障、吞噬作用，抵御各种细菌、病毒的入侵，清除各种有害物质及异常增生的细胞，从而保持内环境的稳定。所以，免疫能力是人体自我防护和痊愈的能力。由于免疫系统的绝大部分功能依赖于饮食，因此一旦营养失衡，那么受影响最大、损害最严重的就是机体的免疫系统。所以，任何一种营养素的缺乏和失衡，对免疫系统都会产生不利影响。

膳食促进健康，药物毒害机体。"是药三分毒"，药物均有毒副作用，在治疗疾病的同时，也损害机体细胞，这在化学药物方面表现得更为明显。据世界卫生组织统计，我国每年有250万人因药物副作用住院，有19.2万人死于药源性疾病，每年因此造成的经济损失高达40亿元。而食物则无此副作用。例如，100克胡萝卜含2800国际单位（IU）维生素A，虽然超过了我们每日的需要量，但如果每天吃100克甚至200克胡萝卜，人体绝不会中毒或对人体产生副作用，但是如果我们摄入过量的药物维生素A，就会产生毒性或副作用。再如，过量摄取人工合成的维生素C会产生依赖或肠道损害，但是，对于富含维生素C的橘子，即使我们多吃一点也不会产生毒性，而且橘子中的维生素C是抗氧化剂，离开橘子后通过自身氧化会产生自由基。儿童过量补充维生素D，有可能造成前囟早闭，形成小头儿，如摄入建议量的5倍，甚至可造成肝脏损伤。美国每年有3万多名6岁以下儿童因维生素摄入过量而出现严重头疼、视物不清及丧失协调能力。

食物是最好的药物。2001年7月，第17届国际营养学大会在维也纳召开，来自世界各国的3000多名营养学专家出席了本次会议。通过激烈讨论，与会代表达成一致的学术观点："食物是最好的药物。"药物是针对病状设立的，而大部分亚健康人群无明显的病理改变，仅表现为功能改变或失调，因此药物治疗无从下手。而食物中除了人体必需的营养素之外，还含有很多生物活性物质，即所谓非必需营养素，如低聚糖、香菇多糖、黄酮类化合物、叶绿素、番茄红素、谷维素、茶多酚、二十八烷醇、酶类物质等。这些生物活性物质对预防癌症、心脑血管疾病、糖尿病等慢性非传染性疾病，延缓衰老，提高免疫力有重要意义。它们大多存在于蔬菜、水果等植物性食物中，因此补充食物就可以补充到这些活性物质，从而达到祛病延年的目的。

（5）"吃得好不等于有营养，营养均衡最重要。"人体必需的营养要素有水、蛋白质、碳水化合物、脂肪、维生素、矿物质、纤维素，共7大类、50多种，此外还需要从食物中补充多种生物活性物质，即非必需营养素，总量有200多种。这些营养素既不能补充过量，也不能不足，必须全面均衡才能达到促进人体新陈代谢、维持细胞组织结构的完整及功能、增强免疫能力、延缓衰老的目的。由于不同的食物中所含的营养素种类和数量不同，因此要达到全面均衡的目的，必须同时摄取不同的多种食物。所以，吃得好不等于有营养，能全面均衡地补充营养的膳食才是健康的膳食，才是最好的膳食。

究竟什么是膳食平衡，又怎么达到这一标准呢？所谓膳食平衡，是指膳食中所含的营养素种类齐全、数量充足、比例适当，即氨基酸平衡、热量营养素平衡、酸碱平衡以及各种营养素摄入量之间也要平衡，只有这样才有利于营养素的吸收和利用。

健康是生产力

众所周知，日常生活中人们将必需食物分为五类。

第一类是谷物类，这是热量的主要来源。一般轻体力劳动者每天的摄入量以300～500克为宜，所以，谷物类食物占热能供给量的比例为60%～70%，约占膳食总量的32%。

第二类是富含动物蛋白质的食物，包括瘦肉、蛋、禽、鱼等，成人每天应摄入70～100克的蛋白质。据研究，人体对动物蛋白质的吸收率高于植物蛋白，较为理想的蛋白质摄入应该是：动物蛋白占1/4，豆类蛋白占1/4，其余1/2则由粮食供给。因此，营养专家建议，每人每天应摄入禽、畜肉类食物50～100克，鱼虾类食物50克，蛋类食物25～50克。此类食物应占膳食总量的13%。

第三类是豆、乳及制品，因豆类富含蛋白质、不饱和脂肪酸和卵磷脂等，其蛋白质氨基酸的组成接近人体需要，所以每人每天应补充豆类食物50克，奶类食物100克，此类食物应占膳食总量的9.5%。

第四类是蔬菜、水果，这是人体维生素、无机盐和食物纤维的主要来源。但因蔬菜品种很多，营养成分也存在很大差异①，所以每人每天应摄入400～500克，其中绿叶菜应保持在一半以上。新鲜的水果是抗坏血酸的良好来源，可以提供大量的蛋白质、磷、铁等无机盐，故而每人每天应摄入100～200克鲜果。此类食物应占膳食总量的40%。

---

① 例如，绿叶类蔬菜含有大量的胡萝卜素、抗坏血酸以及钙、磷等无机盐；根茎类蔬菜含有丰富的淀粉、蛋白质和胡萝卜素；鲜豆类蔬菜中含有的碳水化合物、铁及硫胺素的量是其他蔬菜所不能比的。

第五类是油脂类食物,它们可供给热量,促进脂溶性维生素的吸收,供给不饱和脂肪酸。植物油所含的必需脂肪酸比动物油高,而动物油的饱和脂肪酸多,脂肪熔点也比较高,因此不易为人体消化吸收,故而应少吃动物脂肪,多吃植物油。所以,营养学家建议油脂的摄入比例为饱和脂肪酸、多稀不饱和脂肪酸、单烯不饱和脂肪酸各占1/3。油脂应按每千克体重每天摄入1克,约占总膳食比重的1.5%。

对于以上五类食物,长期缺乏任何一种或过量补充任何一种,都会影响身体健康。为保持均衡膳食,人们不宜吃得太精,更不应在节日中暴饮暴食。真正做到粗细搭配、荤素搭配、菜粮搭配、粗粮细作等,人们的身体健康就会更有保障。

第三章
健康是一切价值的源泉

第一节　科学理解生产力的含义

生产力，又叫"社会生产力""物质生产力"。正如马克思指出："生产力表现为一种完全不依赖于各个人并与他们分离的东西，表现为与各个人同时存在的特殊世界，其原因是，各个人——他们的力量就是生产力——是分散的和彼此对立的，而另一方面，这些力量只有在这些个人的交往和相互联系中才是真正的力量。"① 生产力对人类社会的发展进步具有极其重要的作用。生产力包括三个基本要素：劳动者、劳动资料和劳动对象。与生产关系相比，生产力是生产方式中最活跃的因素。生产力是人类社会发展的最终决定力量和最根本的推动力。

一　生产力的"三要素"

马克思主义者认为，决定生产力高低的因素有三个：劳动

---

① 《马克思恩格斯文集》第 1 卷，人民出版社，2009，第 580 页。

者、劳动资料与劳动对象。劳动者是具有一定的生产能力、劳动技能和生产经验、参与社会生产过程的人，既包括体力劳动者，也包括以各种方式参与物质生产过程的脑力劳动者。劳动资料是劳动者用来作用于劳动对象的物或物的综合体，其中以生产工具为主，也包括生产过程中必要的其他物质条件，如土地、生产建筑物、动力、交通运输等。劳动对象是指生产过程中被加工的东西，包括直接从自然界中获得的资料和经过劳动加工而创造出来的原材料。

劳动资料和劳动对象统称为生产资料。科学技术也是生产力，并在生产力的发展中起着日益重要的作用。在生产力系统中，劳动者是人的要素，生产资料是物的要素，两者均不可缺少，但起着不同的作用。在人与物的关系中，人是能动的要素，是人创造物，使用物，不断改进和提高物的性能。生产资料只有同劳动者相结合才能发挥作用。

（1）劳动资料。劳动资料又叫劳动手段，主要指生产工具。广义地说，劳动资料还包括劳动过程必要的一切物质条件，如工厂建筑物、运河、道路等。在劳动资料中，最重要的是机械性劳动手段，它是人们用来改变或影响劳动对象的物质条件。生产工具是劳动者经验的结晶，直接反映了人们认识自然和利用自然的深度和广度，标志着生产力的性质和发展水平，它不仅是衡量人类劳动力发展的客观尺度，而且是社会经济发展阶段的指示器。

在生产的要素中，劳动资料在提高劳动效率方面具有决定性的作用。这是因为：第一，人类只有有了劳动资料才能进行生产。人们利用劳动资料的机械的、物理的、化学的属性，依照自己的目的，创造人类需要的使用价值。第二，劳动资料是人类利用和控制自然的强大杠杆，它的状况表明人类认识和利用自然能力的大小。从原始人的粗笨的石器工具，到近代工厂的机器体系，直到现代化大生产中电子计算机控制的自动化技术设备，这一发展过程大大提高了人类利用、控制自然的能力。第三，劳动资料的不断发展和完善，不断地提高了人类的生产技能，从而又进一步促进了社会生产力的发展。

（2）劳动对象。劳动对象是在劳动过程中所能加工的一切对象。劳动对象包括两类：一类是未经过人类加工的自然物，即纳入生产过程的一部分自然界中现成的物质资料；另一类是经过人类加工的物体，即由人们自己活动所创造的、实际上已是劳动产品的物质资料。劳动对象的质量，如工业中的原料和辅助材料的质量，农业中的动、植物的品种和性质等，对生产出来的使用价值的数量和质量有着重要的影响。

当代科技革命正在引起劳动对象的革命性变革，如原子能、太阳能、地热能等能源的利用，海底资源、稀有元素、同位素的利用，人工合成材料的利用等，使许多新的原料具有了特殊的性能（如耐高温、耐压、抗腐蚀、高强度等），正逐渐代替迄今为止工业使用的传统的原料。因此，劳动对象品质的改进和范围的扩大，对提高整个生产力水平起着很大的作用。

（3）劳动者。在生产力的三个要素中，人的因素占有特殊重要的地位，是生产力中最重要的因素。劳动者是生产过程的主体，是生产工具的创造者、使用者和改良者。创造生产工具和原材料的是人，没有人的劳动，这些东西就发挥不出任何作用。物质要素只有被劳动者所掌握，只有在劳动过程中和劳动者结合起来,才能形成现实的生产力。即使是最先进的生产工具,如果不为劳动者所使用,至多也不过是一堆不发生任何作用的废物。当然,劳动者的作用不能离开生产资料,它是通过创造和使用生产资料来体现自己的重要作用的。

二 生产力是生产方式中最活跃的因素

生产力与生产关系的统一,构成了社会生产方式。生产力是社会生产的物质内容,生产关系是社会生产的社会形式,两者是不可分割的统一体。其中,生产力是生产方式中最活跃的因素。

(1)生产力总是处于不断发展变化的过程之中。人们在物质资料生产和再生产中为了自身的生存和发展并取得更大的劳动成果,必然要不断地总结生产经验,提高劳动技能,不断地改造生产工具和创造新的生产工具,以增强同自然斗争的能力。随着人类对自然界认识的加深,科学技术的发展速度大大加快了,它在生产技术上的应用也更广泛了,由此也加速了生产工具的改造与创新过程。生产工具的不断改造和创新,标志着整个社会生产力的不断发展。而生产关系则处于相对稳定的状态,任何生产关系都有一个确立、完善、巩固的过程,在它所容纳的生产力尚未充分发挥出来以前,它绝不会改变,这是与生产力的发展完全不同的。

(2)生产力的变化和发展,决定着生产关系的变化和发展,任何生产关系都是适应于一定阶段生产力的性质和状况而建立起来的。有什么样的生产力,就要求有什么样的生产关系。比如,在人们还在使用石刀、石斧和弓箭的时候,绝不可能建立资本主义生产关系，因为资本主义生产关系是建立在大机器生产的基础之上的。当生产力发展到一定阶段的时候，原来的生产关系就逐渐不适合生产力发展的需要了，并且要求对原有的生产关系进行相应的变革。

总之，从生产力发展及其对生产关系的决定作用来看，它是生产方式中最活跃的因素。

三 生产力是社会存在和发展的最终决定力量

生产力是人类社会发展的最终决定力量和最根本的推动力。马克思列宁主义认为，物质生产力直接决定生产关系并进而最终决定一切社会关系，是社会存在和发展的最终决定力量。物质生产力的状况是所有一切思想和各种趋向的根源，人类社会的发展就是由生产力的发展所决定的。

从历史唯物主义的观点来看，社会的发展和进步是整体性的和多方面的，是社会过程的综合性表现，因而社会领域的每一个特殊具体方面，包括社会的经济、政治、科学、文化艺术、宗教和道德等领域，虽然都有推动它们发展的各自的动力，也有它们各自特殊的发展规律，但是在它们的整体发展中，归根结底取决于生产力的发展。生产力是它们发展的最终决定力量。

从理论上来说，生产力是社会存在和发展的最终决定力量。这主要是因为，物质生产和生产力的发展，是社会赖以存在和发展的物质基础。人类社会要生存和发展，就必须生产物质生活资料，以满足人类的衣、食、住、行及其他需求。任何一个民族，如果停止生产，就既不能生存，也不能发展，而生产的发展变化始终是从生产力的变化发展（首先是生产工具的变化发展）开始的。社会生活的各个领域，包括政治和经济、文化和艺术、宗教与哲学等方面的活动，或者人们的各种社会关系，无论是经济关系还是政治关系、思想关系，归根结底都取决于生产力的发展。没有一定程度的生产力发展，社会的教育、科学、文化都发展不起来，更谈不上繁荣。所以，生产力的发展是社会一切发展的最终根源。从历史上看，在人类的生产实践中，每当劳动者的生产经验、劳动技能和科学知识积累到一定程度，出现新的生产工具时，社会生产力就会大大地前进一步，并进而引起人们的劳动方式、社会组织形式、劳动分工、人与人之间在生产过程中的相互关系以至于人们的生活方式和思想方式的变化，导致生产关系和上层建筑的变革。

生产力是社会发展的最终决定力量，这集中地表现在它的发展引起生产关系的变革方面。首先，生产关系的变革是由生产力要素中人的因素和物的因素的发展状况决定的。生产力作为人们改造自然以获取物质资料的能力，是由劳动者和生产资料两个相互作用的有机因素组成的。之所以要进行生产关系的变革，就是要使其与生产力中的劳动工具状况和劳动者的生产经验与劳动技能特别是科学技术知识的状况相适应。

四 科学技术是第一生产力，是推动社会进步的有力杠杆

科学技术作为第一生产力，是"历史的有力的杠杆"，是推动社会发展的重要动力。

第一，科学技术的发展引起社会生活方式的变革。人类社

健康是生产力

会生活方式是反映社会发展状况的一个方面。纵观社会发展史，人类生活方式的一些带根本性的变化，几乎都是伴随科学技术上的重大发明而出现的。远古时期摩擦取火技术的发明，结束了茹毛饮血的时代；近代以来，蒸汽机、发电机直至电子计算机的出现，既改变了人们的衣食住行，也使社会教育、文化、娱乐、信息、旅游等发生重大变革，如电视机的普及就使"秀才不出门，便知天下事"成为现实。

第二，科学技术促使产业结构发生变更。产业结构是指生产过程中所配置的各产业部门之间的相互联系和数量比例，它反映国家社会生产发展的方向、速度和水平。在科学技术水平低下的古代，劳动密集型产业占主导地位，大部分劳动力集中于农业和采掘业等第一产业；近代科技迅猛发展，农业、采掘业等广泛采用动力机械，节余下来的相当数量的劳动力转移到包括工、矿和建筑业在内的第二产业，欧美资本主义国家第二产业从业人员很快超过了第一产业，并出现了一批资本密集型产业；现代科技的崛起，大大提高了第一、第二产业的生产率，并开辟出许多社会服务部门，使包括交通运输、商业、信息行业以及公用事业、服务行业在内的第三产业从业人数大幅度增加，在发达国家已占到全部职工数的 60%~80%。由此可见，科学技术是促进产业结构变更的重要力量。

第三，科学技术的发展导致生产方式的变革。科学技术不仅为社会奠定物质基础，促进生产力的发展，而且还向纵深发展，激化生产力和生产关系的矛盾，促进生产关系的变革。现代科学技术革命一方面推动了资本主义物质生产的发展，另一方面也加剧了生产社会化同资本主义私人占有之间

第三章　健康是一切价值的源泉

的矛盾，使经济危机和社会危机加深。英国著名学者贝尔纳在其《科学的社会功能》一书出版 25 周年的纪念文章中指出："技术的进步，进而计算机的合理使用所带来的集中控制，再不可能适应这个支离破碎的、充满私利和剥削的社会结构了。""我们预期的技术进步，将必然意味着会带来一种根本性质的经济变化。这个科学和计算机时代，必然是一个社会主义时代。"第三次科技革命必将大大加快历史发展的进程。

20 世纪科学发展、技术革命和社会变革的综合结果是社会主义生产关系的出现。社会主义消除了资本主义社会的基本矛盾，能够适合科学技术的发展，并克服了资本主义制度下科学技术畸形发展的种种弊端。社会主义需要科学技术，科学技术也需要社会主义。但是，新的科技革命也要求社会主义生产关系进行不断调整，在经济、科学、教育、政治等方面进行体制改革，以充分发挥社会主义制度的优越性，创造远远优胜于资本主义社会的生产力。

第二节　身体是革命的本钱

毛泽东同志说过，"身体是革命的本钱"；周恩来总理曾对清华大学的学生说，"要好好锻炼身体，为祖国健康工作 50 年"；居里夫人也说，"健康的身体是科学的基础"。的确，看看那些功成名就的人，没有一个不是经过多年的奋斗、打拼，才取得了超人的成就。所以不难想象，如果没有健康的身体作为保证，要想实现人生的理想是不可能的。

健康是生产力

一　身体是革命的本钱

身体是革命的本钱：事业固然重要，但如果没有了生命，一切都将成为空谈。随着我国改革开放步伐的加快，人民生活水平不断提高，"吃得饱、穿得暖"早已不是人们生活的目标。但是，人们如何将"吃得饱、穿得暖"的生活目标转向"住得好、活得开心"以及如何将发展体育运动与促进社会经济发展联系起来，成了一个亟须解决的问题。

有观点认为，与幸福、健康和快乐紧密联系的国民体质，是一个地区人们生活质量的反映。时下人们最关心的升学、就业，无一不与人的体质联系在一起，如高考重视体育分，参军、报考公务员，都要考核体能。

身体是革命的本钱：时代的需求，人们肩负重担，必须有健康的体魄。当今中国正处在一个承前启后的关键时期，领导干部身上的责任日益加重，平时加班加点是家常便饭，工作上的超负荷运转对人们的身体、心理提出了更高的需要。近年来，各地媒体报道优秀党员干部因积劳成疾而引发猝死的现象呈上升趋势。一个人如果没有健康的体魄，即使有再高的学问、再远大的理想、再崇高的思想境界，其抱负也只能是"海市蜃楼"，无法实现。一个人如果没有健康的体魄，带给家人的只能是无尽的痛苦。

身体是革命的本钱：特殊的工作岗位更需要健康的体魄。近年来，职业危险性高的警察英年早逝的案例也不在少数。经济发展导致了越来越多的新型犯罪，对现在的警察提出了更高的要求,需要他们有更强的战斗力。每一位警察都明白"身体是革命的本钱"所包含的道理,但现实是很多警察却认为自己还年轻,过度疲劳、体力严重透支都是小事;锻炼身体经常是"两天打鱼,三天晒网",把大部分时间都投入工作之中,长此以往,就会形成恶性循环,给身体带来严重的伤害,也无法保卫社会的平安。

二 健康的体魄是成事的重要依托

一个人要想做成一件事,必须具有多个方面的素质,要勇往直前、要有胆有识、要有勇有谋……但是,所有这些都必须依托一个前提条件——健康的体魄。只有这样,我们才能做得更好。但是,我们往往过多地强调理想与奋斗,而忽略健康的作用。

人们习惯于用"年富力强""朝气蓬勃""风华正茂"这些词语来描绘年轻人的状况,但是现实中青年的健康状况却远没有如此乐观。据调查,当前大学生的整体身体素质令人担忧,他们因为忙于考取各种"证书"和"过级",而对健身和运动越来越没有兴趣。最近一段时间,关于知识分子的平均寿命问题也已越来越受到社会各界的关注。

需要特别指出的是,保持身体健康的最大因素在于生活有规律。那些长寿的人几乎全部是生活有规律者,我们实在难以想象一个90多岁的人是一个生活没有规律的人。可是,我们显然对此注意不够,有些人甚至有意鼓励它的反面即没有规律,其典型便是对"开夜车"的赞美。

列宁说过,不会休息的人就不会工作,可是在现在的年轻人中，几乎找不到几个不"开夜车"的人；在现在的文艺人才、科技人才中，也几乎找不到几个不"开夜车"的人。"开夜车"成了人们的一种习惯，甚至成了一种刻苦和成功的象征。但是，人的生活规律不是一项发明就能改变的，我们的身体结构是在数百万年的"日出而作，日落而息"的节律中形成的。例如，人的体温在下午 2~4 时这段时间最高，在凌晨 2~4 时最低，这个差异不论怎么习惯于夜间工作的人都没有两样。再如，社会中的正常生活仍是"日生活"而不是"夜生活"：学校上课、单位上班的时间仍然是白天，习惯于夜间工作的人于是便不得不经常"急刹车"以适应社会生活的需要，而这种无规律的"急刹车"对身体的损害更大。

三 金钱可以随时再挣，生命却只有一次，一旦失去就将不复存在

有人说："人们前半生拿命换钱，后半生却拿钱买命。"在生活节奏越来越快，竞争越来越激烈的当今社会，年轻人都像拧紧发条的闹钟，不停地向前奔波，为了生存而透支自己的身体。可是，我们需要明白：最需要保护的恰恰是不应该透支的身体。金钱可以随时再挣，生命却只有一次，一旦失去就将不复存在。

在校大学生由于长跑而猝死的不幸消息时有耳闻。本来，这些只是发生在校园内的悲剧，可是某些大学纷纷"面对现实"，取消了体育课训练项目当中的 1000 米长跑，由此将社会的质疑引向了自身。为了挽救当下大学体育课的式微，有大学

甚至还发明了所谓的"爬树课",把本来属于儿童出于天性的自由嬉戏作为一种训练用于大学生。事实上,大学生真正的身体锻炼都是在课外活动时间进行的。活跃在球场上,辗转腾挪,那才是大学生活力和自由的展示,也是他们最好的身体锻炼方式。那么,现在的中小学还有名副其实的课外活动时间吗?恐怕很难说得清楚。不少学校出于学生课业紧张、面临升学压力等考虑,压缩学生的锻炼时间,还有一个原因就是"怕出事"。笔者就曾看到一条电视新闻:在某小学的课间休息时间中,学生们都自觉地趴在课桌上,因为这样"最安全",也"最不容易出事"。

最近,英国《新科学家》杂志发表文章,揭示了"基因突变"对人类从类人猿到智人转变的影响。科学家发现,我们祖先的进化是以牺牲身体的能力为代价的。向智人转变的类人猿(大猩猩)的下颌骨之所以出现萎缩,是因为人类进化到了一定阶段,出现了新的社会组织,他们不再需要把撕咬当成攻击的利器。关注大脑发育的生物学家找到了为大脑和肌肉进行葡萄糖转运载体编码的基因"接通开关"的差异,接通智人大脑的"开关"要比接通肌肉的"开关"更为粗壮。也就是说,人类的智力水平提高了,但是体魄却不如从前那么强壮了。

对于"身体是革命的本钱"这句话,我们中的大多数人都觉得耳熟能详,却往往无动于衷,很少有人会静下来细细品味其中包含的道理。也许有人一边说着"这道理我懂",一边却还在彻夜玩着电脑,或者抽着烟,或者与朋友交杯换盏……殊不知,这些都是有损身体健康的。

第三节　健康就是生产力

"健康是生产力"并不是一个新的观点，它是马克思主义学说的基本内容。所谓生产力就是人们认识自然、疏导和保护自然以获得物质资料的能力。而生产力的发展快慢直接受制于劳动者的健康状况，受制于劳动资料、劳动对象本身的性能是否完善。三个要素都"健康"是生产发展最理想的状况，而且，劳动者、劳动资料以及劳动对象之间形成良性互动，也能进一步促进生产发展并降低成本消耗。因此，在某种程度上可以说，生产力的本质要求就是健康。

一　"健康是生产力"是一个理论问题

从理论上来讲，"健康是生产力"是马克思主义政治经济学的基本问题，从现实生活来讲，也是我们天天会遇到的问题。只有人的身体健康，劳动效率才能得到提高，就可以多为国家创造财富。所以，关心人民的身体健康，国家加大对健康的投入，改善人民的健康状况，不但不会影响经济发展，而且还会促进经济发展。

实际上，这早已成为西方学者研究的重要话题。比如，世界银行曾组织一批专家探讨在第二次世界大战以后的40多年中为什么世界经济发展得这么快。他们得出一个结论：世界经济增长的8%~10%，应当归功于第二次世界大战以后世界人民的健康水平普遍提高了。美国哈佛大学也曾研究过亚洲经济进步神速的原因，并得出了一个同样的结论：亚洲经济的增长，有 30%～40% 来源于人的健康素质的提高。

健康拉动经济增长的作用在我国也很明显。改革开放 30 多年来，我国经济之所以能够取得举世瞩目的成就，主要是因为按照小平同志提出的战略，首先解决了温饱问题。在温饱问题解决后，紧接着又解决了人民群众"看病难、看病贵"的问题，人民的生活水平提高了，人民的身体素质提高了，国家发展的动力也就随之增强。现在我国之所以成为第二大经济实体，一个主要的原因就在于人的健康水平的提高。同时，经济发展和人们的健康需求是呈正比的，经济越发展，人们的健康需求也相应提高。

二 "健康是生产力"更是一个实际问题

健康是社会发展的助力器。据统计，我国 2008 年的人均 GDP 是 22000 多元，同时一个人住一次医院的费用是 5000 多元。这就是说，如果增加一个健康的人，就可以增加 22000 多元的产值，同时减少 5000 多元的医疗费。反过来说，如果增加一个不健康的人，那等于减少 22000 多元的产值，增加 5000 多元的医疗费。据抽样调查显示，全国大约有 1.7 亿人没有生产能力，而且这部分人大多由于医疗条件不好，因病致残，长期不能劳动。假定国家在医疗事业上加大投入，使这 1.7 亿人都能参加劳动，那么国家的总产值将会高出许多。

人的需要是不断发展变化的，温饱问题解决以后，健康就成为全国人民最关心、最现实、最迫切的一个重大问题。但是，一些有关部门的同志，还有一些地方的领导同志，对人民的健康对我们国家建设的重要性认识不足。他们有一个错误的

健康是生产力

认识：资金是有限的，应该用来上大项目，修建高楼大厦、工厂、高速公路等。至于健康投入，在很多地方的规划当中，可以说都很少得到重视。如此一来，就导致了健康投入滞后于经济发展的现象。改革开放 30 多年来，我们的 GDP 增长了 20 多倍，而在健康投入方面甚至还不足 1%，差距悬殊。前几年，很多地方出现了"看病难、看病贵"问题，有的地方甚至出现"因病致贫、因病返贫"。改革开放初期，全国有 2.5 亿人没有解决温饱问题，国家集中力量解决了这个问题，但是发展到现在，却因为对健康投入的不重视，而导致一部分人再次陷入了这一境地。

在农村流行着这样一句话："奔小康，盼健康；一场病，全泡汤。"人们过去费尽千辛万苦才脱离贫困，得一场大病，又陷入了贫困状态。这说明了什么问题？有些人认为，把钱集中起来上大项目就可以帮助人们脱贫，我们不能说这个想法是错的，但是发展经济靠的是什么？当然是靠人。如果人的身体健康状况不好，发展经济就会成为一句空话。他们的目的确实是想经济发展快一点，使中国特色社会主义建设的步伐快一点，但这样实际上是拉了社会主义的后腿。唯物主义认为，人是生产力的主体，社会生产力是由劳动者、生产工具、劳动对象这三大因素构成的。而劳动者在这三大因素当中是最活跃、最革命、最有创造性的。因此，要想进一步发展经济，加快中国特色社会主义建设的步伐，就必须增加对健康的投入，保证劳动者的身心健康。

三 健康既是人的权利又是人的义务

健康不仅是每个人现有幸福和未来企盼的基础，而且由其

第三章　健康是一切价值的源泉

道德理念所集合成的思想也成为一种共同的生活信仰，也是一个国家、社会又快又好发展的基石和保障。经济增长、社会进步、生态改善、秩序良好、和谐相处、环境保护、心态平和等，都必须以人的健康为基础。而对于每个人来讲，健康既是权利又是义务。我们有维护自身健康和获取健康资源的权利，但同时亦有维护自己及他人健康的义务，有推动社会健康事业发展的义务，有为公共健康作出贡献的义务。

从个人和家庭消费的视角来看，健康是财富和幸福；从推动国家富强和社会发展的作用来看，健康是生产力。任何一个国家，为了让劳动者源源不断地创造新的价值，就必须保证劳动者的健康。健康是生产力的道理就体现在这里。劳动者是生产力要素中最重要的因素，现代社会的劳动者不仅应具有一定的生产经验和劳动技能，以及相应的知识和智力，还应具备健康素质。

对许多地区医疗卫生状况的深入调查发现，不少干部在事关人民群众身心健康的问题上存在一些模糊认识。一是认为医疗卫生投入是不会增值的"纯消费"，对经济增长没有任何意义。二是认为看病、治病是个人的事，与政府的关系不大。在这两种思想支配下，一些地方在制定经济社会发展规划时，往往把有关医疗卫生和群众健康的支出摆在末位，甚至不列入规划当中。只有在思想上认识到人民健康对发展经济的重要性，才能积极主动地落实贯彻《中共中央国务院关于深化医药卫生体制改革的意见》[1] 文件精神，解决好人民的健康问题。

---

[1] 中发〔2009〕6号文件。

健康是生产力

现在日本的很多企业每年都设有健康基金，为那些重视身心健康的员工发奖金。这种健康观念在中国许多单位，尤其是大多数单位领导所欠缺的。不仅如此，还有许多单位至今仍对"带病坚持工作"津津乐道。我们应当懂得，在积极推进中华民族伟大复兴的今天，一个不重视健康、不重视健康教育的领导不仅是短视的，而且是极不负责任的。

在生产力的三个要素中，劳动者素质具有至关重要的意义。而长期以来，在衡量劳动者素质时，其中很重要的一点被忽视了，那就是健康素质。没有健康就没有一切，健康素质是现代社会人才必备的素质。因此，对于个人而言，我们倡导健康的生活方式，这不但对自己有利，也是利国利民的大事。而对于我国政府，在制定经济社会发展计划时，能把医疗卫生支出摆在应有的位置上，建立起覆盖全国的健康教育和健康促进体系以及医疗保健网络，将会使国民的体质大大增强，患病者的数量就会大大降低。这既是最大的节约，也是对社会主义现代化建设最重要的投资。从长远来看，这不仅不会影响国家经济社会的发展，而且还会加快我国现代化的进程，有助于构建更加美好的社会主义和谐社会。

第四节　健康因素对生产力的正负向影响

健康是生产力，本来是马克思主义政治经济学的一个基本问题。但是，近年来由于不少人对马克思的原著淡漠了，因而对这一主题感觉陌生了。强调这一点主要是针对那些把关注人民健康同发展经济对立起来的错误观点，目的是使我们进一步认识到关心人民的健康就是保护劳动人民创造价值的能力,就是为了发展社会主义经济。

一　健康对拉动经济增长的作用十分明显

现代经济发展证明,满足劳动者健康需求的投入对拉动经济增长至关重要:只有身心健康的人,才能精力充沛、注意力集中,才能提高劳动效率;只有身心健康的人,才能不生病或少生病,既不耽误工时,又能节约医药费用;只有身心健康的人,才能延长健康寿命,为国家创造更多的财富。同时,健康产业是当代很大的一个产业,包括生态环保用品、劳动保护用品和各种意外伤害事故预防用品、预防治疗疾病的药物、保健用品和医疗器械、科学研究用品等。可以说,健康产业是一个市场大、用途广、利润高的产业。国外有专家预测,健康产业的发展将超过信息产业。

经济发展与人的身心健康,是一种既相互制约又相互促进的关系。身心健康的人是发展经济的重要力量,而雄厚的经济实力又是改善医疗条件、进一步保障人的健康的物质基础。如果医疗保障解决不好,就会制约经济的发展,拖经济发展的后腿。近年来一些地方出现的"因病致贫""因病返贫"现象,就说明了这个问题。

在第二次世界大战前,西方国家不承认健康是生产力,劳资关系十分紧张,罢工、武力反抗时有发生。第二次世界大战后,西方国家为了维持对广大劳动人民的统治,总结过去的教训,借鉴了社会主义国家处理劳资关系的经验,尝到了劳动者保持健康对拉动经济发展的甜头。劳动者健康与发展经济的关

健康是生产力

系成为西方学者研究的一个热门课题。

健康对拉动经济增长的作用,在我国也很明显。改革开放30多年来,我国经济之所以能够取得举世瞩目的成就,一个重要的因素,就是我国按照邓小平同志提出的"三步走"发展战略,首先解决了人民的温饱问题,使人民的体质得到了增强,为经济发展提供了大量的健康劳动力。

当前,在我国社会中,确实存在对健康在社会主义建设中的地位和作用认识不到位的现象,误认为健康投入是一种不会增值的"纯消费投入",与发展经济没有关系,从而导致在处理发展经济与满足人民健康需求的比例关系上欠妥的问题。譬如,我国人口的期望寿命从1978年的62.5岁提高到了2008年的73岁,提高了10.5岁,但人口的健康寿命增长却很缓慢:男性为63岁,女性则为65岁。健康寿命增长缓慢的原因:一是国家在人民健康需求上投入少,医疗资源分布不均衡,医疗卫生设施欠账多;二是人民群众缺乏医疗卫生知识,有病不早治,使小病变大病,急病变慢病,慢性病人数有增无减,加重了国家和个人的经济负担。2008年,我国人均国内生产总值为22654.368元,人均住一次医院的费用为5058元。因此,发展经济和满足人民健康需求是成正比的,健康需求落后于经济发展或超过经济发展,都不利于经济的发展。只有在经济发展的基础上不断地满足人民的健康需求,才能使经济发展与人民健康相得益彰。

保护人民健康的意义,从每个人和每个家庭来说,是一个重大的民生问题,关系千家万户的幸福安康;从国家层面来说,则是强国富民、建设创新型国家的基础。建设创新型国家需要创新型人才。当今世界各国之间的激烈竞争,归根到底是人才的竞争。现在世界上一些发达国家之所以发达,主要是因为他们拥有掌握先进科学技术的人才。世界上任何先进的科学技术,都是由人发明创造和由人来掌握使用的。健康是人全面发展的基础。一个国家有了健康的、全面发展的人,就有了一切,穷国可以变成富国,弱国可以变成强国。我们要深入贯彻《中共中央国务院关于深化医药卫生体制改革的意见》文件精神,不仅要把中国建设成现代化的大国,而且要使我们的人民拥有更健康的身体,享有更快乐的生活。

二 国外企业重视为员工减压,关注员工身心健康,有效提升生产力

从 20 世纪 60～70 年代开始,西方发达国家开始进入信息化时代,提高劳动生产率主要是依靠知识、依靠企业职工的主动创新。因此,企业家只有关心职工的身体健康,才能创造更多的剩余价值,使资本家更快地发财致富。据英国的一项研究显示,每年由于压力造成的健康问题通过直接的医疗费用和间接的工作缺勤等形式造成的损失占国民生产总值的 10%。面对更大的工作压力,外企是如何让员工保持身心健康呢?

1. 美国实行弹性工作制度

在美国人的常规意识里,工作和生活是绝对分开的,个人生活不应受到工作的干扰。但是,近年来,随着竞争加剧,为了保住工作,很多美国人开始加大工作强度,到点不下班或周末加班的现象越来越普遍,这也使得减压和"过劳死"这样的问题受到越来越多的社会关注。很多企业主开始意识到,要

健康是生产力

想让员工踏实尽心地工作，提高工资并不是唯一的手段，帮助他们减压也是一个很重要的方面。

据报道，很多美国公司都有心理热线和法律热线，员工有问题的时候，即便是一些私人问题，都可以随时寻求帮助，而且绝对保密。硅谷的很多公司主动安排活动，让员工感到在这里上班很愉快。比如，思科公司总裁每月安排一次早餐会议与员工沟通。财捷集团将每周五下午定为员工社交的时间，夏季还会组织烤肉聚餐和海滩娱乐等活动。雅虎公司则在公司内提供按摩、理发、洗车、换机油、看牙医等服务。

比起这些措施，美国公司给员工减压的最"终极"办法就是实行弹性工作制度。这种制度始于20世纪80年代，很多公司，特别是大中城市的公司为了让员工既完成工作又能安排好生活，在保证每天8个小时或每周40个小时工作时间的前提下，让他们自己确定上班时间。在惠氏公司下属的一家药品研发机构里，有的员工为避开交通高峰时间，每天从早晨7点工作到下午4点；有的员工因为每周的某天下午要带孩子上学习班，其他日子就多工作一会儿。还有一些公司进一步对上班的总时间也不作出规定，很多工作可以在家里完成。据了解，全美国有28.1%的男性和26.7%的女性员工享有弹性工作待遇。美国著名保险公司丘博集团董事长兼执行总裁芬尼根（Finnigan）认为，弹性工作制度不仅是福利，也是增进生产力的有效工具[①]。

[①] 《国外企业给员工减压提供心理咨询和按摩》，《生命时报》2006年7月19日。

2. 欧洲提倡员工"发泄放松"

在欧洲,与压力相关的疾病已成为导致非体力劳动者长期无法工作的主要原因。德国联邦卫生部专家奥尔瓦德(Orward)教授认为,欧盟由此造成的损失估计每年为1100亿欧元[①]。

欧洲的"为员工减压"运动起源于20世纪二三十年代,80年代后在英国、法国、德国等国家有了长足发展。在欧洲,95%的大公司和85%的中小企业均向员工提供减压帮助,每年的总花费大约是800亿欧元。近年来,欧盟及各成员国制定了《健康与安全工作法》等法规,要求公司向员工提供健康及心理支持,不采取措施的公司还会被罚款。2006年,德国政府向一家未给医护人员做好减压措施的医院发出强制执行通知书,下令评估600多名员工的压力水平并推行减压计划,否则就将提出控诉。付出就有回报。宝马等公司的调查表明,企业在员工减压方面每进行1欧元的投资,得到的回报平均为3~16欧元[②]。欧洲企业为员工减压的手段主要有以下几种:

一是环境放松型。典型的如受到欧盟资助的"让健康植物走入办公室运动"。挪威一家医院的研究表明,办公室放入健康植物后,请病假的情况减少了一半。

二是心理减压型。在英国电信集团,员工有心理困惑可以拨打公司的免费咨询电话,由心理专家给予解答。瑞士不少企

[①] 杨河清、郭晓宏:《欧美和日本员工过劳问题研究述评》,《中国人力资源开发》2009年第2期。

[②] 《国外企业给员工减压提供心理咨询和按摩》,《生命时报》2006年7月19日。

业针对新员工容易因人际交往产生焦虑情绪的情况，专门开办培训班，帮助新员工顺利适应新环境。

三是福利享受型。欧洲越来越多的企业开始向员工提供按摩、瑜伽等减压服务，以达到让员工心情愉快、提升工作效率的目的。许多企业都说，让员工快乐地上班，是留住人才的好方法。

四是"放纵发泄"型。欧洲大多数企业和公共机构的员工上班可吃零食。奥尔瓦德教授认为，当食物与嘴部皮肤接触时，能消除内心的压力，转移人对紧张和焦虑的注意①。另外，奔驰等公司建立了很多俱乐部、健身房，让员工在工作之余有一个"发泄放松"的场所。

3. 日本不再以"过劳"为荣

"过劳死"的概念是20世纪六七十年代由日本专家提出的。2001年，日本劳务省认定有143人"过劳死"。这是日本"过劳死""突飞猛进"的一年。此后，日本政府开始修改认定"过劳死"的标准。例如，从前只调查死亡之前一个星期内的工作状况，后来改为调查6个月内的情况以掌握"疲劳积蓄度"；从前身患慢性心血管病者突然死亡都被认定为"身体条件不好"，现在若发病前曾长时间加班，则判定属于"过劳死"。同时，政府还确定了加班时间与疾患的关系：每月加班45小时以内对身体有轻微影响，超过100小时影响就很大了。

以上政策出台后，日本公司都开始为减少和根除"过劳

---

① 杨河清、郭晓宏：《欧美和日本员工过劳问题研究述评》，《中国人力资源开发》2009年第2期。

第三章　健康是一切价值的源泉

死"出招。主要的办法有：一是严格控制加班时间；二是配备心理医生，让员工随时进行咨询；三是增加福利运动设施，修建游泳池、网球室等；四是定期给员工做健康检查，以前都是身体检查，如今加上了心理健康检查；五是部门主管要掌握员工的体检结果，与医生保持联系，调节员工的工作量；六是若有烦恼，员工或家属可以去"防止过劳死中心"咨询。这种机构遍布日本全国各地。

随着社会的发展，"卖命"已不再是一件值得夸耀的事。现在的日本人都希望在轻松、和睦的环境中工作。现在，越来越多的日本企业开始重视员工的心理健康管理，除了在员工有烦恼时提供咨询外，还要求主管平时注意部属的心理状况，并定期实施心理诊疗。

其实，员工的心理不健康也会降低工作效率，企业付出的成本可能比人才流失还要大。富士公司已对4000名主管分批开设心理健康研习讲座，由企业专属医师说明工作过度与压力的关系、忧郁症的特征等。从2003年起，还教会员工察觉自身身心异常的有效方法，并要求主管能确定掌握部属的健康状况。

日本社会经济生产本部曾对上市企业的一项调查显示，48.9%的企业认为在最近3年内，员工的心理疾病有增加的趋势。企业持续裁员，而且实施绩效管理的人事制度，使员工的心理压力更大，未来心理疾病的患者势必有增无减[1]。

---

[1] 杨河清、郭晓宏：《欧美和日本员工过劳问题研究述评》，《中国人力资源开发》2009年第2期。

三　推动人的健康全面发展和社会健康和谐，是实现社会主义生产力可持续发展的基本举措

1. 促进人的健康全面发展，为生产力可持续发展提供人才保证

其一是维护人的身体健康。思想是行为的先导，政府要树立增强人民体质、提高全民族身体素质和健康生活的目标，将全民健康事业纳入国民经济和社会发展规划。引导建立健康促进机构，加大健康促进的宣传，使全社会形成人的健康是促进生产发展的基本条件的认识，形成学校、家庭、企业、社区、公共部门、个人等广泛参与的格局；努力探索实现国民健康事业快速前进的新方法；继续加强对人民健身事业和公共卫生医疗保障、养老保障的投入，尤其是疾病预防管理领域的投入。

其二是促进人的心理健康。所有参与社会主义现代化建设的实践者，都要树立以人为本的发展理念。要坚持马克思主义在意识形态的指导地位，培养健康和谐的社会心态，形成积极的理想信念和道德规范。要进一步发展和完善社会主义民主法治，及时打通民意得以诉求和表达的通道，维护人民参与经济社会建设、促进个人发展的正当权益，倾听百姓最真实的声音，为发展献言献策。通过宏观调控，加强决定社会成员生活和发展境遇、利益分配的社会化矛盾的协调，进一步完善社会养老、医疗等保障服务体系的建设。

其三是优化人的社会交往。马克思早已作出人的本质是一

切社会关系的总和的论断:"全部人类历史的第一个前提无疑是有生命的个人的存在。"① 人们要从事生活资料的生产,必须以个人之间的交往为前提,而人们之间的交往或共同活动本身就是生产力的组成部分。也就是说,人的本质力量必须借助面向自然的劳动实践和与人的社会交往才能得以发掘。尤其要解决好就业问题,就业是民生之本。国家要把促进充分就业作为全面建设小康社会的重大战略任务,继续贯彻劳动者自主择业、市场调节就业、政府促进就业的方针。要坚持不懈优化就业结构,尽最大努力提高劳动者素质,积极构建和谐劳动关系。

2. 构建健康的和谐社会,为生产力可持续发展营造良好的社会环境

要使和谐社会充满活力,就必须全面贯彻落实以人为本的科学发展观,为人的体力和智力全面自由发展提供条件,为人的自主性和创造性的实现提供机遇。要不断激发社会成员的活力,破除一切阻挠人才和信息流动的体制机制,使一切能够推动社会发展的创造愿望得到尊重、创造活力得到支持、创造才能得到发挥、创造成果得到肯定。要加快经济发展向人本维度的复归,避免紧盯经济发展指标而忽视淡漠人的发展诉求,要最大限度地使人的本质力量充分发挥、内在价值有效生成。要摒弃片面追求经济单向度增长的发展模式,转向更加注重经济发展的质量——可持续发展,更加注重经济发展的经济效益、社会效益和生态效益的统一协调。社会

---

① 《马克思恩格斯文集》第 1 卷,人民出版社,2009,第 519 页。

健康是生产力

要为劳动者创造出有利于生产力发展的生产关系和生产氛围，如亲民的政治、进步的科技、舒畅的文化、优雅的环境等。要坚定实施依法治国的基本方针，促进社会公平正义，使社会成员在教育、住房、医疗、就业、养老等方面的基本权利得到有效维护。要改革和完善收入分配体制机制，落实公平和效率相统一的收入分配政策，使发展的成果惠及每一位实践者。

第四章

健康与经济文明的关系

第一节　健康投入与经济增长并不矛盾

健康与经济增长息息相关。马克思主义认为，经济状况是决定社会发展的物质基础。经济发展水平的高低直接或间接地影响着人类的寿命和健康水平。

如果说，一些贫困边远地区经济发展水平低，解决群众"看病难、看病贵"问题困难较多还情有可原的话，那些经济发展较快的地区也存在这个问题，就与经济发展无关了。前些年对许多地区医疗卫生状况的调查发现，不少干部在事关人民群众身心健康问题上存在一些模糊认识。

在当今社会，发展经济已成为人们的共识。但是，在具体的发展过程中，一些人的观念却非常落伍，认为经济发展与健康投入是相冲突的，为了发展经济，就不能在健康方面投入太多。其实，健康投入与发展经济并不矛盾，健康投入的增加还可以提高生产力水平，促进经济的发展。

健康是生产力

一 保障人民健康不仅是卫生部门和医院的责任，也是政府的责任

近年来，在党中央和国务院的领导下，我国医疗卫生体制改革取得了引人注目的成就。但是，我国幅员辽阔、地势复杂，在"老少边穷地区"，人民对"看病难、看病贵"问题反映仍很强烈。其原因是国家投入少，医药卫生事业欠账多，人民负担重。国家投资少的原因，主要是有些部门和地方领导人对人民健康在社会主义现代化建设中的重要地位和作用认识不到位，他们认为发展的目的是为了提高经济增长速度，提高国民生产总值。

改革开放30多年来，党和国家强调坚持以经济发展为中心，目的是尽快解决人民的温饱问题。经过多年的努力，到20世纪末基本上解决了人民的温饱问题之后，看病问题成为人民最关心、最直接、最现实的切身利益问题。党中央审时度势，2002年党的十六大提出了全面建设小康社会的新任务，制定了以人为本的科学发展观，紧接着在党的十六届五中全会、六中全会、中央政治局集体学习会和党的十七大上，把解决人民的"看病难、看病贵"问题提上了全党全国的议事日程。

解决好人民的健康问题，不仅是一个重大的民生问题，而且是一个关系强国富民、建设创新型国家的问题。党的十七大报告指出："提高自主创新能力，建设创新型国家。这是国家发展战略的核心，是提高综合国力的关键。"[①] 我们知道，当

[①] 胡锦涛：《高举中国特色社会主义伟大旗帜　为夺取全面建设小康社会新胜利而奋斗——在中国共产党第十七次全国代表大会上的报告》，人民出版社，2007，第22页。

今激烈的国际竞争是综合国力竞争,归根到底是人才的竞争。现在世界上一些发达国家,其现代化水平高的根本原因不是它们拥有丰富的资源,而是因为它们拥有掌握先进科学技术的人才。健康是人全面发展的基础,一个国家有了身心健康的、全面发展的人才,穷国就可以变成富国,弱国也可以变成强国。世界上一切先进的技术都是人创造和掌握的,有了身心健康、掌握先进科学技术的人就有了一切。"强国先强人,富国先富民",这是一个国家兴旺发达的真谛。发布《中共中央国务院关于深化医药卫生体制改革的意见》的意义就在这里,卫生部组织全国医学专家制定"全民健康 2020 战略"的意义也在这里。

当前,由于经济发展,气候变化,使空气、饮水污染加重,自然环境对健康的影响越来越大;市场竞争加剧,人际关系变化,使人的心理压力加大;生活水平提高,食品结构不合理和旧生活方式、人口老龄化使各种慢性病频发;全球性的人口流动,使传染病发病概率增加。保护人民的健康已经成为一个复杂的系统工程,要求人们树立"大卫生""大健康"的观念,进行综合治理。因此,保障人民健康是卫生部门和医院的责任,更是政府的责任。在领导机制上必须是政府领导、部门合作、社会参与、全民动员;在医疗模式上需要把"重治轻防"转变为"预防为主、防治结合"。

我国是一个"医盲"众多的国家。为了保障全民的健康,还必须让群众学习医药卫生知识,帮助他们改变不科学的生活方式和习惯,培养科学的生活方式和习惯。这是全国人民的一件大事,既要加强党政领导,充分发挥医务人员的骨干作用,又要广泛发动群众,才能切实收到成效。

健康是生产力

二 只注重经济增长率的提高而忽视健康的发展是短视的，会因此而付出巨大代价

国民生产总值和引进外资是过去考核地方政府政绩的两个硬指标，但这种考核方式有较大的片面性，与科学发展观的要求不符。一方面，在测算国民生产总值时重复计算不可避免，数据的准确性和真实性存疑；另一方面，为追求国民生产总值增长付出的代价无法衡量，尤其是不少地方政府片面追求发展速度，造成社会资源、环境的破坏，由此带来了不可估量的损失。因此，今后，外延式的发展模式必须向内涵式的经济增长转变。

长期以来，地方发展的政绩评估指标主要是围绕着国民生产总值增速、投资规模和财政税收等偏重反映经济数量和增长速度的指标。这种单一的考核体系，造成很多地方采取了单纯追求经济发展的模式。相比之下，在评估指标中，节能环保、就业、收入增长、健康医疗、教育等更能反映民生幸福指数问题的指标被忽视。

长期以来，由于各地多以经济发展速度论英雄，导致一些地方领导干部把追求单纯的经济指标作为实现政绩的主要内容，甚至为追求一时的经济发展速度，不惜引进和上马污染严重的企业，以牺牲生态来换取经济增长。据报道，在过去20多年里，中国国内生产总值年均增长9.5%，但是，对我国国内生产总值增长因素进行分析可以发现，至少有18%是靠资源和环境的"透支"实现的。

这种急功近利的方式是一种不健康的发展方式。据报道，

目前我国水和大气的污染程度令人担忧。据估计全国有 7 亿人经常饮用不洁净的水，近 3 亿农村人口饮用不合格的水。有些江河沿线的污水导致癌症、流产和发育不良的高发生率。我国每年因空气污染导致 1500 万人患上支气管病，23 万人患上呼吸道疾病①。这样的"政绩"越多，带来的生态破坏越严重，百姓的利益损失越大，甚至造成"几位干部出政绩，几代人吃恶果"的现象，更谈不上可持续发展。

"前人赚钱，后人遭殃。"为了追逐经济利益，以牺牲环境、牺牲健康为代价的经济发展，从短期来看似乎取得了经济利益，提高了财政收入，提高了人民的收入水准，但从长远看是得不偿失的。以环境污染为代价取得的经济发展，不仅造成了环境污染，而且损害了人民的身体健康，降低了人民的生活品质。而且，在使用环境资源时所聚集的财富，与修复治理其破坏环境所需成本相比，相差成百上千倍，代价十分巨大。

三 应淡化"GDP 主义"，向"绿色 GDP"转变

单纯用经济指标来考核干部的政绩，是一种短视的行为，也是一种极端不负责的行为。真正的发展应该是全面、协调、可持续的发展，除了数字指标外，还应该包括经济与社会、自然与人的和谐发展。生态环境是人们赖以生存的条件，也是社会发展的基础。只有保护生态环境，才能有社会的长足发展，

---

① 赤心木：《重视"生态考核" 促进可持续发展》，求是理论网，http://www.qstheory.cn/wz/shp/201011/t20101126_57735.htm，最后访问日期：2014 年 7 月 25 日。

健康是生产力

才能保护群众的利益。"绿色GDP"考核能反映出一个地方的全面发展，衡量领导干部的综合政绩，是考核干部政绩不可缺少的一项指标。对领导干部实施"绿色GDP"考核，既是在自然机理上保护自然环境，也是在社会意义上保持人类社会的可持续发展。

GDP只能作为考量一个地方经济发展的重要指标之一，应淡化GDP考核的权重，强化综合考核。要用经济社会发展的综合成果来考核政绩，不再大搞"政绩工程""形象工程""面子工程"。要弱化对经济增速的评价考核，强化对结构优化、民生改善、资源节约、环境保护、基本公共服务和社会管理等的综合评价考核，将考核结果作为调整各级政府领导班子、选拔任用干部、实施奖励惩戒的重要依据。

"绿色GDP"是指在可持续发展理论的指导下，以综合考虑经济、自然资源、自然环境和社会影响等各种因素的投入与产出测算为基础，一国或某一地区在核算期内所有经济活动所形成的最终成果。在"十二五"规划中强调环境保护、促进民生发展理念的引导下，"绿色GDP"无疑是今后进行绩效考核的重要指标，是落实科学发展观、发展低碳经济、实现可持续发展的必然选择。因此，应让"绿色GDP"理念深入人心，降低经济发展能耗，减少废弃物排放量，重视环境和资源成本，减少污染，提高环境质量，处理好人与自然的关系，实现可持续发展。

正如温家宝总理所说："对干部政绩的考核，最重要的不仅要看一个地区的经济总量，而且要看经济与社会发展的协调，社会事业的发展和社会的进步，公平正义和人民生活的改善。如果不彻底从根本上解决这两条，我们现在制定的计划也是难以实现的。"①

所以，各地在发展经济的同时，都应该算一算保护生态环境和人类健康的"政治账""民心账"，注重把干部政绩与生态政绩挂钩，与其职权利挂钩，与他们的升迁与罢免挂钩。把好选拔任用干部的"绿色 GDP"考核关，让"绿色 GDP"替代"受污染的 GDP"，才能实现人与自然和谐相处、实现经济社会全面协调可持续发展。

四 健康可以为经济带来收益和增长，经济增长却并不必然会带来健康和卫生的发展

党的十七大报告提出："健康是人全面发展的基础，关系千家万户幸福。"② 这阐明了健康的客观性和重要性。党的十八大报告提出："健康是促进人的全面发展的必然要求。"③ 在客观性和重要性的基础上，又强调了能动性，表明对健康工作的认识有了新高度。只有以"提高人民健康水平"为导向，围绕"健康"二字做文章，才能真正把卫生工作做好，让人民群众满意。

---

① 温家宝：《干部政绩考核要看经济与社会发展的协调》，新华网，http://news.xinhuanet.com/video/2011 - 03/14/c_121185333.htm，最后访问日期：2014 年 7 月 25 日。
② 胡锦涛：《高举中国特色社会主义伟大旗帜　为夺取全面建设小康社会新胜利而奋斗——在中国共产党第十七次全国代表大会上的报告》，人民出版社，2007，第 40 页。
③ 胡锦涛：《坚定不移沿着中国特色社会主义道路前进　为全面建成小康社会而奋斗——在中国共产党第十八次全国代表大会上的报告》，人民出版社，2012，第 37 页。

健康是生产力

国民健康水平是一个国家经济社会发展水平的综合反映，是可持续发展的重要条件。健康可以带来经济收益和增长，经济增长却并不必然会带来健康和卫生的发展。现在白领阶层工作的压力非常大，知识分子的平均寿命低，这是国家财产的流失。有的博士研究生30多岁毕业，40多岁就死了，这是对国家投资的巨大浪费。

医疗卫生不仅是消费，还是对国家健康财富的投资。我国采用政府主导型的医疗体制，结合有效的市场管理机制，创造中国特色的医疗服务体系，使医疗服务、医药、生命科学、医疗器械及相关行业成为新的经济增长点。

五 扩大对健康的投资，加强健康教育和健康促进，可以促进经济发展

如何使健康成为新的经济增长点？应该扩大对健康的投资，加强健康教育和健康促进，这不仅可以预防疾病、节约治疗费用[①]，还可以培养更多健康的人，从而促进经济的发展。

健康教育是健康投资的重要手段。陈竺副委员长曾提出："对一个13亿人口的大国而言，群众的健康问题不能光靠打针吃药来解决，必须强调预防为主。"[②] 为加强健康教育和健康促进，卫生部专门设立了宣传局，开展健康促进活动，以便促进公众改变不良的行为习惯和生活方式，进而提高对疾病预防

---

① 据卫生经济学统计，在预防上投入1元，可在治疗上节约9元。
② 《卫生部部长：群众健康问题不能光靠打针吃药》，新华网，http://news.xinhuanet.com/fortune/2007-09/06/content_6669348.htm，最后访问日期：2014年7月25日。

第四章 健康与经济文明的关系

的意识和技能,防患于未然。这是全球公认的解决公众健康问题最经济、最有效的办法。医学是一门博大精深的科学。科学是不会在人们的头脑中自发产生的,必须通过科学灌输,加强健康教育和健康促进。这是贯彻我国"预防为主"卫生工作方针的重要手段,在疾病预防控制和公共卫生工作中发挥着非常重要和不可缺少的作用。

健康教育是预防疾病的好"疫苗",健康知识的传播与教育,将是健康传媒工作者促进社会和谐的职责和使命,也是医疗机构、医务工作者和医疗行业协会共同的社会责任。关注健康和投资健康将成为医学界、媒体和全社会共同参与支持的全民行动。我国卫生工作的重心正在由目前的疾病治疗向疾病预防和健康管理转移。

健康体检是健康投资的重要内容。目前,我国慢性病人对国家和家庭造成了很重的经济负担。为从源头上解决"看病贵、看病难"问题,在"治未病"方面早发现、早预防、早治疗,整个健康体检行业将为国家节约可观的医疗资源,并取得一定的社会经济效益。我国15座城市45家体检机构200万个体检客户的健康数据样本显示,因运动减少、饮食过量或饮食结构不合理等不良生活行为习惯导致的以糖尿病、高血压、心脑血管疾病为主的慢性病的患病率和死亡率逐年上升,肿瘤、心血管疾病已经年轻化并成为"健康的杀手"[1]。严酷的

---

[1] 《"2009健康投资中国年"活动在京启动》,中国广播网,http://www.cnr.cn/2004news/internal/200901/t20090108_505203923.html,最后访问日期:2014年7月25日。

健康是生产力

现实告诫我们，面对因生活方式引起的慢性病人群，亟须从源头抓起，我们迫切需要的是健康维护和管理。

开展"健康城市"活动是进行健康投资的重要举措。"健康城市"是世界卫生组织倡导的一项全球性行动战略，目前全球有4000多座城市加入了"健康城市"创建行列。

北京、上海、大连、杭州、重庆、苏州、广州、成都、西安、唐山等城市相继开展了建设"健康城市"的活动，北京、广州借举办奥运会、亚运会之机，将健康城市建设的内容同大型国际会议结合起来，实现了双赢，并将健康城市建设列入本市的"十二五"规划。上海市已经连续实施两轮"建设健康城市三年行动计划"，引导市民提高健康保健的意识和能力。2008年，重庆发布了《中共重庆市委重庆市人民政府关于建设"健康重庆"的决定》①，制定了"健康重庆"建设计划。为配合上海世博会召开，中国健康传媒联盟开展了"健康上海人"活动；世界卫生组织从1994年起在中国推动健康城市建设已经有20年了，在中国卫生部和世界卫生组织的指导下，在有关群众组织的推动下，已经有了很好的群众基础，现在需要在全国统一领导下广泛开展健康城市活动。

第二节　健康与经济水平的双向影响

社会经济的发展是提高人民群众健康水平的根本保证，社

---

① 渝委发〔2008〕36号文件。

会经济的发展促进人民群众健康水平的提高。社会经济的发展也必须以人民群众健康为条件，人民群众健康水平的提高对推动社会经济的发展也起着至关重要的作用。

统计资料表明，一个国家、一个地区的宏观经济发展水平与居民健康状况之间具有非常密切的联系。从时间跨度看，随着第二次世界大战之后世界各国经济的迅速发展，生物技术不断进步，全世界人口的平均期望寿命从1950年的48岁提高到2000年的67岁，在短短的50年时间内有了很大的提高。而中国人的平均期望寿命则从1950年的38岁提高到2010年的74.8岁[1]。从地区跨度看，不同经济水平的国家之间，健康水平也存在显著差异。

改革开放30多年来，中国经济保持着年均约10%的增长率，创下了经济增长的世界奇迹，使得中国发展成为世界舞台上的重要力量。然而，在国民经济高速发展的背景下，中国国民的健康状况却同时出现了正反两个方向上的复杂变化。一方面，从衡量健康的一些指标来看，人均寿命继续增长，婴儿死亡率和孕产妇死亡率都在继续显著下降，表明中国国民的健康水平随着经济水平的提高得到了不断改善。另一方面，中国国民的健康状况也出现了负面的快速变化。中国目前尚处在向小康水平迈进的社会主义初级阶段。我们亟待解决的问题是，为何经济发展已经变成影响国民健康的"双刃

---

[1] 《授权发布：〈中国的医疗卫生事业〉白皮书》，新华网，http：//news.xinhuanet.com/politics/2012－12/26/c_114167248.htm，最后访问日期：2014年9月5日。

健康是生产力

剑"？这对于中国经济、社会和人民福利将会带来什么样的潜在影响和挑战？我们应当采取什么措施来应对经济发展对国民健康带来的挑战？

一　经济发展是改善国民健康状况的强劲动力

从人类发展史特别是近 300 年的历史来看，经济发展和科技进步对人类健康的促进作用是显而易见的。许多国家的人均寿命在近 100 年中增长了 1 倍，人类的体格也增加了 50%。我国的人均期望寿命也差不多在 50 年中翻了一番：从 1950 年的 38 岁提高到了 2010 年的 74.8 岁。

经济发展对人类健康的促进作用，还可以从跨国和跨地区横向比较的数据中反映出来。例如，从世界上人口最多的 10 个国家来看，发达国家（如日本和美国）的人均期望寿命在 2004 年分别达到 82 岁和 78 岁，而发展中国家的孟加拉国和尼日利亚则分别只有 62 岁和 46 岁。从中国的不同地区来看，经济发达的上海、北京、天津在 2000 年居前 3 位，人均期望寿命分别达到 78 岁、76 岁和 75 岁，而经济发展水平落后的贵州、云南、西藏则居最后 3 位，分别只有 66 岁、65 岁和 64 岁。中国城乡之间在健康状况上的差距，同样也反映出经济发展对健康的促进作用。2005 年，农村与城市地区相比较，新生儿死亡率几乎高出 1 倍（14.7‰ 比 7.5‰），而婴儿死亡率（21.6‰ 比 9.1‰）、5 岁以下儿童死亡率（25.7‰ 比 10.7‰）、孕产妇死亡率（53.8‰ 比 25.0‰）都要高出 1 倍以上。2000 年，农村 5 岁以下儿童低体重率，与城市地区相比高出 3.6 倍（13.8% 比 3.0%）；5 岁以下儿童生长迟缓率高出 6 倍

(20.3%比2.9%)①。

经济发展对健康的促进作用主要通过营养和生活水平的改善及教育和医疗卫生的普及、提高来实现。对于经济落后的国家和地区来说，食品和基本营养需要的满足，对于增强人体对疾病的免疫力和抵抗力、提高健康水平，具有极为重要的作用。这不仅对孕妇和婴儿的健康，而且对人生的长期健康，都具有不可估量的作用。

教育对健康的促进作用，已经被实证研究所证实。人们的健康意识和对健康的重视程度与受教育程度有关。一般而言，人们的受教育程度越高，健康水平也越高。受教育程度越高，其自我心理调节能力也越强，心理健康的程度一般也越高。从经济学的角度来看，教育和健康都是对人力资本的投资。注重对人的健康投资的人，往往会重视对教育和健康的投资，从而有利于个人教育和健康水平的增长。

公共卫生对于提高人们的健康水平有着不可或缺的作用。清洁用水、食品安全、母婴保健、抗生素的发明和使用、传染病的预防和控制等措施，极大地减少了人口的死亡率，提高了人们的预期寿命。现代医疗科学技术的发展，不仅提高了人们的寿命，而且改善了生命质量，从"质"上提高了人们的健康水平。

总之，如果将人均国内生产总值与人均寿命联系起来，可

---

① 蔡江南：《健康管理是给医疗改革辟一条蹊径》，中国医药联盟网站，http://www.chinamsr.com/2011/0804/34079.shtml，最后访问日期：2014年7月25日。

以看到两者之间存在一种共同提高的关系。一般来说，在经济发展水平高的国家和地区，人们的健康水平高于经济发展水平低的国家和地区。然而，经济发展与健康之间的关系，并不是一种简单的单向联系。经济发展不仅会对健康产生积极影响，如果处理不当，也会对健康产生负面影响。

二 经济发展也给国民健康带来了不利影响

我国经济发展对国民健康的负面影响，主要通过对环境和人们生活方式两个方面的影响来体现。改革开放30多年来，我国在经济高速发展的同时，付出了高昂的环境代价。不惜代价地片面追求经济发展，对空气、水源、土地、森林等自然环境造成了严重破坏，而环境污染又对国民健康带来了损害。2007年，全世界新增肝癌人数达到66.7万人，而其中一半以上（55%）的病人在中国。在中国，第一位的"死亡杀手"是癌症（其中肝癌又在"死亡杀手"中居第二），而癌症的发生与环境污染存在密切的联系。

相对于环境污染而言，经济发展对国民健康带来的不利影响则更为隐蔽，更容易被人们忽视。经济发展水平的提高导致人们生活水平提高，进而改变了人们的饮食结构和行为方式，使得超重人口和肥胖人口增长，高血压、高血脂、高胆固醇、高血糖的人口比例增加，进而引起一系列慢性病的增加。我国居民肉类和脂肪的消费显著增加，其中农村居民的增长速度又要显著快于城市居民。在1982~2002年这20年种，我国城市居民每天人均肉类消费量增长了69%（从62克增加到105克）。与此同时，农村居民消费量增长了2倍（从23克增加到

69克），增长速度几乎是城市的3倍。在同一时期，我国城市居民每天人均脂肪摄入量提高了25%（从68克到86克）。而农村居民的每天人均脂肪摄入量增长了69%（从40克增加到73克），增长速度也接近城市的3倍。我国农村居民2002年肉类和脂肪消费的水平，接近城市居民1982年的水平，城乡之间相差约为20年。但是，随着经济发展水平的继续提高以及城乡差距的缩小，过不了20年，农村居民的肉类和脂肪消费水平就会赶上城市居民。

我国居民能量来源中脂肪占有比例提高，与人口的超重和肥胖、不良健康指标、许多慢性病之间有着直接的联系。脂肪供能比低于30%是一个合理的分界线，而我国的农村居民和城市居民，目前分别处于这个分界线的两侧，城市居民的脂肪供能比已经超标了。在2002年，从我国欠发达农村、发达农村、中小城市、大城市这4类地区的比较数据来看，在脂肪供能比、不良健康指标和慢性病患病率上，呈现出明显的地区分布规律，即经济越发达的地区，以这些指标来衡量的健康状况越差。脂肪供能比在这4类地区之间为：欠发达农村26.2%、发达农村29.2%、中小城市33.7%、大城市38.4%。肥胖人口比率在这4类地区之间的分布为4.3%、6.4%、7.2%和10.6%。糖尿病在这4类地区人口之间的分布为1.7%、2.3%、3.7%和6.1%。

癌症、脑血管疾病、心脏病已经成为我国居民健康的三大杀手，而这三大疾病在我国地区之间的分布，同样呈现出经济越发达的地区越差的规律。2003年，我国癌症患病率，大城市比欠发达农村地区高出近5倍（欠发达农村为0.7‰，发达农村为1.4‰，中小城市为1.5‰，大城市为4.1‰）。脑血管患病率，大城市比欠发达农村地区高出近3倍（欠发达农村为3.8‰，发达农村为4.6‰，中小城市为12.5‰，大城市为14.0‰）。心脏病患病率，大城市比欠发达农村地区高出约5倍（欠发达农村为7.6‰，发达农村为9.4‰，中小城市为26.4‰，大城市为43.9‰）。城市地区特别是大城市的患病率，明显高于农村地区。

这些跨地区横向比较的数据表明，疾病人口的比例与经济发展水平两者之间存在明显的反向变化关系：城市超过农村，发达地区超过欠发达地区。近年来，我国经济发展对国民健康的不利影响，还可以从时间序列的数据上体现出来。在1993～2003年这短短10年中，一些疾病的两周患病率提高了1倍左右。高血压两周患病率从3.9‰增长到11.9‰，糖尿病从0.8‰增长到2.2‰，癌症从0.5‰增长到0.9‰，脑血管疾病从1.5‰增长到3.7‰，心脏病从4.7‰增长到7.2‰。

这些疾病的患病人口总量，在我国已经达到了令人触目惊心的规模。2002年，我国的高血压和血脂异常人口已经分别达到1.6亿人，分别占到总人口的12%。糖尿病患病人数从1995年的1600万人增长到2006年的2300万人，占总人口的1.7‰。还有3300万糖尿病前期患病人口，占总人口的2.5%。

除了影响环境和人们的生活方式外，我国经济发展的特殊方式本身也对国民健康带来了负面影响。我国的经济发展主要依赖高储蓄率、高投资率和高出口率，而在拉动国民经济发展的三大引擎中，消费始终"马力不足"。居民消费的增长速度越来越滞后于国内生产总值增长速度。中国居民消费占国内生产总值的比重在改革前为63%，而到了2005年则下降为37%，达到改革以来的最低点，比世界平均水平低20个百分点，比中等偏下收入国家低15个百分点左右。消费不足的根本原因在于，劳动力在国民收入分配中的比例过低。我国的经济发展在很大程度上依赖廉价劳动力的优势，实行粗放的劳动密集型生产方式。然而，相对于国民经济的快速增长和其他生产要素获得的报酬而言，劳动阶层和居民所分享的经济发展成果份额则持续缩小。2002～2006年，居民收入在国民收入中的比重呈持续下降的趋势，2002年为62%，2006年为57%，下降了5个百分点[1]。

居民收入和消费水平的提高与国民健康的改善密切相关。随着经济发展水平的提高，竞争压力和工作生活节奏大大加快，各种社会和生活风险也大大增加。由于生活成本不断提高，收入提高缓慢，造成居民付出的劳动强度和承受的工作压力显著提高。与此同时，劳动者的工作条件没有得到迅速改善，医疗保障覆盖面和保障水平低，缺医少药的情况仍然存在。收入分配的急剧两极分化，使得低收入劳动者的工作生活状况仍然艰辛。在这些因素的影响下，亚健康人口显著增加，各种精神健康问题也开始明显增多。

三 健康水平对经济发展的促进作用

从根本上来说，经济发展是生产力发展的结果，生产力诸

---

[1] 以上数据均参见蔡江南《中国经济发展——影响国民健康的双刃剑》，《解放日报》2008年3月2日。

健康是生产力

要素中最重要的因素是具有一定体力、智力和劳动技能的人，人的健康与智能对生产力的发展起着决定性的作用。也就是说，人群健康水平的提高必将对社会经济的发展起到推动作用。

身体健康有助于延长劳动力的工作时间，创造更多的财富。新中国成立以来，我国居民的平均期望寿命从35岁增加到现在的74.8岁，以60岁退休计算，平均每个劳动者延长工作25年。据我国学者测算，1950~1980年，仅由于延长寿命所创造的经济价值每年就达约773亿美元，相当于我国20世纪80年代国民生产总值的24%左右。

身体健康有助于降低因病、因伤缺勤的损失。据调查估算，1988年初上海爆发流行甲型肝炎期间，因患甲肝损失劳动日299万天，由于陪护损失劳动日167万天，造成直接经济损失5.08亿元，间接经济损失为5.57亿元，合计为10.65亿元，这个估算数是上海市当年全年卫生事业费用的4倍，是预防经费的24.65倍[①]。

身体健康有助于提高劳动效率。身体健康是发展智力和学习科学文化知识、掌握工作技能的先决条件。没有健康就没有工作的高效率和社会经济的高速发展。在一定的社会经济条件下，健康对于经济发展具有积极的促进作用。

四 如何平衡经济发展与健康两者之间的关系

我们正面临着一种特殊的挑战：一方面，我们国家还有一

[①] 谭得伇：《试论社会经济与人群健康的双向作用》，《中国卫生经济》1984年第11期。

第四章 健康与经济文明的关系

些人没有完全解决温饱问题，经济发展对于国民健康还在发挥着巨大的促进作用；另一方面，那些刚刚解决温饱的人，又面临着生活水平提高后带来的健康副作用问题。中国的飞速发展和地区之间发展不平衡，使得这种"双刃剑"现象表现得特别突出。如何控制和减小经济发展对国民健康的负面影响，控制医疗卫生费用的过快增长，对于我国经济社会的发展具有举足轻重的战略意义。

首先，我们需要从观念上调整经济发展与国民健康之间的关系，将经济发展作为促进国民健康的手段而非目标，并将国民健康水平的提高（而非经济增长），作为考核政府政绩的更为基本的衡量指标。这种观念的转变涉及我们每个人，而不仅仅是政府。一个在健康水平上落后的国家和民族，是不可能具有强大的国际竞争力的。中国近代历史上落后挨打的局面，与我们一度被称为"东亚病夫"的身体状况是密不可分的。与其他任何指标相比，健康无论对于一个国家还是对于个人来说，都是增进人们幸福的最为基本的前提，也是一个国家和民族的最重要的财富和资本。许多国家的抽样调查结果表明，人们普遍认为健康对于个人幸福的重要性要超过物质财富的作用。因此，一个以人为本的社会发展战略，必须将国民健康作为最基本的发展目标。

其次，我们必须看到，个人乃至全体国民的健康是需要管理的，也是可以管理的。健康管理意味着对人一生的健康状况，进行持续系统的监督、保养、维护、调整和改善，而不仅仅是进行定期体检。健康管理的前提是掌握健康状况的基本信息，然后需要对信息进行分析和研究，作出健康状况的诊断并

健康是生产力

提出改善方案和办法。除了需要普及健康维护知识和加强个人日常自我健康管理之外，我们还需要有专业化的健康管理手段和专家来帮助指导。这就要求健康管理的诊断和改善方案必须是非常有针对性和个性化的，而且需要有具体的改进措施及对效果的追踪考察和监督指导。

从发达国家的研究成果来看，80%的医疗卫生费用都是与慢性病相联系的。如果能够对健康进行有效管理，延长健康年龄的区间，推迟和缩短人们患慢性病的年龄，就将有效地提高人们的健康水平，减少医疗卫生费用。而健康管理的核心在于改善人们的生活方式，其最基本的环节是饮食和运动，两者就像是维持人体健康"天平"的两头。经济发展对国民健康的副作用，集中表现在这个"天平"的失衡：饮食一头太重，而运动一头则太轻。

在我国的一些大城市中，健康管理产业正在蓬勃兴起，健康管理的相关机构数目已经过万。健康管理产业的出现和发展，是我国特定历史条件下的产物。一方面，人们在解决温饱问题后对健康的需求有了迅速增长；财务制度限制向职工发现金，企事业单位于是通过购买体检服务来提高职工福利，因此市场上的体检需求发展了起来。另一方面，现有的医疗服务机构要么因为巨大的病人流量而疲于奔命，要么"心有余而力不足"，缺乏资金和市场化经营管理的经验和动力，从而使得现有的医疗资源难以满足人们的需要，于是健康管理产业在中国发展缓慢。

健康管理产业是一个全新的服务领域，需要有新技术、新服务项目、新的观念和管理方法，以及政府的相应监督管理，来支持和鼓励这个产业的健康发展。我国政府和医疗卫生专业学会,已经在积极推动和指导健康管理领域的发展。2005年,国家公布了健康管理师这一新职业的评定标准,中国医师协会成立了医师健康管理和医师健康保险专业委员会。2006年,中华预防医学会成立了健康风险评估和控制专业委员会。2007年,中华医学会成立了健康管理学分会。同时,私人资金和国外风险基金也正在积极进入这个新的产业领域。究竟我国的健康管理业只是一个昙花一现的事物,还是会促进我国健康管理事业的发展壮大,我们还需要让时间来验证。

在我国的传统文化遗产中,有许多有利于健康管理的积极因素。千百年流传发展起来的中医中药,对于养生保健和慢性病管理治疗,具有独特的功能和疗效。民间流传的食补和养生方式,也具有简便省钱的独特功效。我国历史悠久的太极拳、气功、武术等各种民间健身运动,对于促进人民的健康具有独特的积极作用。在我们的文化传统中,有着大量的养生、根据节气和气候冷暖进行调理、人体气的平衡、身心的平衡协调以及治病等方面的理论和生活经验。如果调动我们文化遗产中的积极因素,与现代科学的健康管理知识和手段结合起来,将有助于形成我国健康管理发展的独特优势。

除了促进健康管理的发展以外,我国的经济发展方式也需要作出积极调整。和谐社会的核心是以人为本,而国民健康又是影响国民福利的根本因素。因此,正视和解决经济发展对于国民健康的双向挑战,重视健康管理对于维护健康的作用,调整国民收入分配的结构,提高居民消费的比重,都是科学发展观中的题中应有之义。

健康是生产力

21世纪的中国能否成功和平崛起,不仅要视国际上政治、经济、能源和军事力量等多方面的因素而定,更重要的是取决于人力资源的竞争,而其基础在于国民健康水平的提升。

第三节 健康保健品已成为刺激生产和消费的重要因素

人的生理状况有三种表现形式,即健康状态、疾病状态及介于两者之间的亚健康状态。健康的人食用一般食品即可满足要求,患病的人要服用药物治疗,而处于亚健康状态的人,则需要食用保健食品,促进机体向健康状态转化。

据世界卫生组织最新统计,全球有70%的成年人处于亚健康状态,这为具有改善机体亚健康功能的保健品提供了巨大的商业空间。有关资料显示,欧美国家的消费者平均用于保健品方面的花费占其总支出的2%以上,而中国只占0.07%[①]。健康保健品越来越成为刺激生产和消费的重要因素。

一 保健品是食品,但不是一般的食品,更不是药品

要了解保健食品的特点,首先应将保健食品与一般食品和药品区别开来:保健食品和一般食品都能为人体提供生存所必需的基本营养物质,都具有特定的色、香、味、形;而保健食

[①] 《北大营养专家展望健康产业发展前景》,《企业导报》2006年第12期。

第四章 健康与经济文明的关系

品还因其含有一定的功效成分，能调节人体机能，故具有特定的功能，同时规定了其特定的食用人群，这是一般食品不具备或不强调的。保健食品与药品的区别在于药品是治疗疾病的物质，而保健食品虽有调解人体某种机能的作用，但它不是人类赖以治疗疾病的物质，故在本质上仍然是食品。

保健食品应当具有以下特点。

保健食品是食品而不是药品。药品是用来治疗疾病的，而保健食品不以治疗疾病为目的，不追求临床治疗效果。保健食品重在调节机体内环境平衡与生理节律，增强机体的防御功能，达到保健康复的目的。保健食品具有一般食品的共性，即营养性——提供人体所需要的营养；感官性——提供色、香、味、形、质等以满足人们不同的嗜好和要求；安全性——必须符合食品卫生要求，必须不会给人体带来急性、亚急性或慢性危害，而药品则允许有一定程度的毒副作用。

保健食品应具有功能性，即调节机体功能，这是保健食品与一般食品的区别。它至少应具有调节人体机能作用的某一种功能，如调节免疫功能、延缓衰老功能、改善记忆功能、促进生长发育功能、抗疲劳功能、减肥功能等。其功能必须经必要的动物和（或）人群试验，证明其功能明确、可靠。

保健食品适合于特定人群食用，一般适合产品说明书中规定的人群食用，这是保健食品与一般食品的另一个重要不同之处。一般食品为人们提供维持生命活动所需要的各种营养素，男女老幼皆不可少。而保健食品由于具有调节人体的某一个或几个功能的作用，因而只有某个或几个功能失调的人群食用才有保健作用，对该项功能良好的人来说，食用这种保健食品就没有必要，甚至食用后会产生不良作用。例如，具有延缓衰老功能的保健食品适宜中老年人食用，儿童不宜食用；减肥食品适宜肥胖的人食用，偏瘦的人不宜食用。

保健食品也有别于药膳食品、黑色食品、绿色食品、新资源食品等。药膳食品是以中医辨证论治疗理论为指导，将中药与食物相配合，通过加工制成色、香、味、形俱佳的具有保健和治疗作用的食品。黑色食品是指自然颜色较深、营养较丰富、结构较合理的具有一定的调节人体生理功能并经科学加工而成的一类食品。绿色食品是指无污染、安全、优质的食品，有的称为生态食品或有机食品、自然食品。在我国，新研制、新发现、新引进的无食用习惯的，符合食品基本要求的食品称新资源食品。

二　中国保健品市场潜力巨大

从 20 世纪 80 年代起步的我国保健品行业，在短短十几年时间里，已经迅速发展成为一个独特的产业。到 2005 年，我国保健品业产值达到 500 亿元，利税为 100 亿元，保健品生产的企业总数、产品品种、年产值和实现利润已占医药类企业总量的 50% 以上，成为中国工业经济新的增长点之一，是国民经济体系中的一个新兴行业。

中国保健品的发展历史较晚，大致可以分为四个阶段。

第一阶段：兴起阶段。从 20 世纪 80 年代开始，保健品逐步进入平常老百姓的生活。当时的保健品主要是抗疲劳用的人参类蜂王浆补品，只有补药的概念，而且凡是保健品厂生产的具有辅助治疗作用的产品都被笼统地称为保健品，没有保健药

第四章 健康与经济文明的关系

品和保健食品之分。在1985~1987年连续三年中，蜂王浆都是最时兴的礼品。80年代末，生产蜂王浆的厂家全国就冒出了200多家。从80年代末期到1995年初，是保健品行业的第一个高速发展时期。在这一个阶段，由于保健品的高额利润和相对较低的政策壁垒和技术壁垒，涌现出了大大小小3000多家保健品生产企业。

第二阶段：繁荣阶段。进入20世纪90年代，老百姓经济状况的改善促使人们开始注重生活质量，加上流传几千年的医食同源的中国传统饮食养生文化，养生与保健蔚然成风，去医院看病人买的是保健品，请客送礼买的是保健品，保健品一下子成了"灵丹妙药"，发展速度惊人。在短短几年里，中国便崛起了一批保健品民营企业。其中，1989年，怀汉新创建太阳神集团，并以生物保健口服液与太阳神猴头菇口服液两大拳头产品锻造了迄今为止最高的市场占有率。其后又以飞龙集团的飞燕减肥茶、巨人集团的脑黄金、三株集团的三株口服液等为代表，保健品行业全面繁荣。仅1993~1995年，全国保健品生产企业就增加了30倍，年销售额增加了12倍，成为全国发展最快的行业。据统计，当时保健品生产厂家达3000多家，品种有2.8万个，年销售额达到300亿元。

第三阶段：萧条阶段，1995年初到1997年底。1996年3月，卫生部颁布《保健品管理办法》，对保健品进行全面整顿。其后，中华鳖精丑闻、三株口服液的"常德事件"、"恒寿堂金枪鱼油胶丸"擅改批文引发的官司等，使保健品出现空前的信任危机，保健品市场出现了严重的萧条。

第四阶段：复苏阶段。1998年以来，适应健康新观念，

111

健康是生产力

顺应世界回归自然的趋势的有中国特色的保健产业体系，正在稳健地形成，并且在新的起点上健康发展，重新焕发出勃勃生机。在此期间，外国保健品开始登陆中国市场并迅速占领相应市场。

但是，从整个保健品产业的生命周期来看，我国的保健品行业目前仍然处于成长期：市场竞争格局比较混乱，行业的集中度也不高，管理以及自律的状况都处于初级阶段。

进入21世纪以来，保健品产业之所以蓬勃发展，主要原因如下：

首先，人民的生活水平明显提高。目前我国正处于全面建设小康社会的过渡阶段，东南沿海一些大中城市和地区已经达到了中等发达国家水平，人们的消费观念、健康观念发生了较大变化，促进城乡保健品消费支出以每年15%~30%的速度快速增长。

其次，人民生活方式的改变是保健品产业发展的重要契机。随着社会竞争愈演愈烈，生活工作节奏不断加快，给人们的生理和心理机能带来巨大冲击，处于亚健康状态的人群不断扩大。为规避不健康带来的各种不利影响，使人们求助于保健品，使得保健品的开发和生产成为经济生活中的"热点"。

最后，多层次的社会生活需要为保健品产业的发展提供了广阔空间。除了在家庭和事业双重压力下的中年人逐步加入保健品消费行列之外，"一老一小"（即老年人和青少年）是保健品消费的主力军。随着老龄化趋势的发展，"银发族"对保健品的需求旺盛，使参茸滋补类的保健品消费大幅上扬。现代家庭对独生子女成长的期望，使家长舍得在营养保健品上投资，这就为滋补壮体型、益智型、营养均衡型、食疗型等保健品提供了广阔的市场空间。

特别是在"送礼送健康"新时尚潮流的引导下，保健品成为节假日送礼的重要选择之一，中秋、国庆、元旦、春节期间这5个月的保健品销量占到全年销量的65%以上，成为保健品的产销旺季。到2005年，我国保健品销售总额突破了1000亿元，表明今后保健品市场将继续扩大，保健品行业将继续保持国民经济重要产业的地位。

三 对保健品行业来说，应增强竞争意识，保证产品质量，防止大起大落

在我国，保健品行业还是一个新兴行业，发展历史较短，市场还不规范，企业、消费者、管理部门认识保健食品也需要一个过程，这就决定了这个行业是一个快速消费的产业。比如，本来保健品的作用重在预防，可消费者开始时把保健品当成药品，一旦产品达不到期望的要求，就导致消费者对产品的不信任，从而使企业面临困境。保健食品这个行业大起大落有客观因素。

从经济学的角度来看，之所以能够"大起"，首先是因为中国有相当广阔的市场基础。从20世纪80年代中后期以来，中国大多数人已经解决了温饱问题，开始关注健康。健康也不像买房子、汽车那样需要很多钱，中国有13亿以上的人口，任何一种产品只要有一部分人关注，这个需求就会非常大。其次，中国的保健品文化比较特殊，无论是生产者还是消费者对保健品的技术标准都存在模糊性认识，这可能也是中医文化在

起作用。从生产者的角度来说，缺乏大家公认的一套科学的技术评判标准。从消费者来讲，也不太关心这一类标准。这就造成了大量保健品企业一直是侧重于营销，而研发和生产环节存在欠缺。企业制造出一个品牌或一种产品之后，就狂轰滥炸似地打广告。由于有很庞大的消费者群体，销售额在短期之内上升很快，会带来一定的市场占有率。通过制造概念，在缺少明确技术和质量标准的情况之下，对功能或者功效进行扩大性的宣传，让顾客接受，由于面对很大的消费群体，企业在膨胀式发展起来的同时，埋下了"大落"的祸根。

不免出现"大落"的原因是：第一，由于在技术和质量方面没有确定的标准，所以一出问题，就容易被人攻击，该行业就没有办法保护自己，正所谓"成也萧何，败也萧何"。第二，由于缺乏研发力量，产品没有技术发展上的可持续性，就是"一锤子买卖"。有时候好像也在搞什么系列产品，但没有什么本质上的不同。这对企业来讲是缺乏核心竞争力的。第三，存在所谓的泡沫化宣传。品牌应该是企业外在的表现，现在有些品牌的知名度很高，但实际上很脆弱，因为泡沫总是会破的。一旦破了，这个企业就垮台了。第四，我国的保健品行业还有一个特点就是短期的爆发式增长，这就需要扩大营销队伍，有一些企业几年之内成几何级数增长，从业者达到十几万人，但营销的链条非常脆弱，一旦某一个环节出现问题，后果就是灾难性的。

我们有养生保健的文化传统。我们这些保健食品在很大程度上都是中药。中药有食疗的作用，因此从某种意义上来讲，保健品还具备药的功效。比如，我们的某些口服液中包含茯苓，茯苓不仅有助于美容养颜，而且有提高睡眠、调整状态的作用。这是中国保健品不同于西方保健品的地方。从某种程度上可以说，这也是我们的优势所在。

现在的保健品总体上的技术、质量标准都非常不确定，具有很强的模糊性。但是，为什么消费者还能够认可它？因为中医的文化和西医的文化的区别在于：中医并不讲究有非常清楚的科学的配方或具体的标准。现在老百姓大部分并没有建立起以现代科学技术为基础的保健概念，甚至没有这样的意识。中医文化本身就不是特别强调精确，其效果到底怎么样，并不是很清楚。

尽管国家卫生计生委包括国家质量监督检验检疫总局对保健品有一个卫生标准，但对于某一个具体的产品定的只是企业标准，还没有行业标准。制度很重要，但不是绝对的。我们现在的法律行规不算少，但出的问题也不算少。在解决这个问题方面，最有效的机制是竞争机制。我们已经到了只有生产出真东西、好东西才能在竞争中获胜的阶段。企业家必须懂得，经营保健品是为人的健康长寿服务的，而不能为了赚钱，以假乱真、以次充好、危害人民，这是一种犯罪行为。

总之，随着人们生活水平的提高、收入的增加、保健意识的增强，我国保健品（必须是符合科学的、对人的健康有用的真产品）市场的壮大和繁荣是指日可待的。

第五章

健康与政治文明的关系

第一节 人最基本的权利是生存权和发展权

生存权和发展权是其他人权的基础;没有生存权和发展权,其他一切人权均无从谈起,当然也包括人的健康权。

生存权、发展权是最基本的人权,是其他人权的前提。马克思恩格斯在《德意志意识形态》中指出:"我们首先应当确定一切人类生存的第一个前提,也就是一切历史的第一个前提,这个前提是:人们为了能够'创造历史',必须能够生活。但是为了生活,首先就需要吃喝住穿以及其他一些东西。"① 人必须首先解决吃、喝、住、穿的问题,然后才能从事政治、科学、艺术哲学、宗教等活动。人们只有获得了生存权,才具有现实条件有效地行使其他人权。生存权的实现是其他人权实现的基本前提。生存权同发展权密不可分。联合国通

---

① 《马克思恩格斯文集》第 1 卷,人民出版社,2009,第 531 页。

过的《发展权利宣言》指出:"发展权利是一项不可剥夺的人权,由于这种权利,每个人和所有各国人民均有权参与、促进并享受经济、社会、文化和政治的发展,在这种发展中,所有人权和基本自由都能获得充分实现。"[1] 没有国家、社会和个人的全面发展,其他人权同样无从谈起。

人的生命存在与人身安全没有保障,就意味着人的生存权随时都会面临被非法剥夺的危险。《公民权利和政治权利国际公约》指出,人人都有天赋的生存权,此种权利应受到法律保障,任何人的生命都不得被无理剥夺。只有获得可靠保障的生存权和发展权,才有条件在必要的物质生活基础上有效行使其他经济权利、政治权利、文化权利和社会权利等。

从历史上来看,争取国家和民族的独立与生存,是殖民地、半殖民地和广大发展中国家的人民首先必须解决的人权问题。没有生存权,任何人权均无从谈起。从现实来看,一方面,殖民主义、霸权主义、种族主义至今仍然十分猖獗,危害着世界的和平与安全,威胁着发展中国家的独立与生存;另一方面,长期的殖民统治和新殖民主义的经济剥削给发展中国家造成的饥饿、贫困和落后,仍然威胁着发展中国家人民的生存。争取公正合理的国际政治经济新秩序,维护和实现生存权和发展权,仍然是广大发展中国家在人权方面的首要任务。

当前,世界已经进入了高科技时代,但广大发展中国家的一部分人连最基本的生活需要也得不到满足。实现发展权就是

---

[1] 《发展权》,百度百科,http://baike.baidu.com/view/634886.htm?fr=aladdin,最后访问日期:2014年9月5日。

健康是生产力

要让人民平等地参与世界的发展,全面享有发展的成果。《维也纳宣言和行动纲领》指出:"极端贫穷的广泛存在妨碍人权的充分和有效享受;立即减轻和最终消除贫穷仍然必须是国际社会的高度优先事项。"[1]

即使对于少数发达国家来说,人民的生存权和发展权也仍然是头等重要的人权问题。在这些国家中,出于贫富分化、失业增加、种族歧视、腐败泛滥、犯罪率不断上升等原因,人民的生命和财产安全经常受到威胁,基本自由和人格尊严往往得不到尊重,而且仍有相当一部分人生活在贫困线以下。那种认为发达国家已经不存在人的生存和发展问题的观点,是不符合事实的。

中国人民深切地认识到,国家不独立、人民的生命安全没有保障,其他一切人权就都无从谈起。中国人民为此进行了100多年的斗争,终于实现了国家的独立,建立了自己的国家,主宰了自己的命运。但是,由于人口众多、人均资源相对贫乏、经济文化比较落后,如何发展经济,解决人民的生存权、发展权问题,一直是摆在我国政府面前的重大问题。

新中国成立以来,经过几十年的努力基本上解决了人民的温饱问题,实现了人民的生存权,这是一项了不起的成就。但是,中国的总体经济发展水平和人民生活水平与西方发达国家相比还有很大的差距,人口的压力和人均资源的相对贫乏还制

---

[1] 《维也纳宣言和行动纲领》,联合国青年议题网站,http://www.un.org/chinese/esa/social/youth/vienna.htm,最后访问日期:2014年9月5日。

约着中国社会经济的发展与人民生活的改善。我国现在还有几千万贫困人口,已经脱贫的人口,还存在"返贫"的风险;我国每年仍净增1000多万人口,人口的压力不断带来生存、就业、住房等一系列问题;在经济体制转型中,解决大批城镇职工的下岗问题,使他们实现再就业、享有生活保障和摆脱贫困,也是摆在我们面前的一项严峻任务。实践证明,贫困和发展不充分是阻碍我国人民享有人权的最大障碍,维护和促进人民的生存权和发展权仍然是中国政府和人民的首要任务。因此,在中国,把生存权和发展权作为最重要的人权,是人权发展的现实要求和人民的最大利益所在,是维护和发展我国人权的必然选择。

党的十八大报告指出:"人民民主是我们党始终高扬的光辉旗帜。改革开放以来,我们总结发展社会主义民主正反两方面经验,强调人民民主是社会主义的生命,坚持国家一切权力属于人民,不断推进政治体制改革,社会主义民主政治建设取得重大进展,成功开辟和坚持了中国特色社会主义政治发展道路,为实现最广泛的人民民主确立了正确方向。"[1]

在我国,一切权力属于人民,人民是国家的主人,我国确立了一系列制度来保证人民当家作主。党的十八大指出:"人民代表大会制度是保证人民当家作主的根本政治制度。""社会主义协商民主是我国人民民主的重要形式。""在城乡社区治理、基层公共事务和公益事业中实行群众自我管理、自我服

---

[1] 胡锦涛:《坚定不移沿着中国特色社会主义道路前进 为全面建成小康社会而奋斗——在中国共产党第十八次全国代表大会上的报告》,人民出版社,2012,第25页。

务、自我教育、自我监督,是人民依法直接行使民主权利的重要方式。""推进权力运行公开化、规范化,完善党务公开、政务公开、司法公开和各领域办事公开制度,健全质询、问责、经济责任审计、引咎辞职、罢免等制度,加强党内监督、民主监督、法律监督、舆论监督,让人民监督权力,让权力在阳光下运行。"① 只有在这种民主、公平、正义、安全的政治条件下,人民才能享用充分的自由民主权利,才能身心愉悦,才能实现真正的健康。

第二节 政治文明建设对人的全面健康发展的促进作用

长期以来,人们对政治文明建设的功能,尤其是对其促进人的全面健康发展的功能缺乏应有的关注。因此,探索政治文明建设对促进人的全面健康发展的内在功能,有助于从理论上纠正改革开放实践中人们对政治文明建设认识上存在的偏差。当前我们正在宣传、培育和践行的社会主义核心价值观——富强、民主、文明、和谐,自由、平等、公正、法治,爱国、敬业、诚信、友善。其中"民主、自由、平等、公正、法治"等就是政治文明建设的体现,这种观念的宣传和普及,必将促进人的全面健康发展。

---

① 胡锦涛:《坚定不移沿着中国特色社会主义道路前进 为全面建成小康社会而奋斗——在中国共产党第十八次全国代表大会上的报告》,人民出版社,2012,第26~29页。

第五章 健康与政治文明的关系

一 通过广泛的民主参与和民主监督，可以强化人们的社会责任感，并提升人格

人格是指一个人通过社会化而形成的观念、态度、性格与习惯等，是一个人比较稳定的生理、心理素质和行为特征的总和。人格是社会的人应具备的基本素质，是人作为社会活动主体的一种资格和品格，它内省为精神素质，外显为行为实践，共同表现着自觉的有组织的"自我"。人格水平和人格成熟程度是个体全面发展的重要标志。"人"是一个知、情、意、行的活的统一体。这个统一体对真、善、美的追求，就是对理想人格的追求。理想人格的内核是求真、向善、尚美，它体现道德生活中各种现实的完善人格的发展趋势和方向，是普通人格的升华。就主体而言，真、善、美的和谐统一，就是使每个主体从自在自发的不成熟状态，转化为自为自觉的成熟状态的过程，也就是人的主体特征充分展开，即人的素质提升，达到合目的、合规律的发展的过程，是人的全面健康发展的重要标志。理想人格的塑造是一个漫长的过程，可以通过教育与修养不断接近。但是，加强政治文明建设所创造的文明的政治生活环境，对促进真、善、美的协调发展具有重大的推动作用。

首先，推进"真"。"真"是指客观世界在运动、变化、发展的过程中所表现出的规律性。它体现主体对客体的本质及其规律的正确反映，强调主体应具有实事求是、追求真理的胆识和态度，依据对客观世界的发展趋势或规律的认识确立价值理想，实现客观规律和人类利益的统一。

社会主义政治文明体现人民本位的价值观。健全的社会主

义民主政治体制，显示了人民群众的认识一致、心理平衡、感情趋向和理性倾向，是开放的，参与式的，与人民群众合为一体的，因而也在事实上提供了一个让社会成员能够充分表达自己的意愿和感情、发挥自己聪明才智的社会舞台。

其作用体现在两个方面：一方面，通过广泛地实现群众参与、民主监督的妥善结合，在更广阔的范围内充分表达民意，引发群众的积极评价并形成责任领导的民意压力，推动领导的行为符合"真"。另一方面，民主参与、民主监督满足了社会成员被尊重和发挥创造力的需要，既激励社会成员开动脑筋想问题，讲真话，发挥个人的智能优势，又通过广泛民主参与激发群体活力，借助知识互补、信息刺激和情绪鼓动，实现知识、经验和专长的创造性交流，揭示真理，修正错误，达到对"真"的科学驾驭。况且，广泛的民主参与有助于增强社会成员的社会责任感，强化社会成员勇于思考、勇于探索、勇于创新的精神，激励社会成员积极探索，大胆地试、大胆地闯，在更深的层面上揭示"真"，使思想符合实际，从而使人格更加完善，在更高的层面上更广阔地展示人的价值。

其次，促进"善"。"善"是指合乎一定社会发展趋势的有益于社会和他人的行为，强调个人正当利益的追求应符合社会进步的需要和人类的根本利益。

社会主义政治文明对善的促进，主要是通过社会主义法律体系职能作用的发挥来显现的。社会主义法律是公平正义的象征，"在法律面前人人平等"意味着社会成员相互承认各自的有尊严的人格。它既保障民众的民主权利，又防止少数人把他人当成欺诈掠夺的对象而损害多数人的利益。

第五章 健康与政治文明的关系

加强社会主义政治文明建设，健全社会主义法律体系，就是要从整体上发挥法律的职能作用，使社会主义法律能保护社会成员以独立、平等的身份在参与各种社会生活的过程中实现自己的合法权益，排除各种影响和阻碍他们实现自己合法权益的因素。同时，法律作为社会关系的规范、调整和控制手段，以特有的功能使不同利益主体和个人从各自的利益和职责出发，正确地处理好自身利益与他人利益和社会利益的关系，以此增强相互之间的交流和融合，达成利益共识。这又必然强化社会成员参与各种社会事务和活动的理性选择，并有勇气承担自己的选择所产生的社会责任，从而实现个人利益和社会利益的兼容，在追求、实现个人利益的同时推动社会发展和人类进步。

再次，完善"美"。"美"是人的完美性或完满性，是人的本质力量对象化的感性显现。当人在"真"的基础上，有目的地进行创造活动并取得成功的时候，这一活动就是"美"的。"美"是具体的、能感知的，它使人的心地正直、精神纯洁、情感高尚、信念端正，使人充满创造力和进取精神。

社会主义政治文明以其特有的社会功能净化社会风气，让社会成员直接感悟美，进而内化为美的品格，外显为美的行为。社会主义政治文明以完善的法律制度，使各种权力都在法律所确定的轨道上行使，使国家机关的行政行为都有法律上的授权并承担法律上的责任，通过依法行政实现行政公正。同时，以法律为依据，通过更多的民主参与和有效的民主监督纠正政府行为，防止腐败的滋生和权力的滥用。

从社会心理学的角度来看，各种权力运行规范，行政公正

健康是生产力

所展示的人格力量，可以激发强烈的社会责任心，强化社会成员的正义感，增强其认识和感受善恶的敏感性，发展正直、热情、嫉恶如仇、富有献身精神等个性特征，无论在任何情况下都敢于坚持真理，并依法以公道正派的美德处理各种利益关系，形成奋发向上的社会氛围，激发出"追求卓越、创造全优"的工作的积极性、主动性和创造性，从而完善美的塑造，实现人格美。

二 民主参与无形中激励着社会成员奋发进取，提升自身的科学文化素养

社会主义政治文明在实际上创造了一个在真理面前人人平等的社会文化氛围。民主参与、民主监督在客观上又带来了"比成绩、比贡献、比创造"的"攀比效应"，无形中营造出一个平等竞争、推陈出新的社会环境。

一方面，在广泛的民主参与中，社会成员把个人的智慧和才能、理想奉献出来，供他人和社会选择。当一个人的智慧和才能受到他人或社会的认同和肯定时，这个人势必产生一种角色感知和满足感，由此内心受到一种激励。心理学研究表明，一个人的内在能力与这种能力的发挥并不总是一致的，其中起作用的因素之一在于他的主观精神状态，对自己能力的自信以及由此而来的精神状态可以促进其能力的发挥。当行为主体因其高尚的行为或品质而受到社会肯定时，就意味着他获得了一定的物质上和精神上的满足，这一满足又会转而成为巨大的行为动因，激励和推动其以良好的精神状态挖掘潜力、发挥能力，向更高的层次攀登。

另一方面，人的价值评价在本质上是社会的，要在人际关系中通过他人与自己的相互评价，才能实现比较和鉴别。广泛的民主参与就是一种社会成员智慧和才能的公平的比较鉴别，具有极大的挑战性、压迫性和诱导性。民主参与意味着个人感的提高，它进一步激发了社会成员不甘落后的自尊心，促使人们的心理达到一种兴奋状况，重视自我认识，关注社会对自己的评价，主动地进行自我教育和自我判断，不断地在内心世界重建自我形象，不停地自我更新，并从其中感悟到"知识就是力量"。

辩证唯物主义认为，知识是人类思维的产物，但它一旦形成又成为人们进一步思考问题的背景，影响着人们对新问题的研究，决定着思想解放的广度和深度。没有相应的知识储备，思维就必然或者表现为僵化、保守，或者表现为空想、瞎想，就必然不可能打破习惯势力和主观偏见的束缚，不能做到真正解放思想，实事求是研究新情况，解决新问题。多一门知识，就多一条思路。每一门知识，都能给人们提供一种视野、一种看法、一种思想框架。知识背景决定着人们观察到什么，并由此想到什么。民主参与无形中营造出的"攀比效应"，势必促成尊重知识和愿意接受新的知识的社会风气，激励社会成员奋发进取，以强烈的责任感和紧迫感学会学习并坚持学习，尽可能吸收人类创造的一切有价值的精神文化，提升自身的科学文化素养，使自己的思维充满生机。

第三节 战争直接威胁人的健康

人的最终结局都是死亡，谁都无法逃脱死亡的命运。每种

健康是生产力

疾病都有具体的病因，每个人的死也都有具体的死因。医学、生物学、心理学、遗传学会对这些具体的病因和死因作出科学的解释。

一 人之所以死亡，是因为维持和保障人生命存在的原因的缺乏或丧失

众所周知，任何事物的产生都有其原因，一定的原因必然造成一定的结果。有的原因可以造成多种结果，有的结果是由多种原因造成的。然而，有一种原因是可以带来两种相反结果的原因：一种结果是因为这个原因的存在而造成的，另一种结果是因为这个原因的缺乏和丧失而造成的。例如，光的存在是我们之所以能看得见事物的原因，而光的消失是黑暗降临的原因。在生与死的问题上就是这样，人之所以能够活着，是因为维持和保障人生命存在的原因的存在；人之所以死亡，是因为维持和保障人生命存在的原因的缺乏或丧失。

所谓生因，是与死因相对立的一个概念。就像我们说死因是指死亡的原因一样，生因是指生存的原因。所谓生因缺失，就是指维持和保障人生命存在的原因的缺乏或丧失。任何一个人由生到死的过程，实质上都是一个生因缺失的过程，也是一个死因积累的过程。生因缺失有物质的，也有精神的；有内在的，也有外在的；有客观的，也有主观的；有眼前的，也有长远的；有直接的，也有间接的。如果按照性质分类，主要的基本的生因缺失可以分为物质生因缺失、安全生因缺失、认知生因缺失、环境生因缺失。实际上，人几乎都死于生因缺失。唯有生因缺失才能准确地解释一切提前死亡的具体原因。

第五章 健康与政治文明的关系

从中外历史来看，大部分提前死亡应当归因于物质生因的缺失。在生产力比较落后的时代和地区，有限的物质生活资料始终不能满足人民的生活需要。正如达尔文指出，物种能以几何级数增加，而环境资源则不能满足这一增长速度。因此，供给不足、短缺、饥荒、饿殍遍野的痛苦情景曾经在历史上经常地、普遍地发生。即便是在生产力高度发达的当今世界，死于物质生因缺失的现象依旧非常普遍。

据我国第三次居民死亡原因抽样调查结果显示，我国城乡和不同区域死亡率差异较为明显。农村高于城市19%；中、西部城市分别高于东部城市22%和25%；中、西部农村分别高于东部农村13%和15%①。这就说明，由经济发展水平和收入决定的物质保障程度及医疗条件与死亡率具有密切的相关性。

据世界卫生组织发布的《全球疾病负担》报告显示，2004年全球共有5880万人死亡，其中接近一半是60岁以下人口。在高收入国家，2/3的人寿命超过70岁；在中等收入国家，近半数人寿命超过70岁；在低收入国家，只有不到1/4的人能够活到70岁。全球每年有1000多万名5岁以下儿童死亡，其中99%在中低收入国家②。

---

① 《城乡和不同区域死亡率差异较明显农村高于城市》，中国网，http：//www.china.com.cn/news/txt/2008 - 04/29/content_15032249.htm，最后访问日期：2014年7月25日。
② 《〈全球疾病负担〉报告列出世界主要死亡原因》，中华泰山网，http：//yiliao.my0538.com/newsinfo_ zx.asp? ArticleID = 18528，最后访问日期：2014年7月25日。

健康是生产力

　　高收入国家人均寿命之所以长，是因为在高收入国家不存在食品短缺和饮水安全问题，政府的公共医疗卫生事业和体育事业搞得比较成功，人民保健意识强，各种生因缺失都能得到及时有效的填补。低收入国家的人均寿命之所以短，是因为在低收入国家物质匮乏，人们经常吃不饱肚子，饮水困难，缺医少药，有病得不到及时的治疗，存在极其严重的物质生因缺失，且得不到及时有效的填补。最高收入国家平均每人医疗保健费超过6000美元，而最低收入国家每人只有20美元。

　　由此可见，经济发展水平与人均寿命存在正相关关系。发展经济是填补生因缺失的基础和前提，只有经济发展了，收入增加了，才有可能使更多的生因缺失得到及时填补，使更多的合理需要得到满足。人均寿命是反映一个国家人民幸福程度最重要的标志。因此，要缩小我国与发达国家人均寿命的差距，从而使我国人民的生活质量和幸福水平进入世界先进行列，就必须坚持以经济建设为中心，聚精会神搞建设，一心一意谋发展，把发展作为解决中国一切问题的关键。

二　凡是在兵荒马乱的年代和社会动荡的时期，经济就萧条，提前死亡率就会上升

　　和平稳定的社会秩序是人类重要的生因，战争和动乱是人类重要的死因。

　　从中国历史来看，从公元前770年东周开始到公元前206年西汉建立，经历了春秋五霸、战国七雄、秦灭六国、陈胜吴广起义、楚汉相争等长达564年的内战；从公元184年黄巾起义到618年唐朝建立，经历了三国鼎立、西晋八王之乱、魏晋南

北朝分裂割据、隋末农民大起义等长达434年的混战；从874年唐末农民大起义到1279年元朝建立，期间经历了五代十国及宋、辽、金、西夏、蒙古相互之间长达405年的军事对抗；元末和明末爆发的大起义虽然历时不长，但战火遍及全国各地，战争空前惨烈。由于战乱频繁，人民饱经磨难，直接或间接死于战争的人不计其数，每次大的战乱都会造成人口锐减。

公元2年中国有5959.5万人口，在此后的15个世纪里，由于战乱不断，人口始终未能突破这一数字。西晋灭吴后，全国只剩1600余万人。直到1578年，才勉强突破6000万人，达到6069.3万人。只是到了清朝，由于顺治、康熙、雍正、乾隆4任明君140余年的励精图治和休养生息基本国策的执行，到1786年，全国人口迅速增加，接近4亿人。自嘉庆后，由于皇帝昏庸，官员腐败，各种社会矛盾激化，导致内忧外患接踵而来。1861年，在太平天国起义临近尾声时，全国只剩下2.55亿人口，减少了1.4亿人。

从世界历史来看，帝国主义、霸权主义是产生战争的根源，从古代的波斯帝国、马其顿帝国、罗马帝国、拜占庭帝国、阿拉伯帝国、蒙古帝国、奥斯曼土耳其帝国，到近代的法兰西帝国、大英帝国、沙俄帝国、日耳曼帝国、大日本帝国的兴起和衰落，侵略扩张的战争历时数千年延绵不断，此起彼伏。每一次大的战役都会使数万、数十万，甚至上百万青年死于非命。帝国铁蹄所到之处，横尸遍野、血流成河。进入20世纪以来，第一次世界大战历时4年多（1914年7月至1918年11月），从欧洲扩大到亚非美等30多个国家，涉及13亿人，占世界人口的75%，7500万人参战，死伤3000余人，经

健康是生产力

济损失达 2700 亿美元，工厂化为灰烬，城市变成废墟，妻离子散，家破人亡，使人类遭受了一次空前的浩劫。

第一次世界大战以后，列强主持的巴黎和会，实际上是掠夺殖民地半殖民地国家的分赃会议。虽然成立了国际联盟，但这个组织形同虚设，没有对法西斯给予及时有效的制裁，终于导致了历史上空前惨烈的第二次世界大战。第二次世界大战在欧洲历时 6 年多，在亚洲历时 8 年，战争波及欧、亚、非、美等地的 50 多个国家参战，死伤达 6700 多万人，经济损失达 4 万多亿美元。中国是第二次世界大战的主要战场之一，从 1931 年日本帝国侵略我国东北，1937 年发动全面侵华战争，历时 14 年，死伤军民 3500 万人，直接经济损失达 1000 多亿美元，间接损失达 5000 亿美元。历史是不能忘记的，不承认历史就是对世界人民的背叛。

根据两次世界大战的教训，第二次世界大战后，成立了联合国，使人类历史上产生了一个维护世界和平的机构，有了一系列维和的制度安排和通过谈判、协商解决国际争端的途径，人们开始对国家之间相互依存的重要性有了越来越清醒的认识，从而使得国际安全秩序的缺失得以填补。尽管有局部战争，世界和平基本上仍保持了 60 年，全球人均寿命几乎增加了 1 倍。

求和平、谋合作、促发展是世界人民的共同要求。但是，国际安全体系还没有完全建立起来，霸权主义、冷战观念、军事集团仍然存在，对国际社会相互依存和构建和谐世界的重要性和必然性的认识依旧严重缺失，极端民族主义者无视人类的整体利益，破坏国际法，故意制造地区冲突。联合国的权威还不够高，国际社会还不是一个熟练运转并能自动保持平衡的有

第五章 健康与政治文明的关系

机整体,因而地区冲突不断,大战的威胁依然存在。往昔,战争已经给人类造成了极其深重的灾难,但人类似乎还没有从战争的噩梦中惊醒过来。虽然当今世界经济已经实现了一体化,各国之间相互依存的程度不断提高,但军备竞赛继续逐步升级,战争威胁依然暗流涌动。在元素铀的发现和核裂变原理的发现对人类生存已经构成毁灭性威胁的时候,仍然有越来越多的国家执意坚持制造原子弹。从局部来看,这种做法扬了国威,但是从全局来看,这正在从根本上制造包括本民族在内的全人类的生因缺失。一旦核战争爆发,全世界人民就将遭受更大的灾难。核扩散实质上是将人类创造的巨大财富用之于人类的自我毁灭。此外,独裁者、恐怖组织、狭隘民族主义者、分裂势力在不间断地制造出一幕幕人间悲剧,使成千上万的无辜平民提前死亡。目前,全世界最动乱的国家是阿富汗,而新生婴儿死亡率最高的国家也是阿富汗,在1000名新生婴儿中有165人夭折。

  旱灾、涝灾、瘟疫、海啸、地震等自然灾害也是造成人类大规模提前死亡的重要原因,中世纪欧洲的鼠疫大流行几乎使1/4的人丧命。过去,人们相信天人感应学说,认为自然灾害是上帝对人类违反天理的行为的惩罚和警示。其实,自然灾害造成的死亡也是人类自己认识和预防自然灾害能力的缺失造成的。否则,现在瘟疫造成的死亡人数为什么会大大减少呢?日本是地震多发的国家,但是,在日本,地震造成的伤亡和损失相对要小得多,原因就在于日本防震减灾工作做得好,安全方面的生因缺失得到了很好的填补。其他国家的防震减灾工作如果达到了日本的水平,死于地震的人数必然会大大减少。责任

健康是生产力

事故是当今社会造成提前死亡的重要原因。全世界每年发生工伤的死亡人数为 110 万人,我国每年死于车祸的达到 10 万人以上。责任事故原本都是可防可控的,死于各种责任事故的人,无一例外都是责任人安全意识和安全防范措施的缺失造成的。

据报道,全球每年遭暴力死亡者为 56.3 万人,中国各类刑事案件死亡人数年均近 7 万人[①]。社会治安形势之所以日趋严峻,说到底还是维护社会稳定的制度及其相关配套措施不太完善造成的。我们还缺失遏制两极分化、失业率上升、道德滑坡、腐败蔓延以及预防犯罪的更加有效的手段。

综上所述,凡是在和平稳定的时期,经济就发展,生因缺失就减少,人均寿命就提高;凡是在兵荒马乱的年代和社会动荡的时期,经济就萧条,生因缺失就加剧,提前死亡率就上升。从横向来看,越是社会安定的国家,生因缺失就越少,因而人均寿命就越高;越是社会动乱的国家,生因缺失就越严重,因而人均寿命就越低。因此,必须维护世界和平,必须维护社会稳定,必须高度重视安全生产。构建社会主义和谐社会,关系最广大人民的根本利益。我们要始终保持清醒的头脑,居安思危,深刻认识我国发展的阶段性特征,科学分析影响社会和谐的矛盾和问题及其原因,更加积极主动地正视矛盾、化解矛盾,最大限度地增加和谐因素,最大限度地减少不和谐因素,不断促进社会和谐。

---

① 《中国每年非正常死亡人数超过 320 万》,三农中国网站,http://www.snzg.cn/article/2007/0209/article_4538.html,最后访问日期:2014 年 7 月 26 日。

第六章
健康与社会文明的关系

第一节 社会文明程度越高,人们对健康问题越重视

文明是社会进步开化的状态,是社会发展实践中形成的人类有益的文明成果。社会主义社会的社会文明是社会主义总体结构的重要组成部分,是全面建成小康社会的重要成果和目标。《2007年世界卫生统计报告》指出:"健康是文明程度的表现,经济越发达,社会文明程度就越高,人们也越关注健康;人们越关注健康,就越能够推动社会文化发展,这是一个良性循环。"[①]

人们现在越来越认识到,在人的生活水平越高的情况下,对健康的重视程度就越高。交叉学科的研究也达成了共识:健康是由多种因素决定的,这里面包括遗传、环境、医疗方面的

---

① 《解读世卫长寿数字(附图)》,《生命时报》2007年5月29日。

健康是生产力

因素,更包括个人的生活习惯、行为方式。其中,生活习惯和行为方式是最重要的,其所占比例最高。医疗对人的健康的影响只占7%。不可否认的是,虽然它所占比例低,但是对于我们每个人来说,在一生当中都会不止一次地接触到医疗。另外,医疗在整个健康链条上,成本最高。

随着社会经济的不断发展,生活水平不断提高,人们对健康的重视程度也在提高。一个突出的标志就是,人的平均寿命也在提高。在20世纪50年代初期,中国人均期望寿命是39岁,而到现在,人均期望寿命已经迅速上升。2010年人均期望寿命达到74.8岁,其中男性72.4岁,女性77.4岁①。从反映国民健康状况的重要指标来看,中国居民的健康水平已经处于发展中国家的前列。随着医学水平不断提高,人均期望寿命也在不断提高,中国人均期望寿命最高的地方北京、上海,超过了80岁。广州市的人均期望寿命已经高达79岁。这与我们重视健康有关,也与我们的医学发展有关。

一 中国曾通过"五讲四美三热爱"活动,治理"脏、乱、差"难题,改善人民居住环境

中国共产党和中国政府十分重视社会文明建设。1981年2月25日,全国总工会、团中央、全国妇联、中国文联、中国爱卫会、全国伦理学会、中华全国美学学会等9个单位联合作

---

① 《授权发布:〈中国的医疗卫生事业〉白皮书》,新华网,http://news.xinhuanet.com/politics/2012-12/26/c_114167248.htm,最后访问日期:2014年9月5日。

出《关于开展文明礼貌活动的倡议》，号召全国人民特别是青少年开展以"讲文明、讲礼貌、讲卫生、讲秩序、讲道德"和"语言美、心灵美、行为美"为主要内容的"五讲四美"文明礼貌活动。中宣部、教育部、文化部、卫生部、公安部等发出通知，支持开展这一活动。此后，这项活动又和"三热爱"（"热爱祖国、热爱社会主义、热爱党"）活动相结合。于是，从城市到农村、从内地到边疆，这一活动迅速开展起来。1983年3月11日，中央成立了以万里为主任的"五讲四美三热爱委员会"。之后，各省、市、自治区也都分别成立了"五讲四美三热爱委员会"。从此，这一活动更加深入广泛地开展起来。

"五讲四美"的口号一提出来，很快就为广大人民群众所接受，成为社会生活中一个公认的指导原则。"五讲四美"具有丰富的内容，有很强的思想性。提出这个口号，不仅是为了继承中华民族优良的文明传统，而且是为了建设社会主义精神文明。这就是在"五讲四美"的各项具体活动中要达到的根本目的。前一段各地在开展这一活动时着重解决"脏、乱、差"，是切合实际的。"脏、乱、差"反映了十年内乱造成的道德水平下降和社会风气倒退的严重状况，是较为普遍的突出问题。经过大规模地发动群众，特别是开展"全民文明礼貌月"活动，认真地抓了一下，情况已有所好转。但是，"脏、乱、差"的问题要得到彻底解决，必须有深厚的思想基础，否则便可能出现"突击一过、依然故我"的现象。但是，治理"脏、乱、差"也不是唯一的目的，还必须在治理的同时收到更大的思想建设的成果。

健康是生产力

"三热爱",特别是爱国主义,又是使"五讲四美"活动能够持续地开展下去,达到更高水平的强大动力。爱国主义在我国人民中是有长远的历史传统的,这是世世代代培养和巩固起来的对自己祖国的一种最深厚的感情,是一面能够最广泛地召唤起中国人为祖国的统一、繁荣、强大而献身的旗帜。在这面旗帜下,中华儿女曾经创造了无数英雄业绩。即使是一些暂时处于后进状态的人,在爱国主义的教育和感召下,也常常会毅然奋起,迅速赶上先进的行列。我们提倡"五讲四美",美化心灵,美化环境,美化人与人之间的关系,也就是美化我们的社会主义祖国。在开展"五讲四美"活动时,有无深厚的爱国主义思想基础,效果会很不相同。就拿治理"脏、乱、差"来说,就脏治脏,垃圾一时清了又会堆起来;就乱治乱,秩序一时好了又会乱起来;就差治差,服务态度一时改善了又会回到原状。如果人们把治脏治乱治差,同改善祖国的形象、维护祖国的声誉、建设祖国的高度文明密切联系起来,情形就肯定会大不一样。现在我们在宣传、培育和践行的社会主义核心价值观,就包括富强、民主、文明、和谐、自由、平等、公正、法治、爱国、敬业、诚信、友善。这种核心价值观的宣传和教育也有利于解决当前存在的各种社会问题。

应该看到,"五讲四美"活动之所以可贵,就是因为它是从群众中集中起来,又到群众中坚持下去的。它以通俗、明白的群众语言,把共产党人改造社会、移风易俗的根本要求同解决我国当前社会生活、社会风气中的实际问题结合起来,是在当时具体条件下党的思想政治工作群众化的一种创造。它使我们找到了一个在实践中教育、培养、训练一代社会主义新人的好办法。把"五讲四美"活动视为"小题大做"是不对的。深入开展"五讲四美"活动的中心环节,是要坚持用共产主义思想、道德教育人民,特别是教育党员、干部和青少年。要使全国各族人民,无论是男是女,是老是少,是党员还是非党员,都成为有理想、有道德、有文化、守纪律的人。当时,各地在"五讲四美"活动中涌现的成千上万个青年服务队、学雷锋小组以及红领巾卫生街等,都是青少年在实践中学习共产主义,培养良好道德情操的有效方法,非常富有教育意义。

二 在文明的社会,不文明的行为也会影响人的健康

文明的概念似乎很复杂,不同的人可能对此会给出不同的概念与定义。其实,文明的含义应当十分简单,即文明就是一种进步的表现,是对规则的体现和遵守,通俗地讲,也就是以不损害别人的利益为基础的一种行为的更新。文明是人类社会的一种进步,更是对人类的一种要求,对个人而言也是一种觉醒。

人类的文明,其实与人类的健康也是密切联系在一起的。这是因为,人类的寿命越来越长,让人们有更多的机会改造这个复杂的世界,创造越来越文明的社会。所以,文明对人类的健康有着举足轻重的作用,健康也能促进文明的发展。可是,尽管社会是越来越文明了,但一些陋习总是会自觉不自觉地表现出来,从而影响我们的健康。

应当说,当今社会文明程度是越来越高,但在很多时候,我们会图一时方便和痛快而作出一些不文明的行为,而不去考

虑会不会给别人的健康带来损害，如随地吐痰、醉酒驾车、违规使用食品添加剂等，这一类行为就会给他人带来伤害，从而影响全社会的健康水平。

三　从"卫生数字化信息化"尝试的成功可以看出，人们对健康的重视程度在提高

人类的文明程度越高，对健康的重视程度也会越高。从我国"卫生数字化信息化"尝试的成功可以看出，人们对健康的重视程度也在提高。

所谓"卫生数字化信息化"，就是为所有人建立网络电子病历档案，从其出生到死亡进行全程跟踪服务，其目的在于让所有人病有所医、老有所养。这是中外医疗卫生体制改革可持续发展的必由之路，是实现卫生强国、人民健康、民族复兴、社会和谐的中国梦的必然趋势，是破解当前"看病难、看病贵"瓶颈、彻底解决医患矛盾的根本途径，是提高健康生产力、构建公平与效率并重的供需平衡机制、开源节流、降低医疗卫生成本的有效方法。

自20世纪90年代开始，以浙江、上海、江苏等为代表的省份开始了医疗卫生信息化建设的探索。经过十多年的发展，我国卫生信息化取得了长足的进步，但也凸显出一系列的问题：缺乏标准统一的居民电子健康档案和电子病历；缺乏符合标准的国家、省、市、县卫生信息平台；省市级医院、县级医院、社区医疗卫生机构之间缺乏能实现信息共享和业务联动的区域医疗协同服务；医院就诊卡、社保卡、农保卡和银行卡系统之间相互独立，"卡卡不通"；公共卫生、医疗服务、新农

第六章 健康与社会文明的关系

合、基本药物制度和综合管理等信息系统之间相互独立。由此造成了信息不标准、难连通、难共享,百姓缺乏交互式健康信息服务的现状。

2007年,中国工程院院士、中国卫生信息学会副会长李兰娟联合多位国内知名专家学者,本着现代健康维护的理念,结合我国医改的实际需求,针对这些突出问题,提出了"健康面对面"行动计划,准备利用计算机和新一代网络技术,开展研究并示范应用,构建区域数字卫生体系,为实现数字卫生、健康中国而努力。这也促成了浙江省人民政府与卫生部联合向科技部申报了"十一五"国家科技支撑计划重点项目——"国家数字卫生关键技术和区域示范运用研究暨健康面对面"。2009年,该项目正式立项。

该项目通过构建统一标准的居民电子健康档案、电子病历、交互式卫生信息平台、城乡社区与医院双向转诊、远程诊疗、远程教育和健康咨询等系统,进行数字化医疗卫生资源共享、数字化医疗服务、数字化城乡社区卫生服务、数字化公共卫生服务和保障等区域示范,有效提升了疾病预防控制、公共卫生应急处置能力,提高了医疗服务的质量,改善了服务的可及性,推进了卫生改革发展,从而达到了突破信息孤岛、整合医疗资源、优化服务流程、提高就医效率、降低医疗费用、协调医患关系、保障人民健康、实现"人人享有基本医疗卫生服务"的目标。国家数字卫生项目的实施得到了各级领导和国内外专家的好评,项目取得的关键技术和成果不仅在浙江省内22个示范区和5个样板示范区得到了广泛应用,而且在江西、贵州、四川、湖北、新疆、辽宁、青海得到应用,对卫生信息化建设带来了巨大的影响,真正起到了助推医改、服务健康的技术支撑作用,对推进我国卫生事业发展意义重大。这也说明了人们对健康的重视程度越来越高。

第二节 社会因素是影响国民健康水平的根本因素

无论是学界还是公众领域,对健康问题的关注日益增长。但是,目前的讨论大多集中于个体层面,健康在很大程度上仍被认为是个人身体发展变化的结果呈现。作为社会产物的健康,往往与一个社会向其成员提供的医疗资源的数量和质量相联系。在这样的讨论中,人口层面的健康水平及社会因素对健康的影响往往被忽视。其实,社会因素是影响国民健康水平的最根本的因素。

一 医疗技术变革已无法有效提升国民健康水平

国民健康是对一定时间内某个国家或地区整体人群的健康水平。由于国民健康及其各类相关指标往往能比较准确地反映某时段内该人群身心健康和生活质量的平均水平,因而常用于反映一个国家或地区的社会发展水平,或用于预测个体成员的未来健康状况以及群体内病患的可能发展态势。

综观世界各国国民健康水平的变化,不难发现,由医学知识的进步和医学技术的提高所催生的国民健康水平的改善幅度不断地缩小。20世纪中叶,以青霉素为首的抗生素被广泛应

第六章 健康与社会文明的关系

用于临床。在此后的半个多世纪中,医学技术迅速发展,新的药物和治疗方法层出不穷,个体患者开始享有前所未有的医疗体验。但是,对人口健康而言,这一时期不同国家和地区的健康指标变化却指向同一个事实:新的医疗技术对继续提高国民健康水平的贡献日趋微弱。

由于医疗技术已无法进一步改善我们的健康,对现有医学手段的合理利用和对现有医疗资源的公平分配自然而然地成为新的关注点。医疗制度及其变更在任何一个社会都是公众热议的话题。对消费者和患者而言,好的医疗制度意味着便利及时的就医、以税收或医疗费用形式出现的合理个人支付、良好的医患沟通和高质量的医疗服务。对政策制定者而言,好的医疗制度需要平衡供需,在保证服务品质的前提下节约开支,对相关从业者提供合理激励以及尽可能满足患者的基本就医需求。因此,长期以来,医疗保障的覆盖率和保障程度都是人们对医疗制度的相关讨论中最受关注的部分。

作为最早完成工业化和现代化变革的国家,英国在20世纪前期始终在探索进一步改善国民健康水平的途径。1948年,英国启动国民健康体系,作为战后重建社会的重要措施。该制度明确将医疗定义为基本人权,向本国所有合法居民提供免费医疗,国家税收作为单一付费方支付所有医疗费用。这一政策的实施不仅开创了世界上最大和最早的单一方付费的医疗制度,而且客观上成为考察全民医疗体系效用的社会实验。然而,令人震惊的是,在国民健康服务体系实施后的60多年中,英国的主要国民健康指标几乎没有上升,个别指标甚至出现了下滑[①]。这一现象说明，在现代社会中，医疗制度的变革并非提高国民健康水平最有效的做法。

二 社会资源分配差异影响人群的健康水平

无论是在西方工业化国家还是在快速崛起的发展中国家，历史上人类健康的每一次飞跃都应该归功于早期医学技术的进步，也应该归功于该社会经济生活水平的提高。在基本医药被普及的近现代，社会经济的发展更是成为国民健康指数攀升的主要动力。事实上，早在19世纪，人们便开始认识并探索社会因素对健康和疾病的影响，而"社会医学"的概念也应运而生。

学者们早期的研究发现，社会资源通过影响人们对环境、卫生、营养等基本健康资源的获取，进而影响人群的健康程度。在现代化起始阶段，劳动者慢慢向工业带和交通枢纽地区迁移。早期城市化伴随的是公共健康的隐患：工业发展造成了空气污染、噪声污染、水污染，由密集的居住方式引发了垃圾堆积、传染病传播和医药供给不足，伴随机械作业出现了劳动力伤残，高强度的工业化劳动给人们带来了巨大的压力，等等。这些健康风险严重地威胁和影响了早期城市人口（尤其是城市底层人群）的健康。经典马克思主义学派对此作出了一个"绝对物质剥夺"的解释，即物质资源可用于创造舒适的居住环境、良好的卫生条件、丰富的营养供给、完善的医疗服务

[①] 梁克：《社会经济因素影响国民健康状况》，《中国社会科学报》2012年7月18日。

第六章 健康与社会文明的关系

等,这对健康的获得和维持非常关键,因而物质的匮乏必定影响人们的健康。

之后的研究发现,物质资源的作用机制并没有随着现代城市公共卫生条件的改善而改变。虽然非流行性慢性病已取代传染病成为健康的头号杀手,城市饮用水和垃圾得到妥善处理,劳动作业的安全系数也极大地提高,但物质资源的占有程度始终影响不同人群的健康水平。这在拥有全民医疗保险的社会中也是不争的事实。更有研究表明,健康程度的差别不仅存在于贫困人群和非贫困人群之间,对于能负担基本健康资源的非贫困人群而言,物质资源丰富程度依然可以带来健康程度的进一步提高。新马克思主义学派相应提出了"相对物质剥夺"的理论:物质资源对健康的影响存在于所有社会经济群体中,社会阶层的差别从物质和社会心理压力等方面决定了国民健康呈"金字塔状"分布,每当社会经济地位提高一个等级,都对应着一个更健康的人群。

三 受教育程度和职业是影响健康的另一个重要因素

大量的实证研究随后揭示了另外两个主要的社会阶层指标:个人受教育程度和职业对健康的影响。良好的教育背景往往会帮助个人获取更丰富的物质资源、舒适安全的工作环境,并能培养健康的生活习惯。而职业不仅会影响个人的经济来源,还会通过工作环境影响个体的健康。另外,其他影响健康的社会因素还包括社区环境、来自家庭和社会关系网络的支持等。

健康是生产力

20世纪90年代中期，医学社会学明确指出，相对于医疗、医疗制度等对健康有直接影响的因素而言，社会因素对健康的影响是持续的、最根本的。从这个意义上来讲，社会因素是影响国民健康水平的根本因素。近20年过去了，这一理论仍然是现代医学社会学和社会流行病学研究中最重要的发现，是对强调和夸大社会成员个人对健康所负责任观点的有力批判。

健康不仅是个人问题和医疗问题，社会及其制度亦对之产生影响并负有主要责任，其影响之深远和责任之重大远超出医疗本身。有资料显示，生活在富足的美国郊区的白人男性，平均预期寿命比同期生活在城市贫民区的黑人男性高20年[①]。这种健康不平等建立在巨大的社会经济不平等的基础之上。由此可见，威胁国民健康的种种风险因素绝非仅靠医学研发和全民医疗就可以解决的。事实上，在一个社会经济资源高度分配不均的社会中，所有成员，包括最富足最有特权的阶层的健康水平都会受到负面影响。无论从效率角度考量还是从社会正义伦理价值出发，减少社会经济资源分配不均和降低社会经济地位不平等，才是解决健康不平等以及提高国民健康水平的最有效和最根本的方法。

四 社会各个方面的因素都直接或间接地影响人类的健康

社会因素主要指社会制度、文化教育、人口及家庭等，它

---

① 梁克：《社会经济因素影响国民健康状况》，《中国社会科学报》2012年7月18日。

第六章　健康与社会文明的关系

们主要通过对人的心理、生理以及社会适应能力等方面的作用，直接或间接地影响人类的健康。

社会心理因素是指在特定的社会环境中，导致人们在行为乃至身体器官功能状态方面产生变化的因素。人的心理现象较为复杂，既包括认识、情感和意志等共性特征，也包括能力、气质、性格及兴趣爱好等个性特征，这些特征都可能成为影响人们健康的因素。社会心理因素对机体健康造成的影响主要是通过生理变化的各个环节发生作用。当人们遭遇到某些紧张的社会事件时，在心理上就会出现不安和紧张的情绪；当紧张事件消除后，紧张的情绪状态也会消失。如果紧张事件继续，这种紧张情绪就会持久存在。当紧张情绪持久存在引起的一系列生理变化超过了人类自我调节功能时，就会对人体健康产生不良影响。

经济是满足社会人群基本需要的物质基础，社会经济的发展推动了卫生工作，卫生工作也同样推动着社会经济的发展，两者具有双向互动的作用。社会经济的发展是提高人群健康水平的根本保证，社会经济的发展有助于促进人群健康水平的提高。社会经济的发展也必须以人群健康为条件，人群健康水平的提高对推动社会经济的发展有着至关重要的作用。

社会文化因素包括教育、科学、艺术、道德、信仰、法律、风俗习惯等。思想意识的核心内容是世界观，它确定了人们的其他观念。人的观念的形成，一方面来源于个人的生活经历和实践；另一方面来源于社会观念的影响，从而使思想观念具有个别性和社会普遍性。因此，由某种观念带来的健康问题也表现出个别性和社会倾向性。不良的社会道德和观念会带来社会病态现象和健康问题——社会病。风俗习惯是历代相沿的规范文化,是一种无形的力量,约束着人们的行为,从而对健康带来重要的影响。不良的风俗习惯可导致不良的行为,将直接危及和影响人群的健康。科学技术的发展,改善了人们的工作环境和生活环境,改变了人们的生活方式,从而对个体和群体的心身健康发挥着重大的影响。

人口的增长应与社会经济增长相协调。人口增长过快,生产积累减少,就会导致生活水平下降、健康水平降低,还会造成自然环境的破坏,加重环境污染,对健康造成威胁。

卫生保健服务是指卫生部门向社区居民提供适宜的医疗、预防、康复和健康促进等服务。在卫生保健服务中医疗质量、服务态度、医德和医疗作风等,对人群健康可产生重要的影响。

家庭是社会的细胞,是维护健康的基本单位。通过优生、优育和计划生育可使人口数量得以控制,且能保证人口质量,降低人群发病率。家庭成员和睦相处,有助于保持良好的生理状态和心理状态。良好的家庭生活习惯、卫生习惯有助于人们保证生活质量、增强体质、减少疾病。

第三节　健康的人应具有较强的社会适应性

"良好的社会适应性"是世界卫生组织所阐述的全面健康三个要素中一个很重要的方面,也是国内外公认的一条重要的心理健康标准。人不仅具有生物性,而且具有社会性。人类在社会生活中,每时每刻都受到社会环境的影响,一个健康的人必然要适应社会,特别是在当今改革开放的年代,一个健康的人更应适应充满变化、纷繁多变的大千世界。缺乏社会适应性的人无法适应现代社会的生活,无法充分发挥自己的能力,获得幸福、充实的人生。

一 没病并不代表健康

当然,寿命长并不代表真正的健康,因为医学上对很多的病有控制能力,虽然治不好但是有控制能力。即使某人得了癌症,在实施医学干预的情况下,他依然能活相当长的一段时间,只是他是带病生存的。然而,我们现在的健康观念已经发生了变化。过去身体没病就是健康的,现在身体没病并不代表健康。这是因为,健康还包含另外两个方面:一是心理的健康,二是社会交往的健全。人们注意到,富士康经常有人跳楼,而且跳楼的人一般都在20多岁,很少有年纪大的。20多岁的人,从生理的角度来看是没有毛病的,但是他们的心理存在问题,他们的社会交往存在问题。他们处于"两点一线"的状态:除了上班就是回宿舍睡觉,没有跟人交往的时间,成天加班,心理就不健康,最终导致某些人跳楼。

现在还有很多中年人患上了抑郁症或焦虑症。这些人在进行体检时找不到毛病,但是他们心理不健康,工作能力下降,甚至会对社会造成危害。所以,现代的健康观念就是身体健康、精神健康、社会适应能力强和道德健康,必须同时保证这四个方面才能真正称得上健康。

健康更多的是与我们的行为习惯有关。从历史来看,人类的疾病谱,包括中国的疾病谱也发生了变化。过去人类所患疾

健康是生产力

病主要是感染性疾病，90%以上的死亡都是由感染性疾病而导致的：一次流感可以让几百万人甚至几千万人死亡，像肺结核这么简单的病，也在全世界导致数以千万计的人死亡。但是，随着科学技术的不断进步，人类对感染性疾病的控制能力在增强。肺结核已经完全可以治疗和控制，一般的感染性疾病都可以治好，流感也可以控制。哪怕是非常凶险的疾病如"非典"，开始几乎无药可治，没有任何药物对"非典"病毒有效，但只要做好控制工作，即使在"非典"流行时死亡的人数也不多，全世界只有几千人死亡。所以，现在传染性疾病不是人类死亡的主导因素。现代的疾病谱主要是慢性、非传染性的疾病。

二 社会适应性差，健康就会出现问题

社会本身就是一个人际关系的集合体。社会因素也并不是只会引起疾病，对于有的人来说，社会是他实现人生价值的舞台，社会因素大多可作为其生活的动力而存在，起到积极的作用。例如，医生可以通过救死扶伤而实现自身价值，教育者可以通过教书育人使自己的人生充满意义。然而，社会发展到如今，这些因素的促进作用正被其负面效果逐渐吞噬，结果就是：要想实现人生价值，就得冒着身体健康受损的风险。

社会因素或多或少会影响我们每一个人。如今，很多大学生沉迷于网络，用这种方式来逃避各种社会因素的影响，当然，人有趋利避害的特性，但这种行为最终会导致他们对各种社会因素的适应性差，健康问题也就会随之出现了。

总之，社会因素已逐渐成为健康的杀手，我们要心胸开

阔，将自己打造成一个社会适应性完好的人。此正可谓："社会犹如一条船，每个人都要有掌舵的准备。"

三 只有合乎社会行为准则的人才是健康的人

社会适应性标准有两层含义。一是以人的心理和行为是否严重违背一定社会公认的道德规范和行为准则为标准。如果一个人的心理活动和行为表现与一定社会公认的道德规范和行为准则相比显得过于离奇，不相适应，不为常人所理解、所接受，那么这个人的心理和行为就被认为是异常的、不健康的，对其本人的身心健康和社会生活都会产生不良影响。比如，一个成年人在众人面前赤身裸体、欣喜若狂，其心理和行为与其年龄、身份和社会规范明显不符，不能为社会所理解、所接受，对其本人和社会都有害，而其本人却不以为然，完全没有羞耻感，这就是心理异常的表现。二是以某个人一贯的心理活动和行为表现为依据。比如，一个人一向乐观开朗、活泼好动，然而一段时间以来逐渐变得抑郁寡欢、沉默少语，甚至绝望轻生；或者相反，一向沉默寡言，喜静不喜动，突然却一反常态，变得十分活跃，表现欲望十分强烈，夸夸其谈，口若悬河，自我感觉良好，这些都表明这个人的心理和行为发生了异常的变化，形成了病态心理。

社会适应性标准是与一定社会的道德规范和行为准则及个体心理的常态相比较而言的。也就是说，判断某个人的心理和行为是正常还是异常，主要看其是否符合社会常态，是否符合其心理活动和行为表现的常态，而不能以有无病理性变化为依据，因而也不可避免地存在社会的局限性和差异性。在具体运用的过程中必须注意以下几点。

（1）应当充分考虑不同时代、不同地区、不同民族、不同社会文化和风俗习惯的差异性及其影响。例如，同性恋在有些国家和地区被视为纯粹个人的正常生活方式而受到法律保护，而在有些国家和地区则被视为一种变态的心理和行为，为社会所不容，也不合法，其本人也认为这是不正常的行为，因而感到苦恼，寻求治疗。再如，如果塞万提斯小说中的主人公堂吉诃德生活在14世纪（骑士作为封建君主专制制度的支柱的时代），那么其心态和行为就不仅是正常的，而且是英雄的壮举，然而到了17世纪资本主义工业大革命的时代，堂吉诃德的心态和行为就显得荒唐，就是一种病态心理。

（2）必须注意分析其心理和行为的性质及其对社会的影响。比如，对于那些传统的、保守落后的社会规范和行为准则的反叛者和推动社会前进的开拓者、改革者，尽管其心理和行为与社会传统不相容，也不能把他视为心理异常者。

（3）要注意细心观察。如果一个人的心态和行为突然一反常态，发生了显著的改变，判断其正常或异常并不困难，然而如果这种变化是缓慢的、不明显的、渐进性的，那么要作出确切的判断就是相当困难的，必须细心地观察。

一个心理健康的人，其行为应具有以下特点：

第一，行为方式必须与年龄特点相一致。不同年龄的人，其心理和行为表现都有自身的特点，表现出一定的年龄阶段特征。例如，在正常情况下，孩子都是天真活泼、爱蹦爱跳的，他们很难安安稳稳、坐着不动。如果一个学龄前儿童经常像年迈的老人一样，默默无言，逃避或害怕活动和伙伴之间的游戏,那么这个孩子的心理就可能有问题了;反之,一个高中生还像小孩子那样喜怒无常,好吵好闹,经常耍小孩脾气,那也是心理不正常的表现。

第二,行为方式与社会角色相一致。一个人的行为方式应当同他在社会上生活中充当的角色相匹配。例如,父母应当抚养、爱护、教育子女,而子女应当孝敬父母,尊重父母的意见;教师应当关心、爱护学生,做学生的表率,而学生应当勤奋学习,虚心求教、尊敬老师;等等。

第三,反应强度与刺激强度相一致。心理健康的人,对外界刺激的反应应该是适度的,该激动时则激动,该冷静时则冷静,即能对外界刺激作出"恰如其分"的反应。如果刺激与反应之间出现失调,则往往是心理异常的先兆。

第四节 个人的健康观念有助于社会文明建设

每一个现实的人对于其生存所需的一切,都只有通过社会才能取得,而且人的才能、知识和经验本身也是社会所形成的精神文明与物质文明的产物。同时,社会的发展,又是通过所有个人的集体努力而实现的,一切个人活动的总和构成社会的整体运动及其成就。社会文明的建设、节约型社会的建设、和谐社会的构建都需要每一个人的努力,而每一个人的健康观念也有助于社会文明的建设。

一 和谐社会建设需要和谐健康的个体心理

公众的社会心理健康是社会和谐的一个重要组成部分,和谐社会建设需要和谐健康的个体心理。因此，公众的社会心理疏导机制建设就成为社会建设的重要方面。

自 20 世纪 90 年代中期以来，当代中国社会进入了一个新的"市场经济社会"阶段。在这个阶段中，各种各样的利益保卫行动和利益磋商行动已经越来越占据社会生活的中心，使得利益的供给和分配成为引发各种社会冲突和群体性突发事件的焦点领域，成为当前社会问题和社会心理问题的突出方面。

突发事件往往会导致人们产生多个方面的心理问题，这些心理问题主要是由人们面临突发事件时的应激状态引发的。在面临严重突发事件时的应激过程中，如果个体达到失控、失能的地步，那么不仅其机体免疫系统会严重受损，而且整个心理系统也有可能出现严重障碍。因此，对突发事件中的各类当事人提供心理援助和心理干预，不但有助于当事人的心理健康，同时也有助于和谐社会的构建和社会局面的安定。

社会成员如果平时的压抑感得不到一定程度的释放，就不利于社会稳定与和谐社会的建设。所以，应当有让社会成员表达他们的意见和诉求的机会，要建立获取民意的机制。

对群体的社会心理进行有效调节，是构建和谐社会的一个重要组成部分。对群体的社会心理加以调节的策略主要有以下几种。

（1）通过制度设计，创造公平均衡的利益格局，协调不同利益集团之间的关系，建立和完善社会保障制度，有效化解社会矛盾，通过法制建设对权力进行有效约束，这是形成和谐心理的主要决定因素。

（2）提高宣传工作的科学化水平，引导社会舆论往积极健康的方向发展。坚持社会主义核心价值体系,引导民众正视现实,学会辩证思维。

(3)创设畅通的诉求表达渠道。在利益主体多元化的今天,各个利益阶层表达自己诉求的需要已经成为当今社会政治经济生活中的重要内容。应该主动提供渠道,让各种意见能够在合法、合理的平台上充分表达。这是和谐社会的基本特征,也是保证不同意见能够得到有效缓冲、避免冲突升级的必要条件。

(4)在全民中大力加强心理健康教育和自我保健常识的普及,在全社会建立健全一套完善的心理支持系统。在企事业单位管理机构和政府部门中增强心理保健的意识,在思想教育系统中增加心理疏导的成分,在工会、共青团、妇联和社区工作中要补充心理服务的内容,在全社会大力扶持心理咨询事业的发展,切实提高其专业水平,使其在社会心理的调节过程中发挥有效的润滑作用。

二 重视个人品德建设,有助于提升社会道德水平

在建设文明城市的过程中,道德建设是基础;在道德建设中,个人品德建设是基础。在进行教育和创建文明城市的过程中,最艰巨、最有效也是最根本的一项建设,莫过于个人品德建设,因为这是城市文明的灵魂。

全国文明城市测评体系中对道德引领作用的要求有很多,比如要经常性地进行社会捐赠活动,使特殊困难人群能够普遍得到救助,道德模范评选表彰活动规范化、制度化等。这些要求充分肯定了道德在创建文明城市过程中的引领作用。在我国

健康是生产力

过去的道德实践中,"社会公德、职业道德和家庭美德"提得较多,个人品德提得较少。社会公德、职业道德和家庭美德这三种道德固然重要,但其建设更应该以个人品德为前提和基础。因此,党的十七大报告中提出:"加强社会公德、职业道德、家庭美德、个人品德建设。"① 党的十八大报告中再次强调:"加强社会公德、职业道德、家庭美德、个人品德教育。"② 这是对公民道德建设内容的丰富和完善,有利于提升全民的道德素质和全社会的道德水平。

个人品德是一定社会的道德原则和规范在个人思想和行为中的体现,是一个人在其道德行为整体中所表现出来的比较稳定的、一贯的道德特点和倾向。个人品德提高了,就可以"内德于己,外德于人",促进社会道德进步。特别是在私人生活领域中存在大量法律与制度难以约束的问题的情况下,必须坚持制度建设与个人品德建设并重,发挥道德模范的榜样作用,引导人们自觉履行法定义务、社会责任和家庭责任。

重视个人品德建设,有助于提升社会道德水平。个人品德是"内在的法",社会公德、职业道德、家庭美德的实现最终都要诉诸个人品德。个人品德既是社会道德原则和规范的内

---

① 胡锦涛:《高举中国特色社会主义伟大旗帜 为夺取全面建设小康社会新胜利而奋斗——在中国共产党第十七次全国代表大会上的报告》,人民出版社,2007,第35页。
② 胡锦涛:《坚定不移沿着中国特色社会主义道路前进 为全面建成小康社会而奋斗——在中国共产党第十八次全国代表大会上的报告》,人民出版社,2012,第32页。

化，也是个体作为主体对社会道德的认识、选择以及实践的结果，是个人在社会生活中的行为活动个性化了的道德特质。加强个人品德建设需要个人自觉自发地艰苦磨炼，更需要家庭、单位、社会持续耐心地进行教育和帮助。我们应该发挥内外因的作用，启发自觉，营造好的氛围，增强个人品德建设的主动性和坚定性。

无论是提高社会公德、加强职业道德，还是弘扬家庭美德，都离不开加强个人品德建设。没有良好的个人品德修养，就谈不上公德心、责任感和荣辱观。个人品德修养犹如石投水中引起环形水波一样，是社会公德、职业道德和家庭美德的波源和基点，个人只有具备优良的品德修养，才能由己及人，才能由己及家庭、集体和社会。

在当前正在宣传、培育和践行的社会主义核心价值观中，"爱国、敬业、诚信、友善"，是公民基本道德规范，是从个人行为层面对社会主义核心价值观基本理念的凝练。它覆盖社会道德生活的各个领域，是公民必须恪守的基本道德准则，也是评价公民道德行为选择的基本价值标准。爱国是基于个人对自己祖国依赖关系的深厚情感，也是调节个人与祖国关系的行为准则。它同社会主义紧密结合在一起，要求人们以振兴中华为己任，促进民族团结、维护祖国统一、自觉报效祖国。敬业是对公民职业行为准则的价值评价，要求公民忠于职守，克己奉公，服务人民，服务社会，充分体现了社会主义职业精神。诚信即诚实守信，是人类社会千百年传承下来的道德传统，也是社会主义道德建设的重点内容，它强调诚实劳动、信守承诺、诚恳待人。友善强调公民之间应互相尊重、互相关心、互相帮助，和睦友好，努力形成社会主义的新型人际关系。

三 健康的消费观念对节约型社会的构建具有巨大作用

健康的消费观念是与目前经济发展状况和生活水平相适应的消费观念，是在自己的经济水平的基础上进行理性、适度消费的观念。健康的消费观念是与建设节约型社会相适应的消费观念，是有利于节约资源，有利于保护环境，有利于我国经济发展的文明消费观念。树立健康的消费观念对个人、对建设节约型社会都有巨大作用。

（1）崇尚节俭的社会风尚。节俭是中华民族的传统美德，也是我们党的光荣传统。节俭不仅能反映一个人的素质，而且有利于节约资源，把资源用在应该用的地方，最大限度地发挥资源应该发挥的作用，对整个社会的和谐发展具有重要意义。盲目攀比，挥金如土，以为"钱是自己的，想怎么花就怎么花"，用金钱来满足自己的虚荣心，斗富摆阔，出风头……这些行为不仅不可理喻，而且会影响整个社会的风气，使得一些人盲目地、狂热地追逐物质利益。

（2）倡导绿色消费观念。所谓绿色消费，首先是指在生产的过程中，要尽量少用塑料等材料，以减少其带来的污染。其次，消费者在选购商品时就要从环保的角度去考虑，使用"绿色食品""绿色物品"等，要拒绝使用会造成污染的消费品。最后，消费者在用完物品之后，应当自觉地对废弃物进行分类以利于回收。绿色消费不仅有利于物品的回收，也可以保护环境,避免造成不必要的污染和浪费。

(3)提倡理性的消费观念。理性的消费观念就是把钱花在有利于满足自身物质文化需要的方面,花在有利于国家经济文化发展和社会进步的方面,而不是用于奢靡的享受。提倡文明的消费观念就要反对大办红白喜事,铺张浪费。此外,人们不应该常在一些娱乐场所、高消费场所虚度时光。理性的消费观念还要求人们根据自己的收入和实际需要进行合理消费,不要为追逐名利、为面子而请客,而应该更着重自身的内在需求。提倡理性的消费观念,有利于节约资源,有利于国民健康,有利于人们生活水平的提高。

总之,树立健康的消费观念,有利于保持人类生存与自然生态平衡的关系,有利于经济的循环发展,有利于缓解资源的紧缺,有利于社会的和谐发展,最终有利于加快建设节约型社会。因此,我们应当树立正确的消费观念,共同致力于建设节约型社会,为国家的繁荣富强作出自己应有的贡献。

第七章
健康与科学文化的关系

第一节　健康的理念必须符合科学

现今,健康成为一种时尚话题,人们都关注健康,重视保健。而此时,有关健康的书籍大量涌现,健康类的杂志纷纷创刊,关于健康的知识传播甚广。

在津津乐道各种各样的医学理念和医学知识的同时,人们也发现,对同一个问题常常有不同的观点,其中有很多是互相矛盾甚至截然相反的。比如,有的人说"饭前喝汤,可以开胃",有的人却说"饭后喝汤利于消化";有的人说"不能空腹吃水果",有的人却说"吃早餐前应该先吃一个苹果,这样有利于牙齿健康和清理肠胃"。面对各种说法人们不禁茫然困惑。面对浩如烟海的有关健康的信息,我们该如何辨别真伪,获得正确的健康理念呢?

一　走出医学科普误区,建立科学的健身强体理念

中国关于健康最大的误区在于保健品方面。中国的文化中

第七章　健康与科学文化的关系

有"药食同源"之说,保健品市场的乱象在一定程度上也与这种说法有关,实际上中药和保健品应该严格分开。由于开发药物和开发食品的投入相差很大,中药的成本较低,而保健品的成本则很高。在利益的驱使下,就会出现一些违规的药品。要解决这个方面的问题,需要全社会共同努力。

针对目前出现的医学保健说法不一致的现象,我们要靠自己去辨别,遇到不同的观点,应该多找一些专业书籍,看看哪些是有道理的,哪些是不科学的。每一种医学研究都是阶段性的,科学的本质就是怀疑,不断探索,不断否定旧有的东西。因此,我们不能完全相信某一种理念,也不能完全相信某一个医生。

适合自己的保健方法才是最好的方法,因人而异,没有一个统一的标准,人们应该本着一种科学的精神和态度对待健康。

要走出医学科普误区,首先要明白什么是健康,要掌握有关健康的基本知识。其次,每年要进行一次全面体检,得到有经验的医生的指导,开展循序渐进、系统科学的身体锻炼。只有在对自己的健康状况有全面了解的基础上,并征得有经验的医生的帮助,才能找到最适合自己的健身方法。每个人的身体状况不同,没有一种运动方法适合每一个人。我们要善于寻找适合自己的、符合健康原理的方法,建立科学的健身强体理念与规划,不断在实践中完善自我身心保健的计划,并长期坚持实行。

针对医学科普误导的问题,首先要辨别真伪,不能急功近利,迷信速成的东西,因为健康本身是一个日积月累的结果,各种方法都不一定能在短时期内见效。其次,医学专家要做有良心的专家,要对生命负责,不能为了个人利益而忽视他人的健康。最后,媒体要科学严谨地对待健康。目前制造误导的人本身并不具备多少专业知识,有些媒体做有偿科普误导读者,对这些问题要学会区别。

究竟哪些医学理念是正确的,哪些是错误的,很难一概而论,毕竟医学科学本身也需要不断完善。但是,我们要关爱自己的健康,理性地看待各种医学观念;而宣传医学知识的媒体更应该本着一种认真负责的态度,将经过医学界讨论验证后的成熟的理论奉献给公众。

健康是生命的根本,无论处于哪一个年龄段,人们都应该以全新的眼光来思考生命中有关健康的点点滴滴,理性地看待各种医学科普观点,重视自己的健康问题。唯有这样,我们才能更好地享受健康带来的快乐。

二 健康文明的生活方式需要以健康文明的生活理念作引导

当代健康生活方式的思想理念包含多个方面的内容,但其基本理念可以概括为四个方面。

1. 以人为本理念

以人为本是科学发展观的核心,是马克思主义人文精神和人道关怀在当代中国的集中体现。它反映了当代社会生活的基本价值和时代发展的总体要求,是当代健康生活观的核心理念。

首先,以人为本理念正确反映了生产与生活辩证统一的关

第七章 健康与科学文化的关系

系,科学地说明了生活相对于生产的目的性地位。以人为本,实质上就是以最广大人民的根本利益为本,以促进人的全面发展、提高人民生活水平为本。按照这一理念,社会的经济发展、文化繁荣都要以促进人的全面发展、提高人民生活水平为最终归宿。是否有利于提高人民的生活水平、改善人民的生活状况是衡量经济发展、社会进步的重要标准。因此,生产应该为生活服务,经济增长应该以改善生活为目的。

其次,以人为本理念正确反映了消费与人的关系,科学说明了人在消费生活中的主体地位。一种消费是否健康合理,不在于其数量的多少和价格的高低,而在于它是否有效地符合了人的全面发展的需要。因此,健康的消费模式必须以人的全面发展为中心,必须体现以人为本的原则。

当前,盲目消费、铺张浪费、攀比消费的现象时有发生,这不但对人的全面发展和生活幸福毫无益处,反而造成了消费生活的"异化"。以人为本理念正是根治这种"异化消费"的一剂良药。它要求我们在不断扩大内需、提高消费水平的同时,提高消费效率,充分发挥物质资料促进人的全面发展的效用。

2. 和谐共生理念

崇尚和谐是人类文明的共识,也是中华民族的优良传统。和谐共生的生活理念,是和谐文化在生活领域里的集中体现。这一理念涉及当代生活的各个方面,概括起来可以从三个层面加以理解:一是人与自然的和谐,二是人与人的和谐,三是人的心灵和谐。

人与自然的和谐,就是强调人们在生活中尊重自然,合理开发，创造宜居的生活环境，实现人的生活与自然环境的相互交融、良性循环。当代人将自然与生活融为一体，不仅在改造自然的过程中促进自身的发展，而且在保护自然的过程中实现自身的价值，不仅重视对自然资源的物质的生活享受，而且重视对自然环境的审美的生活享受。这实际上具有全新的生活内容，提出了一种全新的生活方式。

人与人的和谐，就是强调在生活中相互尊重、和睦相处，在人与人的相互合作、和谐交流中实现共同发展，共创幸福生活。现代社会使人的社会性得到了极大彰显，人的社交范围空前扩大，世界已经变成了一个"地球村"。由此，人与人之间的和谐共生便成为当代健康生活方式的必然要求，成为创建幸福生活、建设和谐社会的重要内容。

人的心灵和谐，就是用正确的人生观、价值观引导人的内心世界，实现内在心理的健康成熟与精神生活的充实丰满，塑造一种纯洁祥和的心灵环境和积极乐观的心灵状态。心灵和谐问题在现代社会中是一个十分突出的问题。当代生活要解决人的心灵问题，就必须把心灵和谐作为生活的基本理念。这一方面需要用科学的信仰指导人的生活，用正确的理论武装人的头脑；另一方面要不断丰富人的精神文化生活，用和谐的文化化解人们的心灵冲突，用和谐的生活观指导人的现实生活。

3. 低碳环保理念

低碳环保理念是 20 世纪后期兴起的一种崭新的生活理念。它既是人类面对资源紧缺、环境恶化等新形势所作出的必要抉择，也是人们不断提升生活品位、回归生活本身价值的必然结果。

第七章 健康与科学文化的关系

我国在改革开放以后,随着国民经济的迅速发展和工业化、城市化速度的加快,资源紧缺程度和环境压力日益增大,资源问题和环境问题越来越引起人们的重视。我们必须转变生活方式,倡导低碳环保生活理念,在生活中时刻注意节约资源、保护环境。党的十六大以来,中央明确提出了建设资源节约型、环境友好型社会的重大战略,把节能减排作为转变经济发展模式的重要任务,把全面协调可持续发展作为实现科学发展的基本要求。低碳环保生活理念正是这一要求的体现。它既继承了勤俭节约的传统生活美德,也适应了当今时代的发展要求,是当代健康生活理念的重要内容。

4. 崇尚科学理念

科学对日常生活的深刻影响,是当代生活有别于传统生活的一大特色。现代科学大大开阔了人们的视野,开化了人们的心智。它不仅成为改善生活水平、提高生活质量的主要动力,而且成为评价生活层次的重要标准。崇尚科学已经成为当代健康生活方式的基本要求。

崇尚科学精神,贯彻科学生活理念,在当代生活中具有特殊的意义。一方面,当代社会生活的快节奏和强压力,使得一些人忙于工作应酬而忽视了生活方式的科学性,进而危及自己的健康生活。据统计,西方发达国家每年有70%～80%的死亡者是死于慢性病,而高血压、肥胖症、糖尿病、冠心病等许多慢性病都与不科学的生活方式有密切关系[①]。另一方面,当

---

① 李会富:《当代健康生活方式的4个理念》,《天津日报》2011年9月19日。

健康是生产力

今时代是一个信息爆炸的时代,这既方便了人们学习科学知识,也使得许多非科学、伪科学的信息得以传播,大大增加了人们进行甄别的难度。由此,许多错误的生活理念,给一些人的日常生活带来了严重误导。这表明,当代健康生活方式的培养,必须依赖科学知识的增长和科学精神的弘扬,依赖生活知识的普及宣传和生活方式的科学引导。这既需要我们坚定科学的人生信仰,用科学的理论指导自己的日常生活,也需要我们具有求真务实、理性批判的科学精神,抵制各种伪科学、不科学的生活理念。

生活理念的变革是生活方式变革的先导。我们要培养健康文明的生活方式,就有必要弘扬以上几大生活理念,用科学发展观指导自己的生活,确立科学生活观。

第二节 维护健康需要科技水平的支撑

新中国成立特别是改革开放以来,医药健康事业在科技进步的推动下取得了举世瞩目的成就,人民的健康水平得到了极大提高。而进一步提高全民健康水平,仍需要我们继续紧紧依靠科学技术的力量。

一 大力发展健康科学技术,有利于促进人民健康

健康是民生之本,是生产力发展、社会进步、文化昌盛、民族兴旺的重要基石和标志。我国作为世界上人口最多的发展中国家,提高全民健康水平关系亿万群众和千家万户的幸福安康,关系经济发展和小康社会的建设,关系国家强盛和民族复

兴。党中央、国务院历来高度重视全民健康工作，新中国成立60多年来特别是改革开放30多年来，医药健康事业取得了举世瞩目的成就，人民健康水平得到极大提高。

近年来，越来越多的地方把发展战略性新兴产业的目光放在健康科技产业上。北京市明确表示将推动生物医药产业跨越式发展，并出台了一系列规划、政策和措施，为生物医药企业打造良好的投资环境及服务平台；吉林省提出以生物化工、疫苗、现代中药为主导，地区特色生物资源综合利用、生物育种、基因工程药及诊断制剂、合成药多极发展，推进生物技术革命的创新成果率先转化为产业优势；山东省济南市则把生物医药定位为新的经济增长点，在高新区搭建了重大新药创制平台和创新药物孵化基地。这些因地制宜的发展举措，对于提高健康科技创新能力、培育健康科技产业、大范围应用健康科技的研究成果具有重要意义①。

当前，世界生命科学与生物技术正酝酿着新的突破，功能基因组学、蛋白质组学、代谢组学、干细胞学、生物信息学、系统生物学等现代生物医学科技日新月异，生命科学与生物技术将在揭示生命本质与规律、控制和利用生命过程造福人类等方面取得新的重大进展，相关医药技术前景广阔。从国内的情况来看，我国在人类基因组研究、动物转基因技术，以及疾病相关基因研究等领域已经达到了国际先进水平，生物产业技术人才和科研基础在高技术领域中与发达国家差距最小，也最有希望实现跨越式发展。大力发展健康科学技术，有利于推动我

---

① 《大力发展健康科学技术》，《经济日报》2010年7月6日。

国加速成为医药科技强国、医药产业大国，有利于促进人民健康、促进经济发展、促进社会和谐，其作用体现在多个方面。

健康科技一直是我国科技创新的工作重点之一。"十一五"期间，科技部在"863"计划中投入涉及健康科技的经费超过了30亿元，"973"计划中涉及生命科学方面的投入约占计划总经费的30%。今后，我们要进一步加强疾病防治技术与药品安全相关技术的研究与推广，着力建设世界先进水平的生物安全、食品安全、健康营养生活方式的科技保障系统，建设突发公共卫生事件及生物防范网络和系统，构建以创新药物研发和先进医疗设备制造为龙头的规模化医药研发产业链，提高生物医药产业水平，为基本公共卫生保健普惠化、个性化发展提供先进可靠并可共同分享的技术支持，提高疾病预防、早期诊断、治疗康复能力，提高健康科学和健康服务水平。与此同时，还要全面实施"食品安全工程""国民健康工程"等，不断提升消费品和公共产品的科技含量和质量，让广大群众吃得更放心、住得更舒适、出行更便捷、身心更健康、生活更幸福。

二 健康普及工作并不是一项简单的科普工作，必须建立在坚实的科技基础之上

进一步提高全民健康水平，需要紧紧依靠科学技术的力量。从我国健康工作和健康事业发展的全局出发，2008年4月，科技部、卫生部、中宣部、中国科协等14个部门联合推出了"全民健康科技行动"，以"科学生活、健康快乐"为宗旨，以自主创新为突破口，以科技成果的集成创新、推广应用

为重点①。刘延东同志指出,要把改善民生作为科技工作的出发点和落脚点,紧紧围绕13亿人民的切身利益和现实需求,着力解决好关系民生的重大科技问题,要求科技卫生等部门进一步行动起来,全体医药科技工作者积极行动起来,全社会共同行动起来,共同组织实施好"全民健康科技行动"。

几年来,在社会各界的大力支持下,在各个部门的密切配合下,"全民健康科技行动"取得了重要进展。

一是突出重点和难点,加大科技投入。通过"重大新药创制"、"艾滋病和病毒性肝炎等重大传染病防治"重大专项以及科技支撑计划、"863"计划等国家科技项目的实施,锁定重点疾病、重点人群,突出农村社区基层和疾病高发区域,着力加强对高新技术、重大产品以及卫生适宜技术的研究与开发,努力提升医药健康领域的自主能力,加快推进我国成为医药科技强国。

二是采取多种形式,加强健康知识的科学普及。把科学普及和科技创新作为健康科技工作的"一体两翼",强化了公众健康知识普及科技工作的整体布局。尤其是设立了公众健康普及知识和技术的研究项目,加强了健康普及知识和技术的科学研究和系统筛选,筹建了全民健康专业网站,确定了以科普讲座、专家访谈、知识竞赛、"走进社区"等一系列人民群众喜闻乐见、便于理解、便于实施的全民健康系列科普活动。

三是调动各个方面的力量,加大医药健康科技成果的推广

---

① 万钢:《发展医药科技 促进全民健康》,《光明日报》2010年5月10日。

健康是生产力

与示范。围绕我国医药健康领域的重大问题，调动全国有关高校、科研院所和企业等单位的力量，加强医药健康科技成果的系统集成，加大科技成果的推广和示范，切实提高公众健康科技素质，形成多部门、全社会共同推进医药健康科技创新发展和广泛应用医药健康科技知识的良好局面。

普及健康知识是实施全民健康战略的重要一环，是把"预防为主"战略落到实处的必不可少的关键环节。在前期工作部署的基础上，"公众健康知识普及科技行动"已经正式启动。为进一步促进全民健康事业的发展，科学技术部部长万钢同志指出，需做好如下四个方面的工作。

一是要进一步加大工作力度，实现从被动到主动、从医疗向健康的转变。疾病防治和健康促进不仅仅是医务工作者的神圣使命，更需要公众自身的积极学习和主动参与。改革开放30多年来，我国广大人民群众对健康的需求日益增长，但我国传统的医疗服务模式主要集中在医生对患者的院内诊疗上，健康科技普及不到位，广大公众对疾病防治、健康生活、健康促进的知识和技术了解不够。实施健康普及科技行动，其目的就是着力解决健康知识和技术科学筛选不够、传播渠道不畅、普及范围不广等问题，搭建健康知识的宣传平台，畅通健康知识的传播渠道，开辟专家与民众的沟通途径，让健康知识快速普及，影响社会公众，形成科学规范、形式多样、持久有效的健康普及工作新局面，实现从被动医疗向主动健康的转变。

二是要进一步加快科技进步的步伐，为公众健康普及工作提供坚实支撑和持久动力。健康普及工作并不是一项简单的科普工作，必须建立在坚实的科技基础之上。当前，我国在健康

第七章 健康与科学文化的关系

领域还面临着诸多挑战，慢性非传染性疾病发病率与死亡率仍然在持续上升，传染病威胁依然存在，老龄化问题日趋严重，疾病负担和公众健康已经成为全社会关注的重点和焦点。由于人体生命和疾病的复杂性，很多疾病的防治还缺乏有效的技术手段，我们对人体健康知识的认识水平还非常有局限性，健康领域仍存在诸多难题和挑战。这就需要广大卫生科技人员面向民生需求，面向科技前沿，勇挑重担、奋力拼搏，加快攻克人口和健康领域的关键技术，不断提高对生命和疾病的认识水平，产出更多的知识、更新的技术和更好的产品服务公众健康，为提高我国健康保障水平提供更为坚实的科技支撑和持久动力。

三是要进一步积极行动起来，加快建立健康普及科技工作的新阵地。健康普及科技工作是一项系统性、综合性、长期性的重要工作。要进一步凝聚力量，整合专家资源和信息资源，加快建立面向公众的健康知识和技术筛选、评价体系，加快建立面向全社会的多层次、宽领域的健康知识应用推广渠道，以更加严谨务实的态度，筛选能为广大公众所用的健康技术和健康产品。要进一步积极探索健康科技普及的新方法、新手段、新产品和新措施，更加科学合理、快捷高效地推广健康知识和技术，扩大宣传范围，提升科普效果，切实让健康科技的创新成果服务于公众，并以建立专业培训基地，培养科普人才和技术骨干等多种形式，将健康普及科技行动常态化，促进公众的健康意识和健康水平的提高。

四是要进一步广泛动员起来，实现健康科技普及效益的最大化。健康普及科技行动是全社会的共同行动。要群策群力、

健康是生产力

集智集力,最大限度地调动公众自身的积极性,广泛发动个人、家庭、学校、学术团体、企事业单位和全社会参与,采取多种可行方式向社会公众普及防病治病、食品药品安全、科学健身、优生优育等各个方面的知识,把与人民群众健康关系最直接、最密切的健康促进理念、疾病防治知识、日常生活方式普及到广大民众中去,把科技成果转化为健康效益,把科普知识转化为健康效应,让健康的行为和健康的生活方式成为每个人自觉的行为,全面提升民族素质,为实现全民健康的最终目标奠定良好的基础[①]。

第三节 健康的理念需要家庭、学校和社会共同培育

在今日之中国,"到此一游"触动的深刻反思,"扶起老人"引发的热烈讨论,无不折射了国人对道德良知的珍视、对高尚品格的向往。社会主义核心价值观倡导的"爱国、敬业、诚信、友善",正是从公民层面提出的价值准则,涵盖了社会公德、职业道德、家庭美德、个人品德等各个方面,是每一个公民都应当树立的道德规范和价值追求。

再大的社会,也是由个人组成的。个人的价值选择,是社会价值观念的基础所在、根本所系。积土成山,每个人秉持怎样的道德意愿、践行怎样的理想信念、追求怎样的人格品质,

---

① 万钢:《发展医药科技 促进全民健康》,《光明日报》2010年5月10日。

第七章　健康与科学文化的关系

决定着一个社会的面貌、塑造着一个时代的气质。积小我为大我、聚个体为群体、集小气候为大气候,才能绘就社会主义中国的美好价值图景。

有怎样的价值观念,就会有怎样的行动。有"天下兴亡,匹夫有责"的爱国精神,才能承担时代赋予的使命;有"善学者能,多能者成"的敬业作风,才能把握人生出彩的机会;有"以信立身、以诚处世"的诚信品格,才能赢得一个良好的发展环境;有"取人为善、与人为善"的友善态度,才能形成和谐的人际关系。这样的价值,让我们能更好地处理个人与他人、个人与社会的关系,将人生带入更高境界[1]。

因此,每个人的健康价值观念都需要家庭、学校和社会共同培育。

一　家庭、社会和学校在青少年教育中要发挥各自独特的作用

人们常说:"家庭是孩子的第一所学校,父母是子女的第一任教师。"在青少年的成长过程中,家庭教育也确实起到了不同于学校的社会教育的独特作用。家庭在对孩子进行启蒙教育、品德教育、劳动教育、智育开发等方面也有重要的作用。

学校教育在青少年的发展过程中起主导作用,这是毋庸置疑的,也是青少年健康成长所必不可少的。青少年在校接受教育期间,正是他们身心发育的最佳阶段,其人生观、世界观正

---

[1]　人民日报评论员:《育昂扬向上的公民品格——四论弘扬社会主义核心价值观》,《人民日报》2014年2月17日。

处于形成时期，智力发展也处于最好时期，其求知欲、接受能力最强。他们只有在学校有目的地正确教育和引导下，才能掌握大量的科学文化知识，以全面发展自己。

然而，随着科学技术的迅猛发展和各种信息的不断增加，单纯依靠家庭和学校的渠道来传授知识，学生只限于在家庭和课堂上来获取知识，已远远不能满足自身的求知欲，不能适应时代的需要。所以，各种校外教育机构吸引青少年参加有益的活动，占领校外教育阵地，促进青少年健康成长为各种专门人才，无疑对学校教育起到了重要的补充和促进作用。

二 青少年体育锻炼少，健康素质下滑，是学校、家庭和社会等共同造成的

当代教育是学校教育、家庭教育和社会教育"三结合"整体育人的系统工程，在这个系统工程中，学校、家庭和社会都担负着重要的、不可推卸的责任。在当前的教育实践中，我们深感学校、家庭和社会三个方面互不配合的现状比较严重，因此，出现了"学校教育孤立，家庭教育随意，社会教育无力"的局面。

深究少儿体质健康状况下滑的原因，或多或少与青少年体育工作的薄弱有关。

一是社会现代化带来的"副作用"。研究表明，当国民经济发展到一定水平时，国民体质健康的某些指标会呈下降趋势。这其实是世界上许多发达国家在现代化进程中都曾出现过的问题。这是因为，随着现代化的进程，人们出行坐汽车、上

第七章 健康与科学文化的关系

楼乘电梯、工作自动化、生活电器化,运动机会大大减少,久而久之必然导致人的体质下降。

二是独生子女家庭带来的"副作用"。部分家长过度溺爱孩子,而对其意志品质、吃苦耐劳精神的培养重视不够。许多家长都认为孩子身体健康很重要,但在锻炼与学业发生冲突时,几乎所有的家长都会牺牲前者。另外还有一个现象值得关注:现在老年人身体素质上升幅度最大,长寿指数越来越高,而35~50岁的中年人身体素质最差,中年人因工作、家庭压力而成为最不注重体育运动的群体。这背后带来的更大危害是,大多数中小学生的家长处于中年期,他们不重视运动的态度直接导致他们不支持子女参加锻炼,这使得学生在体育锻炼方面缺少良好的家庭氛围和社会环境。

三是错误的教育思想带来的"副作用"。这里所说的错误的教育思想是指为了提高升学率,一些学校仍存在重智育轻体育、重考试分数轻运动锻炼、重"育分"轻"育人"等现象。同时,令校长们更头疼的是安全问题。一些校长为了避免校园伤害事故及由此可能造成与家长纠纷的发生,往往取消体育教学中锻炼力量、耐力、协调性和灵活性的运动项目。

体育的重要性不仅仅体现在身体素质的提高,更重要的在于帮助孩子树立起影响其一生的精神。体育能让人领悟到要靠实力去拼搏的"竞争精神"、不断挑战新高度的"永不满足精神"和"个人永远只是一颗棋子"的"团队合作精神"。"体育是一个好东西",一个好校长或是好家长,应该懂得如何利用体育来塑造学生的精神品质。

健康是生产力

三　家庭、学校和社会全方位共同努力提高青少年健康素质

当前，一个现实而紧迫的命题摆在我们面前。因为它不仅关系着每个生命个体自身的和谐发展，更联系着国家民族的命运与前途，未来20年或30年后，这一代年轻人的体质将是一个国家综合竞争力的体现。因此，全社会应该共同关注如何真正树立"学生健康第一"思想的问题。

（1）全社会要形成正确的教育观和人才观。我们要站在培养中国特色社会主义事业的合格建设者和可靠接班人的高度，来认识体育对青少年成长的重要性。尊重青少年生理特点和心理成长的规律，就是遵循教育规律。全社会应该转变观念，真正认识到体育在增强体质、锻炼意志方面无法替代的作用；全社会应该形成共识：青少年学生的身体素质是一个城市发展水平的标志，是一个社会文明进步的体现，更是一个国家民族精神的重要特征；全社会应该聚集合力，通过开放设施场馆、弘扬体育精神、提高锻炼意识、营造健康氛围，还孩子们以童年和青春的快乐，实现全面发展。

（2）学校要端正"以学生发展为本"的思想。学校作为学生成长过程中的重要场所，应"以学生发展为本"来推动体育工作的纵深开展。学校要严格执行"每天一小时体育活动"的规定，形成长效机制。学校要开齐开足体育课，不得以任何理由削减、挤占体育课的时间。同时，学校体育又是连接家庭体育和社区体育的中间环节，是终身体育的基础。因此，学校要全面实施素质教育，充分发挥体育强身健体、陶冶

情操、启迪智慧的功能，并积极推进学校体育与家庭体育、社区体育的融合，为健康、科学、文明的现代城市生活方式的形成作出积极贡献。

（3）家庭要确立"给孩子健康生活方式"的理念。家庭在青少年的生活中是第一位的，也是最重要的社会环境，家庭结构、文化修养、活动形式，对青少年会产生最直接最深刻的影响。因此，家庭对青少年体育运动的重视与参与程度直接关系青少年参加体育运动的态度与行为。许多发达国家的经验表明：家长已成为子女参加体育运动的最重要组织者。家长通过对孩子参加体育运动表现出的极大兴趣，及亲临现场给孩子的必要鼓励，将会促进良好亲子关系的建立。因此，只有每个家庭都认识到强身健体的重要意义，确立起"给孩子一个健康生活方式"的理念，青少年体育工作才能真正取得成效。

此外，为加强青少年心理素质教育，有专家提出，要建立家庭、学校和社会关爱青少年心理健康的长效机制。

其一，家庭方面。家庭要给孩子一个科学和健全的教育起点，要注意观察和培养孩子的自理能力和自制能力，教会孩子学会自我平衡，培养孩子的良性情感。

其二，学校方面。①要配备教师，进行心理健康课堂讲授。国家教委已经把心理健康教育列入了中学生的必修课，但大多数学校虽编印了心理健康教育读本，却几乎都没有专职的心理学教师进行过课堂讲授。对此，要配备教师，进行心理健康课堂讲授，使心理健康教育真正成为中学生的必修课。②设立心理咨询疏导室。要有适合的私密性高、干扰小的心理疏导室，以便专职心理辅导教师能在信任与放松的环境下对学生进行有针对性的心理疏导。③开设免费心理热线电话。可以由各个学校单独开设,也可以整合各个学校的资源,在一定区域内(如以市、区为单位)几所学校共同设立免费心理热线电话。

其三,社会方面。①文化主管部门要加强社会文化的创新和精神文明建设。要通过社区、单位等各种社会组织营造能够全体社会成员感受到理想和意义的精神家园,创造充满生机与活力的文化体系,能让社会成员在其中抚慰心理、调适行为、表达情绪、释放压力。②卫生管理部门要进一步提高心理咨询、心理疾病诊治、心理危机干预等方面的物质条件和科技水平,如建立相应的心理保健站、促进心理卫生工作队伍尽快走向专业化。③宣传部门要通过大众媒体全面广泛地提高社会成员保持自身良好心理状态的自觉意识,宣传促进自身心理健康的知识,提高其适应能力和技能。

第八章
健康与生态文明的关系

第一节 生态环境直接关系人类的身心健康

生态环境是以人类为主体的整个外部世界的总体，是人类赖以生存和发展的物质基础、能量基础、生存空间基础和社会经济活动基础的综合体。"绿水青山就是金山银山。我们绝不能以牺牲生态环境为代价换取经济的一时发展。"① 生态环境直接关系人类的身心健康。马克思说："人本身是自然界的产物。"② "我们连同我们的肉、血和头脑都是属于自然界和存在于自然界之中的。"③ 中国古人讲的"天人合一"就是讲人与自然界只能和谐相处，不能互相争斗和分离，否则就会遭到自然界的报复。

---

① 《宁要绿水青山 不要金山银山》，《重庆晚报》2013年9月8日。
② 《马克思恩格斯文集》第9卷，人民出版社，2009，第38页。
③ 《马克思恩格斯文集》第9卷，人民出版社，2009，第530页。

健康是生产力

一　人类要生存和健康，首先要依靠自然界馈赠的食物，要依赖生物圈的平衡发展

人类的生存、发展、健康都离不开生态系统，生态系统是人类赖以生存的基础和条件，没有良好的生态系统，人类根本就无法生存，也就更谈不上所谓的身心健康了。

人体的身心健康包括身体和心理两个方面都无疾病，状况良好。人是在社会和自然的双重因素中存在和发展的，既有社会属性，又有自然属性。但是，人首先具有自然属性，人不可能脱离自然而存在。正如马克思所说："人作为自然存在物，而且作为有生命的自然存在物，一方面具有自然力、生命力，是能动的自然存在物；这些力量作为天赋和才能、作为欲望存在于人身上；另一方面，人作为自然的、肉体的、感性的、对象性的存在物，同动植物一样，是受动的、受制约的和受限制的存在物。"[①]

人类要生存和健康，首先要依靠自然界馈赠的食物，要依赖生物圈的平衡发展。生物圈实际上是一个非常复杂的生物系统，其中包括无数大大小小的生态系统，每一个生态系统由不同的生物和非生物环境组成。正是这个自然环境为人类提供了健康发展的物质基础。如果自然界发生急剧的变化，超过人体的自然调节能力，如某种化学污染物突然增加、电磁辐射急剧加强、各种病原微生物及寄生虫卵突然减少或增加，破坏了人体的生态平衡，就会对人体身心健康造成不利影响。同时，一

---

① 《马克思恩格斯文集》第 1 卷，人民出版社，2009，第 209 页。

些社会因素也会通过自然因素而使人致病。不发达国家人民所发生的疾病，在很大程度上缘于其社会结构的落后和生活水平低下，如环境恶劣、食物缺乏和不良的生活方式等，都可以致病。

人类以其自身的能动性反作用于自然，这种反作用可能有两个方面的表现：其一，人类在遵循自然规律的前提下能动地改造自然，为人类的生存、发展、健康创造更适宜的条件，提高环境质量，满足人类发展的需要。其二，人类肆意妄为，违反自然规律，对自然环境施加消极或破坏性的影响，造成自然环境恶化，对人类的生存和健康构成严重威胁。在人类改造自然的同时，自然也对人类的生存和健康提出了挑战。环境污染所造成的公害，就是自然界对人类报复的一种表现。马克思说人是"现实的、有形体的、站在稳固的地球上呼吸着一切自然力的人"[①]。自然界作为人的生命活动的材料、对象和工具——变成人的无机的身体。破坏自然就等于破坏人类本身，人类对自然的过度索取已经造成了严重的危害。当然，自然是可以认识的，也是可以利用和改造的，我们要在遵循自然规律的基础上认识和改造自然。倡导生态文明才可以创造出适宜人类生存与发展的自然环境。

二 人的身心健康不仅与自然环境有关，同时也受社会环境的制约

人的身心健康不仅包括身体的健康而且也包括心理的健

---

① 《马克思恩格斯全集》第42卷，人民出版社，1979，第167页。

健康是生产力

康、焦躁、抑郁、过度恐惧等都是不健康的表现。作为集自然性和社会性于一体的人，其不仅具有追求物质利益和生活条件的需求，同时也具有享受优美环境的精神需求。人的精神需求的一个重要方面就是审美需求，爱美是人的天性。一方面，优美的自然景象能够唤醒人的审美情趣，营造和谐的环境，对人体身心健康能起到促进作用。马克思说："从理论领域来说，植物、动物、石头、空气、光等等，一方面作为自然科学的对象，一方面作为艺术的对象，都是人的意识的一部分，是人的精神的无机界，是人必须事先进行加工以便享用和消化的精神食粮。"① 美好的自然环境可以给人以美的享受，舒缓压力，愉悦心情。有调查显示，景色优美、光线充足的环境能振奋人们的精神，提高人们的工作效率。另一方面，人在欣赏优美景色的同时，会自觉地意识到生态环境对身心健康的重要性，对自然环境予以呵护，用美的标准去塑造环境，使自然环境更符合美的要求。在这种人与自然和谐相处、共同发展的过程中，人的身心得到全面升华，从而保持精神的愉悦。

同时，人不仅生活在自然环境中，也生活在社会环境中。人的身心健康不仅与自然环境有关，同时也受社会环境的制约。社会环境的变化，可以对人的身心健康造成好的或坏的影响。社会因素的变化，也可以引起人的生理特征的变化。人与社会是一个大系统，正常的生命活动处于这个系统的平衡之中，一旦这个系统失去平衡，就可能使人体产生疾病。政治上的压抑、经济上的重负、失恋的悲痛、家庭的不和、受到法律制裁或道

---

① 《马克思恩格斯文集》第 1 卷，人民出版社，2009，第 161 页。

第八章 健康与生态文明的关系

德谴责、精神的污染、生活方式的急剧变化等,这些社会因素都会通过情绪中介,诱发人体疾病,如高血压、冠心病、抑郁症等。与身体的疾病相比,社会因素对心理疾病的诱发具有更为重要的作用。随着工业化的发展,工业生产造成的生活状态紧张、社会矛盾增加,会促使心理疾病发生率增高。因此,和谐发展、以人为本、积极友爱的社会环境是人体身心健康的需要,建设生态文明的同时也为身心健康的发展创造了良好的环境。

生态文明是人类实践活动的产物,人类实践活动的广度和深度及实践活动的形式与生态文明的创建有直接关系。生态文明可以为人体身心健康提供必要的条件,而生态文明的建设又依赖于作为实践主体的人的身心健康。如果人体的身心健康都不能保证,生态文明的建设就无从谈起。

除自然环境、社会环境与人的生命活动息息相关以外,人们的居住环境也不容忽视,其原因在于人们有近一半的时间要在住宅环境中度过,尤其是婴儿和老年人,他们要有80%的时间在室内度过。而居住条件的好坏和人们的健康有着密切关系。根据有关资料统计,由于住宅不卫生引起的疾病多达几十种,甚至有些癌症和住宅的关系也很密切。世界卫生组织倡导进行"在2000年人人享有卫生保健"活动之时,也把住户住房的日照、采光、通风以及厨房、厕所、畜圈的卫生等作为初级卫生保健指标体系中的指标之一①。

---

① 李深:《环境是决定人类健康长寿的重要因素》,第五届世界养生大会官方网站,http://www.yanjiao.gov.cn/ys/lishen_paper.html,最后访问日期:2014年7月30日。

第二节 人类盲目改造自然引发的危害

人类进入工业化时代以来，在西方古典经济学的利润最大化理论指导下，为了经济利益不惜破坏自然界、破坏生态环境，造成环境污染、自然资源破坏、能源枯竭、公害严重、危害人类持续发展和生存。

一 人类要生存和发展，就必须进行劳动，就必须利用和改造自然，以利于自身的生存、发展和健康

从本质上来说，生态文明建设就是以人为主体的实践活动。实践活动及其结果是作为实践主体的人的本质力量——物质的、精神的、生理的、心理的、观念的、意志的等现实展现和外在化的客观表现。在建设生态文明的过程中，人是实践的主体，作为主体的人对自然发挥能动作用，保护和改善生态环境，以满足自己各个方面的需求。建设生态文明的过程，就是以生态环境为客观对象，积极主动地发挥、运用和展现人的本质能力的过程，也是实践主体的本质能力与客体的物质力量相互转化、利用的过程，当实践主体通过中介与客体达到协调、统一时，就可以取得积极的成果。

马克思和恩格斯曾明确提出"人创造环境"的思想。人类要生存和发展，就必须进行劳动，就必须利用和改造自然，以利于自身的生存、发展和健康。人类正是在认识自然、利用自然和改造自然的实践过程中，才使自身的本质得到确认。马克思恩格斯主张积极主动地创造环境，依靠能动的实践活动来

第八章　健康与生态文明的关系

实现"环境的改变和人的活动的一致"①。他们指出:"既然是环境造就人,那就必须以合乎人性的方式去造就环境。"② 人是实践的主体,人的生产方式和消费方式改变着生态环境,自然环境的优劣与人的实践活动密不可分。人们应该从长远着眼,克服急功近利、竭泽而渔的生产行为,树立平衡的观念,在发挥主观能动性的同时积极地遵循自然规律,建设生态文明。

人是一个有机的整体,体质和心理是其两种不同的表现形式。作为实践主体的人应满足身体健康的基本条件。身体健康是人开展实践活动最基本的要求。只有身体健康,人们才有精力、体力、毅力去改造自然,开展创造环境的实践活动;只有身体健康,人们才有可能提高自身的劳动能力与技能,才可以依靠科学知识对自然进行积极的改造,加强自然资源的循环利用,减少资源浪费,避免环境污染,维持生态平衡,开发新的能源,力争消除生态危机,努力实现可持续发展;只有身体健康,人们才可以建立与生态相协调的生产方式和消费方式,力争在遵循自然规律的基础上创造有利于人类生存、发展的生态环境。

心理则包括性格、思维、情绪等精神方面。只有性格完善,人们才可以乐观地面对生活,积极迎接实践活动中的挑战,面对生态文明建设中出现的暂时困难不轻言放弃;只有情绪稳定,人们才可以感受到自然的美好,并积极主动地爱

---

① 《马克思恩格斯文集》第 1 卷,人民出版社,2009,第 504 页。
② 《马克思恩格斯文集》第 1 卷,人民出版社,2009,第 335 页。

183

护自然环境，塑造优美的生活环境，树立自律意识与平等观念，确立生态保护意识，才可以友爱健康地对待生态环境，尊重自然界的生存权利与发展权利，实现人与自然的和谐相处。

二 工业化引发的大气污染公害事件，造成多人死亡且影响深远

20世纪初至20世纪60年代这一时期，是西方工业化国家生产力迅速发展时期，这些国家也付出了过量消耗资源和牺牲生态环境的惨重代价。世界上有名的公害事件①大都发生在这一时期。在世界历史上曾经发生的著名的"八大公害"事件，其中有5件与大气污染有关，均造成多人死亡且影响深远。

（1）比利时马斯河谷烟雾事件。1930年12月1~5日，比利时马斯河谷工业区内13个工厂排放的大量烟雾弥漫在河谷上空无法扩散，使河谷工业区有上千人发生胸疼、咳嗽、流泪、咽痛、呼吸困难等，一周内有60多人死亡，许多家畜也纷纷死去。这是20世纪最早记录下的大气污染事件。

（2）美国多诺拉烟雾事件。1948年10月26~31日，美国宾夕法尼亚州多诺拉镇持续出现雾天，而这里却是硫酸厂、钢铁厂、炼锌厂的集中地，工厂排放的烟雾被封锁在山谷中，使6000人突然发生眼痛、咽喉痛、流鼻涕、头痛、胸闷等不

---

① 公害事件是指因环境污染造成的在短期内人群大量发病和死亡的事件。

适，造成 20 人死亡。这次烟雾事件主要是由二氧化硫等有毒有害物质和附着在悬浮颗粒物上的金属微粒引起的。

（3）伦敦烟雾事件。1952 年 12 月 5~8 日，在伦敦市上空，大雾笼罩，连日无风。而当时正值冬季大量燃煤取暖期，煤烟粉尘和湿气积聚在大气中，使许多城市居民都感到呼吸困难、眼睛刺痛，仅 4 天时间就死亡了 4000 多人，在之后的 2 个月时间内，又有 8000 人陆续死亡。这是 20 世纪世界上最大的由燃煤引发的城市烟雾事件。

（4）美国洛杉矶光化学烟雾事件。从 20 世纪 40 年代起，已拥有大量汽车的美国洛杉矶城上空开始出现由光化学烟雾造成的黄色烟幕。它刺激人的眼睛、灼伤喉咙和肺部，引起胸闷等，还使植物大面积受害，松林枯死，柑橘减产。1955 年，洛杉矶因光化学烟雾引起的呼吸系统衰竭死亡的达到 400 多人。这是最早出现的由汽车尾气造成的大气污染事件。

（5）日本四日市哮喘病事件。1955 年，日本第一座石油化工联合企业在四日市上马，1958 年当地海产品的捕捞开始下降，打捞的鱼开始出现难闻的石油气味。1959 年，昭石石油公司投资 186 亿日元的四日市炼油厂开始投产，四日市很快发展成为"石油联合企业城"。然而，石油冶炼产生的废气使当地天空终年烟雾弥漫，烟雾厚达 500 米，其中漂浮着多种有毒有害气体和金属粉尘，很多人出现头疼、咽喉疼、眼睛疼、呕吐等不适。从 1960 年起，当地患哮喘病的人数激增，一些哮喘病患者病甚至因不堪忍受疾病的折磨而自杀。到 1979 年 10 月底，当地确认患有大气污染性疾病的患者达到 775491 人，典型的呼吸系统疾病有支气管炎、哮喘、肺气肿、肺癌。

三 工业化的迅速发展，导致空气污染、噪声污染加剧，对人体健康产生很大影响

空气是人类生存的重要外部环境因素之一。空气是否清洁和是否含有有毒成分，对人体健康有很大影响。

在正常情况下，大气是清洁的。然而，人类活动特别是现代工业生产，向大气中排放的物质的数量越来越多，种类也越来越复杂，从而引起空气成分的变化，以至于对人类和其他生物产生不良影响，这已越来越引起人们的重视。关于大气中的污染物种类，现在还没有准确的统计数字。但是，已经产生危害或受到人们注意的有100种左右。其中，影响范围广、对人类威胁较大的是煤粉尘、二氧化硫、一氧化碳、二氧化碳、氟和氟化氢、碳化氢、氨和氯等，全世界每年排入大气中的污染物有6亿多吨。当空气中的污染物达到一定浓度时，就会对人体健康产生危害。

随着工业化的发展，空气中混入的致癌物质逐渐增多，如多环芳烃、砷、镍、石棉等，尤其是多环芳烃中的苯并芘，是空气污染物当中的主要致癌物，能诱发肺癌等多种癌症。空气污染除了会带来直接危害外，还会带来许多间接危害，如大气污染物能吸收太阳辐射线，特别是紫外线，从而影响阳光强度。阳光中的紫外线具有杀菌作用，照射皮肤还能使体内生成维生素D，防治佝偻病。但是，由于空气污染，城市的太阳辐射强度比农村低10%~30%，其中紫外线减弱了10%~25%，城市人的健康当然会受到影响。此外，污染物还能降低大气能见度，影响飞机、车辆的安全。

当大气中污染物的浓度很高时,会造成急性污染中毒,或使病状恶化,甚至在几天内就能夺去几千人的生命。其实,即使大气中污染物浓度不高,如果人体成年累月呼吸这种被污染了的空气,也会引起慢性支气管炎、支气管哮喘、肺气肿及肺癌等疾病。此外,在工业城市烟雾不散的日子里,太阳光直接照射到地面的量比没有烟雾的日子减少近40%,而这会严重影响人体的生长发育。

此外,噪声污染对人类健康也会产生很大影响。在工业化过程中,这种污染日益明显,范围也越来越广。

(1)强烈的噪声会引起耳部的不适,如耳鸣、耳痛、听力损伤等。据测定,如果噪声超过115分贝,严重时会造成耳聋。根据临床医学统计,在80分贝以上噪声环境中长时间生活,造成耳聋的概率可高达50%。而据医学专家研究认为,家庭噪声也是造成儿童聋哑的病因之一。

(2)强烈的噪声会降低工作效率。研究发现,当噪声超过85分贝时,就会使人感到心烦意乱,人们会感觉到吵闹,因而无法专心地工作。

(3)强烈的噪声会损害心血管。医学研究发现,噪声是导致心血管疾病的危险因子,噪声也会加速心脏衰老,增加心肌梗死发病率。医学专家经人体和动物实验证明,长期接触噪声可使体内肾上腺分泌增加,进而使血压上升,在平均70分贝的噪声中长期生活的人,其心肌梗死发病率会增加30%左右,夜间的噪声则会使发病率更高。

(4)噪声还可以引起如神经系统功能紊乱、精神障碍、内分泌失调甚至事故率升高。高噪声的工作环境,可使人出现头晕、头痛、失眠、多梦、全身乏力、记忆力减退以及恐惧、易怒、自卑甚至精神错乱。

(5) 噪声会干扰休息和睡眠①。休息和睡眠能帮人们消除疲劳、恢复体力和维持健康，但是噪声会使人难以休息和入睡。当人辗转不能入睡时，就会使心态紧张，呼吸急促，脉搏跳动加剧，大脑兴奋不止，第二天就会感到疲倦或四肢无力，从而影响到工作和学习，久而久之，就会患上神经衰弱症，表现为失眠、耳鸣和疲劳。

(6) 噪声会对儿童的身心健康产生严重危害。因为儿童发育尚未成熟，各种组织器官十分脆弱，不论是体内的胎儿还是刚出世的孩子，噪声均给其听觉器官带来损害，可使听力减退严重可导致听力丧失。

(7) 噪声对视力也有一定程度的损害。长时间处于噪声环境中的人很容易出现眼疲劳、眼痛、眼花和视物流泪等眼损伤现象。同时，噪声会使红、蓝、白三色视野缩小80%，同时还会使色觉、视野发生异常。

第三节 建设美丽中国，营造良好的自然环境

传统工业化造成生态环境灾害日益频发，一些科学家发出

---

① 近年来，"广场舞"成为重要的噪声污染源。据媒体报道，某小区"广场舞"影响市民休息，噪声导致小区房价贬值。温州市区一些居民凑26万元买"高音炮"还击"广场舞大妈"，同时表示对抗不是目的，他们只想引起政府部门的重视，寻找一条科学合理的解决途径，建议由政府掌握"控音权"。

第八章 健康与生态文明的关系

援救生态环境的呼声。如，1962年卡尔逊夫人的《寂静的春天》，1972年罗马俱乐部发表了《增长的极限》等，敦促联合国在1972年、1992年和2012年召开了三次全球环境与发展会议，中国政府派代表团参加了上述会议，并承诺履行第二次世界环境与发展会议发表的《21世纪议程》，1994年发表了中国《"21世纪议程"——中国人口、环境与发展白皮书》，设立了国家环境保护机构，制定了《环保法》，采取了控制人口、保护环境、倡导绿化等措施。

由于急于摆脱贫困，各地"以GDP论英雄"，在处理发展经济和保护环境上还存在不少问题。为了建设美丽中国，必须彻底转变传统观念和传统的工业化模式。

一 努力建设美丽中国，为人民创造良好生产生活环境

党的十八大报告中用了大量篇幅来论述建设生态文明的重要意义："着力推进绿色发展、循环发展、低碳发展，形成节约资源和保护环境的空间格局、产业结构、生产方式、生活方式，从源头上扭转生态环境恶化趋势，为人民创造良好生产生活环境，为全球生态安全作出贡献。""加大自然生态系统和环境保护力度。良好生态环境是人和社会持续发展的根本基础。要实施重大生态修复工程，增强生态产品生产能力，推进荒漠化、石漠化、水土流失综合治理，扩大森林、湖泊、湿地面积，保护生物多样性。加快水利建设，增强城乡防洪抗旱排涝能力。加强防灾减灾体系建设，提高气象、地质、地震灾害防御能力。坚持预防为主、综合治理，以解决损害群众健康突

健康是生产力

出环境问题为重点,强化水、大气、土壤等污染防治。坚持共同但有区别的责任原则、公平原则、各自能力原则,同国际社会一道积极应对全球气候变化。""加强生态文明制度建设。保护生态环境必须依靠制度。要把资源消耗、环境损害、生态效益纳入经济社会发展评价体系,建立体现生态文明要求的目标体系、考核办法、奖惩机制。建立国土空间开发保护制度,完善最严格的耕地保护制度、水资源管理制度、环境保护制度。""深化资源性产品价格和税费改革,建立反映市场供求和资源稀缺程度、体现生态价值和代际补偿的资源有偿使用制度和生态补偿制度。积极开展节能量、碳排放权、排污权、水权交易试点。加强环境监管,健全生态环境保护责任追究制度和环境损害赔偿制度。加强生态文明宣传教育,增强全民节约意识、环保意识、生态意识,形成合理消费的社会风尚,营造爱护生态环境的良好风气。"[1]

建设生态文明,是关系人民福祉、关乎民族未来的长远大计。面对资源约束趋紧、环境污染严重、生态系统退化的严峻形势,必须树立尊重自然、顺应自然、保护自然的生态文明理念,把生态文明建设放在突出地位,融入经济建设、政治建设、文化建设、社会建设的各个方面和全过程,努力建设美丽中国,实现中华民族永续发展。我们必须贯彻党的十八大报告精神,坚持节约资源和保护环境的基本国策,坚持节约优先、

---

[1] 胡锦涛:《坚定不移沿着中国特色社会主义道路前进 为全面建成小康社会而奋斗——在中国共产党第十八次全国代表大会上的报告》,人民出版社,2012,第39~41页。

第八章 健康与生态文明的关系

保护优先、自然恢复为主的方针，着力推进绿色发展、循环发展、低碳发展，形成节约资源和保护环境的空间格局、产业结构、生产方式、生活方式，从源头上扭转生态环境恶化趋势，为人民创造良好的生产生活环境，为全球生态安全作出贡献。面对资源约束趋紧、环境污染严重、生态系统退化的严峻形势，必须树立尊重自然、顺应自然、保护自然的生态文明理念，把生态文明建设放在突出地位。同时，生态文明与美丽中国紧密相连。建设美丽中国作为全新的理念，伴随着党和国家把生态文明建设摆上重要议事日程应运而生，它是我国发展进入新阶段的迫切需要，为提升发展质量提供了新的战略指导；它是我们党深刻把握可持续发展时代潮流和当今世界绿色、循环、低碳发展新趋向，作出的战略抉择；它是对人民群众新期待的回应，标志着我们党执政理念的重大提升。

建设美丽中国，其核心就是要按照生态文明要求，通过建设"资源节约型、环境友好型"社会，实现经济繁荣、生态良好、人民幸福。建设美丽中国，需要积极探索在发展中保护、在保护中发展的环境保护新道路。环境保护是建设美丽中国的主干线、大舞台和着力点，探索环保新道路是通往美丽中国的一个路标。要坚持在发展中保护、在保护中发展的指导思想，遵循代价小、效益好、排放低、可持续的基本要求，形成节约环保的空间格局、产业结构、生产方式、生活方式，推进环境保护与经济发展的协调融合。

我们要认真学习领会党的十八大精神，争做建设美丽中国的引领者和实践者，把生态文明建设摆在突出位置，深刻把握社会主义生态文明建设的基本内涵、鲜明特征和重点任务，将

健康是生产力

生态文明建设理念要求贯彻到本职工作中去，并通过广泛的宣传教育，增强全民的环保意识、生态意识，营造爱护生态环境的良好风气，让美丽中国在由潺潺细水汇聚而成的巨大洪流中成为现实。我们要更加自觉地珍爱自然，更加积极地保护生态，努力走向社会主义生态文明新时代。

二 美丽中国是科学发展的中国、社会和谐的中国、生态文明的中国、可持续发展的中国

李克强总理在中国环境与发展国际合作委员会2012年年会开幕式上指出，要建设一个生态文明的现代化中国，重点需要从"转型发展""惠及民生""拓展市场""深化改革""加强合作"[①] 五个方面付诸努力。这昭示着，大力推进生态文明，建设美丽中国，是当代中国环保人新的时代责任。广大环保工作者要做推进生态文明、建设美丽中国的引领者、推动者、实践者，当好表率，走在前列。

生态文明是人类为保护和建设美好生态环境而取得的物质成果、精神成果和制度成果的总和，是一种人与自然、人与人、人与社会和谐相处的社会形态，是贯穿于经济建设、政治建设、文化建设、社会建设各个方面和全过程的系统工程。建设生态文明，以尊重自然规律为前提，以人与自然、环境与经济、人与社会和谐共生为宗旨，以资源环境承载力为基础，以

---

① 李克强：《建设一个生态文明的现代化中国》，新华网，http://news.xinhuanet.com/politics/2012-12/13/c_124086899.htm，最后访问日期：2014年8月2日。

第八章　健康与生态文明的关系

建立节约环保的空间格局、产业结构、生产方式、生活方式以及增强永续发展能力为着眼点,以建设"资源节约型、环境友好型"社会为本质要求。

建设美丽中国作为全新的理念,伴随我国把生态文明建设摆上重要议事日程应运而生,标志着中国共产党对执政规律的把握更加科学,对执政理念的认识更加深化,对执政能力的建设更加重视,承载着一代又一代中国共产党人对未来发展的美好愿景,承续着"可爱中国""富强民主文明中国""和谐中国""中华民族伟大复兴"的中国梦,描绘了生态文明建设的美好前景。

美丽中国,是时代之美、社会之美、生活之美、百姓之美、环境之美的总和。经济持续健康发展是其重要前提,人民民主不断扩大是其根本要求,文化软实力日益增强是其强大支撑,和谐社会人人共享是其基本特征,生态环境优美宜居是其显著标志。应当说,这些方面是建设美丽中国的必备条件,缺少任何一个方面都是不可以的。其中,优美宜居的生态环境最为重要。优美的生态环境,有利于增强人民群众的幸福感,有利于增进社会的和谐度,有利于拓展发展空间、提升发展质量,从而有利于实现国家的永续发展和民族的伟大复兴。

美丽中国是科学发展的中国。作为一个发展中国家,发展仍是中国的首要任务。推进生态文明建设和美丽中国建设,应当全面落实节约资源和保护环境的基本国策,在资源可持续、环境能承载的前提下,推动发展和现代化建设走上以人为本、全面协调可持续的科学发展轨道。用人民群众的话来讲就是,美丽中国就是"既有金山银山,又有绿水青山"。我们相信,

健康是生产力

只要坚持不懈推动科学发展，大力推进生态文明建设，美丽中国的绚丽画卷就将会逐步展现在世人面前。

美丽中国是社会和谐的中国。建设美丽中国，改善环境质量，增强生态系统服务功能，提供更多更优的生态产品，满足人民群众享有良好生态环境的新期待，可以为构建和谐社会注入新的动力。任何一个事物都包含两个对立的方面，有对立才有统一。两个对立面协调、融合，共同组成一个和谐的整体。人类本身是大自然的一员，人类生存于自然、发展于自然，人与自然存在对立统一的整体关系。人与人的社会和谐依赖于人与自然的和谐。人类社会系统与自然生态系统的协调发展、和谐共处、互惠共存，有利于推动建成"和谐社会人人共享"的美丽中国。

美丽中国是生态文明的中国。美丽中国是生态文明建设的目标指向，建设生态文明是实现美丽中国的必由之路。建设生态文明，先进的生态伦理观念是价值取向，发达的生态经济是物质基础，完善的生态文明制度是激励约束机制，可靠的生态安全是必保底线，改善的生态环境质量是根本目的。建设美丽中国是通过建设生态文明实现的。美丽中国的最根本标志就是生态文明建设取得显著成效。

美丽中国是可持续发展的中国。自20世纪六七十年代人类的生态环境意识开始觉醒以来，人类对生态环境问题的认识以1972年联合国首次人类环境会议、1992年联合国环境与发展大会、2002年可持续发展世界首脑会议以及2012年6月的联合国可持续发展大会为标志，发生了四次历史性飞跃。这也为我国推进美丽中国建设提供了新鲜观念。

在当今世界，以绿色经济、低碳技术为代表的新一轮产业和科技变革方兴未艾，可持续发展已成为时代潮流，绿色、循环、低碳发展正成为新的趋势。与此紧密联系、高度契合，我国政府提出建设生态文明和美丽中国的战略构想，要求从文明进步的新高度来把握和统筹解决资源环境等一系列问题，从经济、政治、文化、社会、科技等领域全方位着力，在更高层次上实现人与自然、环境与经济、人与社会的和谐，为增强可持续发展能力、实现中华民族永续发展提供了更为科学的理念和方法论指导。

建设美丽中国，不仅涉及社会的各个阶层、各个方面、各个行业，而且在不同时期有不同的目标、内容和要求。要建设美丽中国，既要搞好顶层设计，明确方向、目标和任务，又要采取有效措施，扎实推进。核心是按照生态文明要求，通过形成资源节约和环境保护的空间格局、产业结构、生产方式、生活方式，构建全社会共同参与的大格局，加快推进"资源节约型、环境友好型"社会建设，实现经济繁荣、生态良好、人民幸福，给自然留下更多的修复空间，给农业留下更多的良田，给子孙后代留下天蓝、地绿、水净的美好家园。

三 生态文化是建设美丽中国的向心力

环境保护是生态文明建设的主阵地和根本措施，是建设美丽中国的主干线、大舞台和着力点。推进绿色、循环、低碳发展，加快生态文明建设步伐，为人民创造良好的生产生活环境，关键要在环境保护上取得突破性进展。环境保护取得的任何成效，都是对建设生态文明和美丽中国的积极贡献。

生态文化是传承中华民族优秀传统文化与生态智慧，融合现代文明成果与时代精神，促进人与自然和谐共存的重要文化

健康是生产力

载体。在建设生态文明的过程中,生态文化必将成为一支不可或缺的重要力量。

生态文化是促进天人和谐的凝聚力。中华民族孕育了博大精深的生态文化,构筑了中华民族共同的精神家园。生态文化通过人与自然交往过程中的生态意识、价值取向和社会适应,维护和增强自然生态系统的供给、调节、支持、文化四项服务功能,实现自然资源和生态环境的生态价值、经济价值、社会价值和文化价值。可以说,中华民族比世界上任何一个民族都更加懂得尊重自然、顺应自然、保护自然。"天人合一""道法自然"等朴素生态文化哲学智慧,在过去、现在和将来,都将伴随和影响实现中华民族伟大复兴的进程,成为凝聚人民追求梦想、鼓舞斗志的力量源泉。

生态文化是推动绿色发展的原动力。绿色发展理念是对奢侈消费、资源低效高耗、污染高排放的经济发展方式的彻底否定,是科学发展的思想精髓,也是生态文化的时代内容与创新。绿色发展的思想渊源主要来自中国传统文化的生态智慧、马克思主义自然辩证法和可持续发展理念。绿色发展追求人与自然和谐共荣的文化内涵,显示了中国转变发展方式,坚持走生产发展、生活富裕、生态良好的文明发展道路,从源头上扭转生态环境恶化趋势,形成节约资源、恢复生态和保护环境的空间格局、产业结构、生产方式、生活方式,为人民创造良好生产生活环境,为全球生态安全作出贡献。

生态文化是建设美丽中国的向心力。生态良好、环境健康、可持续发展状态和高尚的心灵境界,是构成美丽中国的基本要素。人们都向往着蓝天白云、青山绿水、气清地净,老百姓渴

第八章 健康与生态文明的关系

望着能喝上干净的甜水、呼吸清新的空气、吃上安全的食品、住上敞亮的房子、有宜居的环境。这是人民群众最基本的生活诉求，也是生态文化体系建设的重要内容。要通过"森林文化""湿地文化""荒漠绿洲文化""竹文化""花文化""茶文化""园林文化"等生态文化载体建设和生态制度建设，大力发展生态旅游，出版科普读物及音像制品，开展生态文化公益活动，为人们提供丰富多样的生态产品和文化服务，提高弘扬生态文化、倡导绿色生活、共建生态文明的公信度和参与度，增强珍惜自然资源、保护生态、治理环境的自我约束力和社会影响力。

生态文化是提升国家软实力、实现中华民族伟大复兴的驱动力。文化软实力已日益成为民族凝聚力和创造力的重要源泉，以及综合国力竞争的关键因素。改革开放以来，我国综合国力和国际影响力不断增强，但中国文化在世界上的影响力却不尽如人意。中国是文化资源大国，却不是文化强国。民族的复兴必须有文化的复兴作为支撑，生态文化的兴盛是中华民族伟大复兴不可或缺的重要内容。必须继承、发展和弘扬生态文化，"以文化人"，提升公民的综合素质，增强核心凝聚力、竞争力，充分发挥生态文化在提升国家软实力过程中的作用，让中华民族的生态文化走出国门，以其巨大的渗透力和感染力，屹立于世界民族文化之林。生态文化代表了当代中国先进文化的前进方向，追求社会主义文化大发展大繁荣，也是生态文化的根本价值向度。深入生态文化研究、挖掘、修复、继承、发展和创新建设，不断增强生态文化与时俱进的适应性，将有利于增强我国文化发展的活力，切实推动社会主义文化大发展大繁荣。

第九章
健康与医疗卫生服务体系之间的关系

第一节 健康问题刺激医疗卫生服务水平的提高

随着经济的发展和人民生活水平的提高,人们对健康问题更加关注,对改善医药卫生服务有了更高的要求。医药卫生事业关系亿万人民的健康,关系千家万户的幸福,是重大的民生问题。新中国成立以来,特别是改革开放以来,医药卫生事业取得了显著成就,覆盖城乡的医药卫生服务体系基本形成,疾病防治能力不断增强,医疗保障覆盖人口逐步扩大,卫生科技水平迅速提高,人民群众健康水平明显提高,居民主要健康指标位于发展中国家前列。

一 为解决人们的健康问题,中国政府多年来积极进行医疗卫生服务领域的改革

60多年来,中国医疗卫生服务领域的发展历程,大致经历了三个主要时期:从新中国成立到1985年,是我国医疗卫

第九章　健康与医疗卫生服务体系之间的关系

生服务体制逐步建立和发展的时期；1986~2005年，是我国在医疗卫生服务领域进行以市场化为取向改革的时期；从2006年至今，是我国推行政府与市场有机结合、政府重新担负起医疗卫生服务领域责任的新医改时期。

在我国医疗卫生服务体制逐步建立和发展的时期，医疗卫生服务建设是国民经济发展规划的重要组成部分，集中财力建设城乡各级各类医疗卫生机构，尤其是从传染病防治、妇幼保健等基本医疗卫生服务入手，发展壮大了城乡基层医疗卫生服务组织，构建了我国医疗卫生服务体系的基本框架。

这一时期的医疗卫生服务模式是以行政控制为核心的，国家对医疗卫生事业实行统一领导，医疗服务、公费医疗、农村合作医疗、卫生防疫、食品药品、卫生监督、国境卫生等均由卫生部门实行统一管理。医疗卫生事权和财权也相对集中，医疗卫生服务体系基本上由国有事业单位和国有企业单位构成，国家将政府所属医疗机构纳入事业单位序列进行严格管理。国家对承担预防保健任务的卫生机构实行全额拨款，对公立医疗机构实行"包工资"并核拨发展经费，对集体所有制卫生机构实行"民办公助""社办公助"；实行严格的药品生产流通和价格管理，对药厂给予政策性补贴，使药品价格维持在微利水平。国家在保证对医疗卫生机构基本投入的情况下，严格规定医疗收费，实行低收费政策，减轻了群众的医疗费用负担，但也存在多头办医、统得过死、活力不足、效率不高等问题，公众享受的医疗卫生服务维持在较低的水平。

因此，我国这种以行政控制为核心的医疗服务模式，由政府单一化提供医疗卫生服务，虽然医疗公平性较高，但服务质

199

健康是生产力

量低下、医生缺乏积极性、技术创新缓慢；而且，由于全能型政府严格控制一切公共资源配置，限制甚至禁止其他社会主体参与医疗卫生服务的供给，导致了诸多问题。

为了加快发展医疗卫生事业，适应公众卫生服务需求，1985年4月，《国务院批转卫生部关于卫生工作改革若干政策问题的报告的通知》中提出，必须进行改革，放宽政策，简政放权，多方集资，开拓发展卫生事业的路子，把卫生工作搞好。我国的医改从此开始，改革的导向就是逐渐走向市场化，逐渐减弱公益性。

1992年9月，国务院颁发了《关于深化卫生改革的几点意见》，提出"我国卫生事业是公益性福利事业"，"支持有条件的单位办成经济实体或实行企业化管理，做到自主经营、自负盈亏"。

我国在医改方面出台的政策措施主要包括：实行多渠道、多层次、多形式发展卫生事业的方针，鼓励社会办医、私人开业和中外合资合作兴办医疗机构，医疗服务体系的所有制结构发生较大变化；鼓励医疗卫生机构创收，逐步放开医疗服务收费和药品价格，允许医疗卫生机构按成本收费，在一定范围内可以自行定价，医疗卫生机构之间的关系也由合作关系逐步演变为竞争关系；政府逐步放权，增强医疗卫生机构的发展活力；实行灵活的收支分配政策，调动医务人员的积极性；等等。这些措施的实施，使各级各类卫生机构、人员、病床数以及医疗设备、技术和质量都有了明显改善，卫生服务体系得到了前所未有的发展。

1985年开始的医疗卫生改革，促进了我国医疗卫生服

第九章 健康与医疗卫生服务体系之间的关系

务模式由以行政控制为核心向以医疗卫生机构为核心的模式转换。但是,这种照搬企业改革的办法来改革医疗卫生事业的做法总体上来看是不成功的。这是因为,在推进医疗卫生服务市场化改革方面,我国和其他国家的不同之处在于:其一,政府职能被弱化。其他国家是让医疗卫生服务进入有调控的市场,我国却错误地将医疗卫生服务推向缺乏足够调控的市场。其二,我国医疗卫生服务过分倾向于市场化和商业化,政府不给或不扩大对医疗卫生机构的财政投入,但给医疗卫生机构政策、自主权,给医疗卫生机构赚钱谋生或营利之道,让医疗卫生机构在没有调控甚至没有伦理约束的条件下,从药品、新技术中赚钱加重病人负担。这必然导致医疗卫生服务的公平性、可及性下降,医疗机构趋利行为严重,医药费用快速攀升,公众卫生费用负担沉重。

我国医疗卫生市场化改革的实践证明,将医疗卫生服务推向缺乏有效调控的市场,不注重加大医疗卫生的财政投入而将市场化等同于给医疗卫生机构政策和自主权、给医疗卫生机构赚钱谋生或营利之道,让医疗卫生机构在没有调控甚至没有伦理约束的条件下从药品、新技术中赚钱违背了医疗事业是公益性事业的原则,是不可能达到医疗卫生改革的目标的。因此,我国即使要推行市场化取向的医疗卫生改革,也必须在宏观方面,注重加强医疗卫生服务市场的有效调控和有力监督,维持相当水平的政府财政投入;在微观方面,建立健全各类医疗卫生服务提供主体的竞争机制,制定各层次服务的标准,加强医疗卫生服务的绩效评估。

二 在计划经济时期，各级、各类医疗卫生机构的服务目标定位明确，即提高公众健康水平，不以营利为目的

在计划经济时期，在整个经济发展水平相当低的情况下，通过有效的制度安排，我国用占国内生产总值3%左右的卫生投入，大体上满足了几乎所有社会成员的基本医疗卫生服务需求，国民健康水平迅速提高，不少国民综合健康指标达到了中等收入国家水平，成绩十分显著，被一些国际机构评价为发展中国家医疗卫生工作的典范。

在计划经济条件下，国家是医疗卫生事业当然的和唯一的举办者。这一时期我国的医疗卫生事业从属于工业化和现代化的整体性目标，特色鲜明，以保护劳动力为目的，以公共卫生和预防保健为导向，迥异于以个体健康为目的、以个体医疗为导向的市场化医疗卫生体系。

在计划经济时代，公共卫生服务基本是免费的。20世纪50年代初，中国就开始实行全民免费接种牛痘和卡介苗，60年代初，又逐步开始对脊髓灰质炎、麻疹、乙脑、白喉、破伤风、百日咳和结核病等展开免费计划接种。

计划经济时代的公共卫生事业还有一个重要特色就是广泛的群众卫生运动。这个特色来源于党对一切社会组织资源全面控制而形成的强大动员能力。1952年中共中央设立爱国卫生运动委员会，随后自上而下直到村庄和公社的各级党委都成立了相应的机构，每年都在生产间隙组织多次爱国运动。运动的内容从"讲卫生、除四害（蚊子、苍蝇、老鼠和臭虫）、消灭

第九章　健康与医疗卫生服务体系之间的关系

疾病"逐步扩展到"治理公害,净化、绿化和美化环境"。这种广泛动员的群众卫生运动在改善环境卫生、移风易俗、治理血吸虫病等地方病方面发挥了非常重要作用。

在地方病防治方面,中共中央于1955年成立了南方13省防治血吸虫病领导小组,并在各省、市、县党委成立相应机构。1960年,在血吸虫病防治取得经验的基础上,从中央到地方各级党委又成立了地方病防治领导小组,以加强对鼠疫、克山病、大骨节病、地方性甲状腺肿等地方病的防治。

计划经济时代的中国医疗体系中最具象征意义的一个组成部分就是赤脚医生。1968年《红旗》杂志发表文章,介绍原上海市川沙县江镇公社半农半医工作的经验,将半农半医的初级卫生保健人员称为"赤脚医生"。赤脚医生对缓解农村缺医少药的情况、保障农民的医疗可及性发挥了重要作用。值得一提的是,赤脚医生的工作并不仅限于治疗常见病,也包括卫生知识宣传、推广计划免疫、改善农村卫生环境、新法接生等多个方面,对于农村卫生保健水平的提高起到了很大作用。但是,赤脚医生毕竟不是专门的医生,没有经过严格的医疗训练,而且当时普遍坚持"三土"（土医、土药、土法）、"四自"（自种、自采、自制、自养药材）方针,造成医疗水平普遍很低。

这一时期医疗卫生事业发展的基本经验之一,是要合理确定医疗卫生服务体系的布局与服务目标。

在新中国成立以后的20多年里,通过政府的统一规划、组织和大力投入,医疗卫生服务体系得到了迅速发展,形成了包括医疗、预防、保健、康复、教学、科研等在内的比较完整的，布局合理的医疗卫生服务体系。在层次布局上注重基层医疗服务机构和农村医疗服务体系的建设。在城市，形成了市、区两级医院和街道门诊部（所）组成的三级医疗服务及卫生防疫体系；在农村，形成了以县医院为龙头、以乡（镇）卫生院为枢纽、以村卫生室为基础的三级医疗预防保健网络。医疗卫生服务的可及性大幅度提高。

在计划经济时期，各级、各类医疗卫生机构的服务目标定位明确，即提高公众健康水平，不以营利为目的。之所以能够实现这种社会公益目标优先的定位，是由当时特定的组织与管理方式决定的。医疗服务体系的骨干部分是政府部门直接创办的国有机构，末端为隶属于城乡集体经济的集体所有制机构。政府通过计划手段进行管理，同时确保医疗卫生事业的资金投入。医疗卫生服务收入与机构和从业人员个人经济利益之间没有联系。

这一时期医疗卫生事业发展的基本经验之二，是医疗卫生工作的干预重点选择合理。

其一，突出"预防为主"，重视公共卫生事业发展。在整个医疗卫生投入中，对公共卫生事业的投入一直处于优先地位。逐步建立了包括卫生防疫、妇幼保健、地方病控制、国境卫生检验检疫机构在内的，基本完整的公共卫生体系。公共卫生机构与医疗服务机构之间保持着良好的协作关系。此外，群众性的爱国卫生运动也发挥了重要的作用。其结果是：各种烈性传染病被完全消灭或基本消灭，法定报告的发病率迅速下降；多种地方病和寄生虫病得到有效控制，发病率大幅度降低。

第九章 健康与医疗卫生服务体系之间的关系

其二，基于医疗服务机构的公益目标定位，医疗领域的干预重点集中于成本低、效益好的常见病和多发病治疗上；在技术路线选择上注重适宜技术，强调中西医结合。政府对医疗服务标准的规范及其他相关制度安排，使医患双方保持了良好的互动关系。

医疗卫生干预重点选择合理，不仅实现了医疗卫生资源的低投入、高产出，而且在不同地区之间、不同群体之间形成了更加公平的医疗卫生资源分配。

在计划经济时期，我国之所以能够在医疗服务体系建设方面、干预重点选择方面以及费用保障机制发展方面取得突出成效，政府的主导作用是决定性因素。医疗卫生的投入以政府为主，医疗卫生资源在不同卫生领域以及不同群体之间的分配由政府统一规划，具体服务的组织与管理也由政府按照严格的计划实施，从而保证了全国绝大多数居民都能够得到最低限度的医疗卫生服务，确保了我国人民健康水平的不断提高。这些成绩的取得，说明我国当时的选择符合医疗卫生事业发展的基本要求和规律。

三 改革开放以来，中国医疗卫生体制发生了很大变化，成效显著

经过多年的努力，中国的卫生事业取得了显著成就，但与公众健康需求和经济社会协调发展不适应的矛盾还比较突出。特别是随着中国从计划经济体制向市场经济体制的转型，原有医疗保障体系发生了很大变化，如何使广大公众享有更好、更健全的医疗卫生服务，成为中国政府面临的一个重大问题。从

健康是生产力

20世纪80年代开始,中国启动医药卫生体制改革,并在2003年抗击传染性非典型肺炎取得重大胜利后加快推进。2009年3月,中国公布《关于深化医药卫生体制改革的意见》,全面启动新一轮医改。改革的基本理念,是把基本医疗卫生制度作为公共产品向全民提供,实现人人享有基本医疗卫生服务,从制度上保证每个居民不分地域、民族、年龄、性别、职业、收入水平,都能公平地获得基本医疗卫生服务。改革的基本原则是保基本、强基层、建机制。

医改是一项涉及面广、难度大的社会系统工程,在中国这样一个人口多、人均收入水平低、城乡区域差距大的发展中国家,深化医改是一项十分艰巨复杂的任务。多年来,中国政府大力推进医药卫生服务与经济社会协调发展,积极破解医改这一世界性难题。通过艰苦努力,中国的新一轮医改取得了积极进展。

基本医疗保障制度覆盖城乡居民。截至2011年,城镇职工基本医疗保险、城镇居民基本医疗保险、新型农村合作医疗参保人数超过13亿人,覆盖面从2008年的87%提高到了2011年的95%以上,中国已构建起世界上规模最大的基本医疗保障网。筹资水平和报销比例不断提高,新型农村合作医疗政府补助标准从最初的人均20元,提高到2011年的人均200元,受益者从2008年的5.85亿人次提高到了2011年的13.15亿人次,政策范围内住院费用报销比例提高到了70%左右,保障范围由住院延伸到了门诊。推行医药费用即时结算报销,居民就医结算更为便捷。开展按人头付费、按病种付费和总额预付等支付方式改革,医保对医疗机构的约束、控费和促进作

第九章 健康与医疗卫生服务体系之间的关系

用逐步显现。实行新型农村合作医疗大病保障。截至2011年，23万名患有先天性心脏病、终末期肾病、乳腺癌、宫颈癌、耐多药肺结核、儿童白血病等疾病的患者享受到了重大疾病补偿，实际补偿水平约为65%。2012年，肺癌、食道癌、胃癌等12种大病也被纳入农村重大疾病保障试点范围，费用报销比例最高可达90%。实施城乡居民大病保险，从城镇居民医保基金、新型农村合作医疗基金中划出大病保险资金，采取向商业保险机构购买大病保险的方式，以力争避免城乡居民发生家庭灾难性医疗支出为目标，实施大病保险补偿政策，对基本医疗保障补偿后需个人负担的合规医疗费用给予保障，实际支付比例不低于50%，有效减轻了个人的医疗费用负担。建立健全城乡医疗救助制度，救助对象覆盖城乡低保对象、"五保"对象，并逐步扩大到低收入重病患者、重度残疾人、低收入家庭老年人等特殊困难群体。2011年全国城乡医疗救助达8090万人次。

城乡基层医疗卫生服务体系进一步健全。加大政府投入，完善基层医疗卫生机构经费保障机制。2009~2011年，中央财政投资471.5亿元支持基层医疗机构建设发展。采取多种形式加强基层卫生人才队伍建设，制定优惠政策，为农村和社区培养、培训、引进卫生人才。建立全科医生制度，开展全科医生规范化培养，安排基层医疗卫生机构人员参加全科医生转岗培训，组织实施中西部地区农村订单定向医学生免费培养等。实施万名医师支援农村卫生工程，2009~2011年，1100余家城市三级医院支援了955个县级医院，中西部地区城市二级以上医疗卫生机构每年支援3600多所乡镇卫生院，提高了县级

健康是生产力

医院和乡镇卫生院的医疗技术水平和管理能力。转变基层医疗服务模式，在乡镇卫生院开展巡回医疗服务，在市辖区推行社区全科医生团队、家庭签约医生制度，实行防治结合，保障居民看病就医的基本需求，使常见病、多发病等绝大多数疾病的诊疗在基层可以得到解决。经过努力，基层医疗卫生服务体系不断强化，农村和偏远地区医疗服务设施落后、服务能力薄弱的状况明显改变，基层卫生人才队伍的数量、学历、知识结构出现了向好趋势。2011年，全国基层医疗卫生机构达到91.8万个，包括社区卫生服务机构2.6万个、乡镇卫生院3.8万所、村卫生室66.3万个，床位123.4万张。

基本公共卫生服务均等化水平明显提高。国家免费向全体居民提供国家基本公共卫生服务，包括建立居民健康档案、健康教育、预防接种、0~6岁儿童健康管理、孕产妇健康管理、老年人健康管理、高血压和Ⅱ型糖尿病患者健康管理、重性精神疾病患者管理、传染病及突发公共卫生事件报告和处理、卫生监督协管等10类41项服务。针对特殊疾病、重点人群和特殊地区，国家实施重大公共卫生服务项目，对农村孕产妇住院分娩补助、15岁以下人群补种乙肝疫苗、消除燃煤型氟中毒危害、农村妇女孕前和孕早期补服叶酸、无害化卫生厕所建设、贫困白内障患者复明、农村适龄妇女宫颈癌和乳腺癌检查、预防艾滋病母婴传播等，由政府组织进行直接干预。2011年，国家免疫规划疫苗接种率总体水平在90%以上，全国住院分娩率达到98.7%，其中农村住院分娩率达到98.1%，农村孕产妇死亡率呈逐步下降趋势。农村自来水普及率和卫生厕所普及率分别达到72.1%和69.2%。2009年启动"百万贫困白内障患者复明工程"，截至2011年，由政府提供补助为109万多名贫困白内障患者实施了复明手术。

公立医院改革有序推进。从2010年起，在17个国家联系试点城市和37个省级试点地区开展公立医院改革试点，在完善服务体系、创新体制机制、加强内部管理、加快形成多元化办医格局等方面取得了积极进展。2012年，全面启动县级公立医院综合改革试点工作，以县级医院为龙头，带动农村医疗卫生服务体系能力提升，力争使县域内就诊率提高到90%左右，目前已有18个省、自治区、直辖市的600多个县参与试点。完善医疗服务体系，优化资源配置，加强薄弱区域和薄弱领域能力建设。区域医学中心临床重点专科和县级医院服务能力提升，公立医院与基层医疗卫生机构之间的分工协作机制正在探索形成。多元化办医格局加快推进，鼓励和引导社会资本举办营利性和非营利医疗机构。截至2011年，全国社会资本共举办医疗机构16.5万个，其中民营医院8437个，占全国医院总数的38%。在全国普遍推行预约诊疗、分时段就诊、优质护理等便民惠民措施。医药费用过快上涨的势头得到控制。按可比价格计算，在过去3年间，公立医院门诊次均医药费用和住院人均医药费用增长率逐年下降，2011年比2009年下降了8个百分点，公立医院费用控制初见成效。

新一轮医改给中国城乡居民带来了很大的实惠。基本公共卫生服务的公平性显著提高，城乡和地区间卫生发展差距逐步缩小，农村和偏远地区医疗服务设施落后、服务能力薄弱的状况得到明显改善，公众反映较为强烈的"看病难""看病贵"

问题得到缓解,"因病致贫""因病返贫"的现象逐步减少①。

改革开放以来,我国医疗卫生体制发生了很大变化。在医疗卫生服务体制方面,医疗卫生机构的所有制结构从单一公有制变为多种所有制并存;公立机构的组织与运行机制在扩大经营管理自主权的基础上发生了很大变化;不同医疗卫生服务机构之间的关系从分工协作走向了全面竞争;医疗卫生机构的服务目标从追求公益目标为主转变为全面追求经济目标,不仅非公有制的医疗机构如此,公立医疗服务机构乃至公共卫生服务机构也是如此。

商业化、市场化走向的体制变革带来的成效主要表现为:通过竞争以及民间经济力量的广泛介入,医疗服务领域的供给能力全面提高。医疗服务机构的数量、医生数量以及床位数量都比计划经济时期有了明显的增长,技术装备水平全面改善,医务人员的业务素质迅速提高,能够开展的诊疗项目不断增加。此外,所有制结构上的变动、管理体制方面的变革以及多层次的竞争,明显地提高了医疗服务机构及有关人员的积极性,内部运转效率有了普遍提高。

体制变革所带来的消极后果,主要表现为医疗服务的公平性下降和卫生投入的宏观效率低下。公平性和宏观效率的低下,导致了消极的社会与经济后果。它不仅影响到国民的健康,也带来了诸如贫困、公众不满情绪增加、群体间关系失衡

---

① 《授权发布:〈中国的医疗卫生事业〉白皮书》,新华网,http://news.xinhuanet.com/politics/2012-12/26/c_114167248.htm,最后访问日期:2014年9月5日。

等一系列社会问题；多数居民在医疗问题上的消极预期，已经成为导致宏观经济需求不足的一个重要因素。长此以往，不仅会影响经济发展，而且会危及社会的稳定以及公众对改革的支持程度。

第二节 医疗卫生服务体系的完善有助于健康水平的提升

全民健康水平不断提高，是人民生活质量改善的重要标志，是中国特色社会主义现代化建设的重要目标。而全民健康水平的提高，依赖于基本医疗卫生制度的建立。从制度上保障人民健康，是人民群众最关心、最希望解决的现实问题之一，也是党和政府义不容辞的责任。

一 改革开放以来，中国卫生事业取得了显著成就，基本形成了公共卫生和医疗卫生服务体系，国民健康状况不断改善

健康是人全面发展的基础，关系千家万户的幸福。新中国成立以来，特别是改革开放以来，卫生事业取得了显著成就，基本形成了公共卫生和医疗卫生服务体系，国民健康状况不断改善。近年来，党和国家更加重视全民健康，加大卫生事业投入，调整医疗卫生资源结构，城市社区卫生服务进展良好，新型农村合作医疗制度逐步推行，农村医疗卫生条件有所改善，重大疾病防治进展顺利，妇幼卫生保健和卫生监督工作得到加强。目前，我国人均预期寿命接近74.8岁，在发展中国家中

处于领先水平。但是，我国医疗卫生服务与人民日益增长的健康需求还很不适应。因此，建立覆盖城乡居民的基本医疗卫生制度，尽快缓解和克服上述矛盾，是改善民生、让人民共享改革发展成果的关键环节，是我们党全心全意为人民服务宗旨的具体体现，是全面建设小康社会、构建社会主义和谐社会的内在要求。

建立基本医疗卫生制度，必须从基础性框架起步，朝着更加全面的水平发展，从覆盖面不够大，朝着逐渐覆盖城乡全体居民发展。为了建立这一制度，我们必须把握两个坚持：一是"坚持公共医疗卫生的公益性质"，遵循医疗卫生事业为人民健康服务的宗旨，强化政府提供基本医疗卫生服务的责任，完善国民健康政策，加大政府的卫生投入，从有利于群众及时就医、安全用药、合理负担出发，为群众提供安全、有效、方便、价廉的医疗卫生服务。二是"坚持预防为主、以农村为重点、中西医并重"的方针，在政府的主导下，提供全面的公共卫生和预防保健服务；重点加强农村医疗卫生机构和队伍建设，着力解决部分农村缺医少药问题；扶持中医药和民族医药事业发展，促进中西医、中西药相协调，努力缩小城乡之间、地区之间、不同收入群体之间的医疗卫生服务差距。

二 中国的医疗服务体系虽然有了很大发展，但与人民群众的健康需求相比还有很大差距

客观地说，我国卫生事业发展滞后于经济和其他社会事业发展，医疗卫生服务体系与人民日益增长的健康需求不相适应的矛盾还相当突出，卫生事业发展存在不全面、不协调的问

题。我国的医疗服务体系虽然有了很大发展，但与人民群众的健康需求相比还有很大差距。其主要原因体现在以下几个方面。

一是卫生资源总体不足，卫生发展落后于经济发展。我国有13亿以上人口，占世界总人口的22%，而卫生总费用仅占世界卫生总费用的2%。卫生资源不足，特别是优质卫生资源严重不足，是长期存在的突出问题。解决群众"看病难"问题，最根本的办法还是要加快发展医疗卫生资源。

二是医疗卫生资源配置不合理，农村和城市社区缺医少药的状况没有完全改变。根据我国的经济发展水平和群众承受能力，我国的医疗卫生服务应该走低水平、广覆盖的路子，医疗卫生资源配置应该是"金字塔"形，为广大人民群众提供基本医疗卫生服务应是国家发展的重点，并使之成为医疗服务的主体和基础。这个体系应比较健全，条件应比较完善，收费应比较低廉，能够适应群众基本医疗服务的需求，使群众享受到方便、快捷的服务。在此基础上，再发展一些高水平的大型综合性医院和专科医院，以适应不同人群、不同患者的实际需要。

然而，我国的医疗卫生事业发展却走了一条高水平、低覆盖的路子，世界上最先进的医疗技术我们都大量采用，医疗卫生体系呈现"倒金字塔"形，高新技术、优秀卫生人才基本上都集中在大城市和城市里的大医院，农村和城市社区缺医少药的局面没有得到根本扭转。群众患病在当地难以有效就诊，要到外地、到大医院，不仅加重了大医院的负担，造成了看病困难，也增加了群众的经济负担。农村和城市社区缺乏合格的

健康是生产力

卫生人才和全科医师，即使城市的一些中小医院也缺乏高水平的医生。大医院的功能应是收治危重病人和疑难病人，而目前收治了大量常见病、多发病患者，既造成了"看病难""看病贵"问题，又浪费了大量的宝贵资源。

三是医疗保障体系不健全，相当多的群众靠自费就医。目前我国已建立了城镇职工医疗保障体系，但覆盖面太小。国有企业职工基本参加了医疗保险，但私营企业、外资企业中的职工，特别是进城务工的农民大多没有参加。城市下岗职工、失业人员、低保人员没有医疗保障。一些地区农村因病致贫、因病返贫的居民占贫困人口的2/3。另外，我国的城镇化和人口老龄化对医疗保障也提出了更高的要求。有专家预计，到2020年，我国的城镇化比例将上升到50%，大约有3亿农村人口转为城镇人口，必将带来新的健康需求和医疗卫生问题。

四是公立医疗机构得运行机制出现市场化倾向，公益性质淡化。出现这种状况主要有三个原因：政府投入比重逐年下降；一些医疗机构管理不善，医药费用快速增长；卫生部门对医疗机构存在重扶持、轻监管的倾向，近几年虽有些扭转，但仍不够有力。

五是药品和医用器材生产流通秩序混乱，价格过高。我国的药品和医用器材生产流通企业数量多、规模小，监管难度大。药品作为商品，按一般市场经济规律，药品在供大于求的情况下，价格应该下降，但我国的药品却出现价格上升、"越贵越好卖"的反常情况。原因之一就是一些企业违规操作。一些不法药商通过给医生回扣、提成，扩大虚高价格的药品、器材销售。原因之二是现行医院的药品收入加成机制，诱导医

第九章 健康与医疗卫生服务体系之间的关系

院买卖贵重药,医生开大处方。原因之三是替代药品泛滥。按现行药品定价办法,国家批准的新药可以高于成本定价,以鼓励研发新药。但是,一些企业把一些常用药品改头换面申报新药,从而获得较高的价格。

六是社会资金进入医疗卫生领域有困难,多渠道办医格局没有形成。社会资金进入医疗卫生领域比较困难的主要原因如下:第一,执行医疗机构分类管理制度不严格,卫生部门将公立医院定为非营利性,享受政府补贴和免税政策,而对服务收费又缺乏监管;将民营医院定为营利性,照章征税,又不给补贴,民营医院难以与公立医院开展公平竞争。第二,卫生部门思想不够解放,一些大中型公立医院的股份制改造存在困难。第三,一些社会资金进入医疗领域是为了追求利润,收费过高,不符合广大群众要求。第四,一些民营医疗机构管理不善,用虚假广告误导患者,又缺乏优秀的医疗卫生人才,群众对其不信任[1]。

一个健全的医疗卫生体系,应该包括医疗卫生服务体系、基本医疗保障体系、药品和医用器材供销体系、医药费用价格管理体系、财政经费保障体系以及卫生监督管理体系等。从我国的国情出发,这些工作仅靠一个部门是管不了也管不好的,需要动员政府各有关部门齐抓共管,但必须加强部门协调,形成合力。国务院一直强调加强区域卫生规划,要求地方政府按照经济发展水平和人民健康需求,统筹各地卫生资源,规划建

---

[1] 高强:《发展医疗卫生事业,为构建社会主义和谐社会作贡献》,《人民日报》2005年7月9日,第7版。

设卫生医疗体系,但这项工作一直做得不太好。有的规划难以制定,有的制定了规划也难以落实。其中的一个重要原因是现有的医疗卫生资源分别隶属于各级政府、部门、行业和企业,当地卫生部门把主要精力只放在本级所属的几个医院,而且是重扶持、轻监管,难以对全行业实施有效监管。

三 医疗卫生体制改革的国际借鉴

一个国家医疗卫生体系的模式决定着其功能的发挥。我国的医疗卫生体系模式正经历从计划经济体制向市场经济体制的转型。如何建立适应市场经济条件、确保公平效率的新型医疗卫生服务提供和筹资模式,医疗卫生体制改革应坚持什么思想导向,一直是公众争议的焦点。美国和英国作为当今世界上两大不同的卫生改革方案主导国家,分别以自由市场经济和国家计划经济为主要特征,对我国医疗卫生体制改革的取向选择有很大的启示作用。

1. 美国模式及其改革措施

美国的经济模式是以消费为驱动力的自由竞争的经济模式,市场在资源的配置上起主导作用。保险和医疗服务基本全面市场化,除对老年人和穷人实行社会医疗保险计划外,其他大部分实行私营的自愿保险计划,由私营的保险公司运作;大部分医院也是私营的,包括非营利性的和营利性的;企业可以实行自保,或选择某一保险公司投保。政府不作为主要的医疗服务提供者,因而其优点是服务效率和服务质量较高。

从理论上来说,在自由市场机制下,需求与供给的相互作用会使市场趋向均衡,并实现资源的有效配置。为了降低越来越高的开支,提高服务的可及性,美国进行的改革主要有:发展整体医疗服务,通过管理医疗和新的付费方式降低医疗服务体系的整体成本,用健康维护组织(HMO)和按病种付费制度(DRG)等微观体制创新激发医院的自身改革动力;医院向集团化、规模化和社会化发展,医疗资源实现了共用与信息共享,充分发挥规模经济和专业化分工的优势。

2. 英国模式及其改革措施

英国实行的是社会市场经济模式,国家在市场调节方面起着很大作用。公立保险机构筹集资金,国家财政预算在卫生保健方面的投入占卫生经费的90%以上,居民享受免费程度很高的医疗卫生服务;服务提供方也是公立医疗机构,医务人员是国家雇员,实行工资制,政府代为购买医疗服务。这样,就形成了强有力的国家卫生控制系统与健全的卫生法规,卫生服务的提供者不以营利为目的,再加上重视基层保健,英国以较低的卫生投入提高了居民的健康水平。

但是,竞争和激励机制的缺乏也催生了医疗供给效率低下、服务质量降低、服务态度差、等待时间加长等问题;免费医疗还刺激了居民的需求,造成了卫生资源过度利用,卫生服务供给短缺;国家代为购买医疗服务的做法限制了消费者多样化选择的权利,使其一向鼓吹的体制公平性大打折扣。

为了发挥市场机制在配置资源方面的效率优势,英国在1990年后进行了一系列以构建竞争和激励机制为目标的改革。其主要措施包括:将医疗机构变成自我管理、自我经营的医院托拉斯,以增强其费用意识;政府通过合同方式从公立或私立医疗机构购买服务,以增强医院之间的竞争;形成两大医疗服务购买者集团共存的局面，使其通过自身经济利益的刺激与约束，对卫生服务的提供者发挥监督制约作用；通过私人投资介入，提高公立医院的经营效率；等等。上述改革措施引入了内部市场，并用公共合同来代替原来的行政关系，在强化竞争、减少政府在医疗市场中的直接参与方面，起到了一定的作用。

3. 对中国的启示

从上面的分析中可以看出，完全依赖政府机制会导致效率低下，而完全依赖市场机制则会引发公平性问题，美国的改革方向是有规制的市场，而英国则是引入竞争机制。尽管两国的医疗卫生体制改革内容各不相同，但其价值取向都颇为一致，即医疗卫生改革措施要在效率与公平之间进行权衡，市场机制与政府干预应该相互补充。在发挥政府宏观管理作用、保证全体居民平等就医机会的同时，尊重患者的需要和选择权，并引入内部市场和私人投资，提高医疗卫生体系的运行效率。以上经验对我国医疗保健制度改革，特别是在控制医疗费用的上涨、提高医疗的效率和公平性方面有着重要的借鉴价值和现实意义。

第三节　健康并不是有病治病，而是预防为主、让人不患病

目前，高血压等心脑血管病的发病率越来越高。据调查，35%的成年人患有慢性病，慢性病已经成为威胁人民健康的主要"杀手"。卫生部公布的资料显示，2008年全球有5700万人死于慢性病，占所有死亡人数的63%，预计2030年这一比

例将上升至 75%。伴随工业化、城镇化、老龄化进程加快,我国慢性病发病人数也快速上升,目前中国确诊的慢性病患者已超过 2.6 亿人,因慢性病导致的死亡占总死亡的 85%①。慢性病导致的疾病负担占总疾病负担的 70%②。

北京地区医疗机构相对较多,集聚了中央、部队、地方的优质医疗资源,但"看病难",特别是"社区看不了病""大医院看不上病"的问题也比较突出;北京地区人均收入和医保覆盖面处于全国领先水平,但"看病贵",特别是"农民看不起病"的问题也很严重。即使北京这样比较发达的地区,"看病难、看病贵"问题都比较突出,可见我国在这个方面问题相当严重。

实践证明,"看病难""看病贵"有需求和供给失衡的原因,但更主要的是卫生发展观念和工作模式出了问题。虽然我国长期以来都在强调"防治结合、以防为主"的卫生工作方针,但由于体制机制方面的原因,卫生工作更多的是重治轻防,卫生资源配置更多地投入了后端治疗,投入了城市,投入了大医院。结果是卫生投入增长赶不上发病率的增长,"看病难""看病贵"成为广大人民群众最关心、最直接、最现实的一个利益问题。那么,如何解决群众"看病难""看病贵",保障他们的身心健康呢?笔者认为,主要应该从"防"和"治"两个方面做工作。

---

① 王凯:《我国慢病高发:未来 10 年或耗掉 5580 亿美元财富》,《经济参考报》2012 年 8 月 17 日。
② 《授权发布:〈中国的医疗卫生事业〉白皮书》,新华网,http://news.xinhuanet.com/politics/2012 - 12/26/c_ 114167248.htm,最后访问日期:2014 年 9 月 5 日。

健康是生产力

一 "防",就是按照预防为主的方针,对全民进行健康教育和健康促进工作

为了保护人民的健康,必须按照大卫生观念,把以治为主的模式转变为预防为主、防治结合的医疗模式。世界卫生组织在《迎接21世纪的挑战》报告中指出:"21世纪的医学,不应该以治疗疾病为主要研究领域,而应该把人类健康作为主要研究方向。"由于工业化、城市化发展造成的空气、环境、水、土壤等生存环境的污染,人口的集中,交通堵塞等,对人的健康影响愈来愈大;市场竞争加剧,人际关系利益化,人们的心理压力日益加大;生活水平提高了,但食品结构不合理,缺乏体育活动,肥胖超重人口增多;陈规陋习、旧的不良嗜好、生活方式不健康,以及医药卫生知识贫乏,使慢性病有增无减;世界性的人口流动致使传染病发病率大大增加。

总之,保护人类健康已经成为一个复杂的系统工程,单纯研究消灭疾病的办法已经过时,单靠卫生部门和医院、医务人员孤军奋战难以保护人民的健康。在医疗模式上,要着眼于让人不患病、少患病和晚患病,广泛发动群众,搞好公共卫生,将预防关口前移、治疗服务重心下沉。从整体和长远来看,这种策略既可保障人民的健康,又有利于节约。

"防",就是按照预防为主的方针,对全民进行健康教育和健康促进工作。世界卫生组织提出,健康教育就是向人民群众传播预防疾病保健知识和健康保健技能,增强防病保健意识,养成科学的生活方式和行为习惯,提高生命质量。健康促进就是政府出台和改进有关健康的政策,改善生存的物质条件

第九章　健康与医疗卫生服务体系之间的关系

和社会环境，提高综合的保健服务水平，动员全社会参与促进健康行动的措施，保护和增进人的健康。这是一项花钱少、受益面广的利民工程。

据统计，为1个病人看病所花的钱，如果用在健康教育和健康促进上，可以使20~26个人得益。世界卫生组织把它定为解决人人享有保健目标的首选策略。健康教育和健康促进工作做好了，有以下三大好处。

一是可以节约大量的医疗费用，减轻国家和家庭的经济负担，缓解"看病难""看病贵"的压力。比如，全国有Ⅱ型糖尿病患者4000万人，每年每人的医疗费用为0.9万元；有慢性乙肝患者2000万人，每年每人的医疗费用为2万多元，仅这两种病的医疗费用就达7600亿元。除此之外，我国还有为数不少的心脑血管病、癌症，以及肺结核等传染性疾病，这些疾病都需要大量的医疗费用。如果我们的预防工作做好了，绝大多数疾病都是可防可控的。

二是每增加一个健康的人就可以增加一份生产力。我国患有各种非传染性慢性疾病者有数亿人。以2005年为例，当年的人均产值是1600美元，增加1亿的健康的人，每年就可以创造1.6万亿美元的产值，这是非常大的一笔社会财富。

三是除陋习、树新风，提高全民族科学文化素质。我国有5000多年的悠久文明的历史，我们的祖先在长期的社会实践中积累了许多预防各种疾病的经验，养成了许多好的生活习惯。但是，由于受时代和科学发展的限制，对一些自然和社会现象不能作出科学解释，至今在一些人身上还残留着迷信、不科学、不卫生的陋习，危害着人民的身心健康。通过健康教育和健康促进工作,可以使人们改变从旧社会遗留下来的陋习,树立科学文明的新风尚,使我国以高度文明的民族立于世界之林。

二 "治",就是使患病的人能及时得到良好的治疗,保障人民的身心健康

这是一项浩大的社会工程,主要靠政府加大财政投入和制定相应的法律、法规和政策来解决,同时社会组织的积极推动,广大群众的参与也是不可缺少的。为解决看病问题:一是在全社会倡导一种"以人为本、扶贫济困"的精神,提倡企业家致富以后要回报社会,提倡人与人之间要互相关爱。这是一种可贵的精神,这种精神将会转变成解决人民"看病难""看病贵"问题的物质力量。二是探索一种适合当前我国经济发展水平和人民负担能力的社会医疗保健模式。这是一个比较复杂的问题。以北京和成都市农村为例,首先要按照国家推行的新型农村合作医疗制度的要求建立了县(区)、乡(镇)、村三级医疗服务体系,并配备了与各级医疗职能相适应的医疗场所、设备和医务人员;其次要建立起医疗服务、疾病预防控制、妇婴卫生、急病抢救、监督检查的机制和网络;最后要把医疗服务和药品的价格降到与人民负担能力相称的水平上。这些问题都需要政府加大财政投入和制定法规政策调节才能解决。

当前反映"看病难、看病贵"问题的一个突出方面是医药价格问题。不少地方采取了一些措施,如建立平价医院、减少医药流通中间环节、禁止不正当的收费等,对缓和"看病

第九章 健康与医疗卫生服务体系之间的关系

难、看病贵"问题起到了一些作用。笔者认为,在解决"看病难""看病贵"问题方面,前景最好的措施是实现中药现代化。据有关文献记载,我国在20世纪50~80年代,以中医药为依托,用世界1%的医疗费用为占世界22%的人口的中国提供了医疗保障。今天科学技术取得了许多重大突破,中医药的研究和创新也获得了可喜的进展,我们只需要根据《中药材生产质量管理规范(实行)》指导药农进行科学种植,用最先进的生物技术提纯制造成中药配方颗粒,提供给农村医疗站。这种中药一上市,医药市场供求关系就会发生变化,虚高的药价就可以降到与我国人民负担能力相称的水平。把中医中药和现代生物技术结合起来,不仅可以使处于边远地区的药农摆脱贫困,而且可以扶持我国的中药产业健康快速发展,不仅将对13亿以上中国人民的健康作出重要贡献,而且也将对世界人民的健康发挥重要作用。

医疗卫生无论是作为一种产业,还是作为人类战胜疾病的必需品,都不是一种单纯的消费。作为产业,它是一种科技含量很高,帮助药农脱贫致富的产业;作为医药,它可以使广大民众免受疾病的折磨和摧残,保护人民的健康。总之,重视和关心人民群众的医疗卫生问题,就是保护和发展生产力,是检验各级党政领导政绩的一块"试金石"。

三 解放思想,更新观念,树立"大卫生""大健康"的观念

改革开放30多年来,我国经济快速发展,人民生活水平不断提高。但是,由于经济发展,气候变化,使空气污染、水

健康是生产力

污染加重,自然环境对健康的影响愈来愈大;市场竞争加剧,人际关系变化,使人的心理压力加大;食品结构不合理和不良生活方式、人口老龄化等因素,都导致人们的健康状况发生很大变化。尤其是在一些城市和富裕地区居民中,"三高"症(即"高血压""高血脂""高血糖",俗称"富贵病")的患者明显增加,连一些20多岁的年轻人都出现了脂肪肝等症状。以上这些情况,都对传统的健康观念和医疗保障方式提出了新的挑战。我们只有解放思想,更新观念,特别是树立"大卫生""大健康"的观念,才能从根本上适应新的变化,使我国避免重走西方国家"生活富裕了、富贵病增多了"的老路。

所谓"大卫生""大健康"的观念,包含以下几个层面:第一,强调人是社会的主体,"健康是重要的生产力"。要求各级领导必须坚持以人为本,把保护、促进人民的身体健康作为一项重要职责,真正抓紧抓牢。第二,健康的主体是人民群众。在温饱问题解决之后,健康就成为人们最关心、最现实、最直接的切身利益问题。在当代,健康已经不是少数人的特权,而是全民的需求和权利。"大卫生""大健康"的观念就是强调参与人员的广泛性,使每个社会成员都能享受到当代物质文明成果和完善的医疗保障。第三,人的健康是由环境、社会、心理、遗传、生活方式等多种因素决定的。治疗是保证健康的必不可少的重要因素,但它只占诸因素的8%。必须改变"重治轻防"的医疗模式,实行"预防为主、防治结合"的方针,做到"中心前移、重心下沉",即把预防放到前面、把医疗卫生工作的重点放到基层,这样既可以减少疾病的发生,又可以促进全民享有公平的医疗保障。第四,随着医疗模式的转

第九章 健康与医疗卫生服务体系之间的关系

变,保障人民健康就不再只是医院和医生的责任,而转变为由政府负主要责任。必须形成政府领导、部门合作、社会参与、全民动员的格局。

以2008年北京奥运会为例,2006~2008年,在北京市委、市政府的领导下,中国医药卫生事业发展基金会与北京市委宣传部、中国疾病预防控制中心、北京市卫生局等单位密切合作,在全市开展"健康奥运,健康北京——全民健康活动"。广播、电视、报纸、网络开辟专栏,宣传健康知识,给市民免费发放了500多万把限盐勺和500多万个限油壶;给老年人、儿童免费接种流感疫苗;在医院、宾馆、餐馆等公共场所宣传控烟;持续组织"有氧运动大步走"活动;免费为妇女及农民工开展多个项目的疾病筛查、普查。同时,还向全市居民家庭发放了累计1500多万册的《首都市民预防传染病手册》《奥运健康手册》等书籍。全民健康活动取得了圆满成功。

《中共中央国务院关于深化医药卫生体制改革的意见》和卫生部制定的"健康中国2020战略",是落实以人为本科学发展观的具体实践,需要我们解放思想,转变观念,用科学的思想去认识和落实这些规定。如果抱着旧观念不放,"穿新鞋走老路",在实践中就难免会变成"走过场"。保护人民健康已经成为一个复杂的系统工程,要求人们树立"大卫生"观念,进行综合治理。因此,保障人民健康不单是卫生部门和医院的责任,而且是政府的责任;在领导机制上必须是政府领导,部门合作,社会组织和广大群众积极参与;在医疗模式上需要把"重治轻防"转变为"预防为主、防治结合"。我国是

健康是生产力

一个"医盲"众多的国家。为了保障全民的健康,还必须教会群众了解医药卫生知识,帮助他们改变不科学的生活方式和习惯,培养科学的生活方式和习惯。贯彻落实《中共中央国务院关于深化医药卫生体制改革的意见》和"健康中国2020战略",是全党全国的一件大事,既要加强党政领导,充分发挥医务人员的骨干作用,又要广泛发动群众,才能收到实效。

第十章

健康中国之路

第一节　党和政府对居民健康问题非常重视

健康中国发展的过程,也是中国现代化的过程。没有现代化的物质基础,难以实现健康中国;同样,没有全面健康的人,现代化也难以建成。这是现代中国紧密联系、互相促进的过程。正因为这样,我国党和政府对全国人民的健康问题极为重视。新中国成立初期,在经济十分困难的情况下,放手发动群众,开展爱国卫生运动,击败了美国在朝鲜和越南发动的细菌战和毒气弹,保护了人民的健康,支持了抗美援朝和抗美援越战争的胜利。20世纪六七十年代,依靠群众开展了"赤脚医生"活动,创造了以最少的医疗资源,保护80%以上人民健康的奇迹。改革开放以来,我国把保护人民健康列入了历次党代表会和全国人民代表大会的议程。

健康是生产力

一　改革开放以来，历次党代会报告都非常强调健康问题

改革开放以来，党对健康问题的重视程度越来越高，明文规定也越来越细，取得的成就也越来越大。

党的十四大报告特别关心青少年的身心健康问题，着重指出，要打击影响人们身心健康的丑恶现象，营造良好的社会环境："社会丑恶现象的滋长蔓延，毒害人们特别是青少年的身心健康，妨碍现代化建设和改革开放，损害社会主义形象，人民对此深恶痛绝。扫除各种丑恶现象，切不可手软，必须长期坚持，抓出成效。"①

到1997年，我们党着重提高群众的精神文化生活水平，极力营造良好的文化环境，并开始提倡健康文明的生活方式。党的十五大报告提出："营造良好的文化环境，是提高社会文明程度、推进改革开放和现代化建设的重要条件。要深入持久地开展群众性精神文明创建活动，大力倡导社会公德、职业道德和家庭美德。一手抓繁荣，一手抓管理，促进文化市场健康发展。加强文化基础设施建设。重视科学、历史、文化的遗产和革命文物的保护。积极推进卫生体育事业的改革和发展。提倡健康文明的生活方式，不断提高群众精神文化生活的质量。"②

2001年，我国申办奥运会成功，党开始重点关注文化基

---

① 《江泽民文选》第1卷，人民出版社，2006，第239页。
② 《江泽民文选》第2卷，人民出版社，2006，第35页。

础设施建设，推进卫生体育事业快速发展，在各地开展全民健身运动，努力提高全民的健康水平。党的十六大报告提出："加强文化基础设施建设，发展各类群众文化。积极推进卫生体育事业的改革和发展，开展全民健身运动，提高全民健康水平。努力办好二〇〇八年奥运会。"①

随着经济水平的不断提高，人们的寿命也在逐步增长，我国逐渐进入了老龄化社会。而随着老年人的增多，人们也越来越关注医疗问题，都喜欢得到最好的医疗和救助，同时希望在看病吃药方面能少花一点钱。在这样的情况下，党的十七大报告及时提出："建立基本医疗卫生制度，提高全民健康水平。健康是人全面发展的基础，关系千家万户幸福。要坚持公共医疗卫生的公益性质，坚持预防为主、以农村为重点、中西医并重，实行政事分开、管办分开、医药分开、营利性和非营利性分开，强化政府责任和投入，完善国民健康政策，鼓励社会参与，建设覆盖城乡居民的公共卫生服务体系、医疗服务体系、医疗保障体系、药品供应保障体系，为群众提供安全、有效、方便、价廉的医疗卫生服务。""提高突发公共卫生事件应急处置能力。加强农村三级卫生服务网络和城市社区卫生服务体系建设，深化公立医院改革。建立国家基本药物制度，保证群众基本用药。扶持中医药和民族医药事业发展。加强医德医风建设，提高医疗服务质量。确保食品药品安全。坚持计划生育的基本国策，稳定低生育水平，提高出生人口素质。开展爱国卫生运动，发展妇幼卫生

---

① 《江泽民文选》第3卷，人民出版社，2006，第561页。

健康是生产力

事业。"①

经过几年的医疗改革,我国的卫生事业发展良好,但人们"看病难、看病贵"问题依然没有得到彻底解决,还需要下更大的决心和付出更大的努力。中国共产党也充分认识到了这一问题。党的十八大报告:"健康是促进人的全面发展的必然要求。要坚持为人民健康服务的方向,坚持预防为主、以农村为重点、中西医并重,按照保基本、强基层、建机制要求,重点推进医疗保障、医疗服务、公共卫生、药品供应、监管体制综合改革,完善国民健康政策,为群众提供安全有效方便价廉的公共卫生和基本医疗服务。健全全民医保体系,建立重特大疾病保障和救助机制,完善突发公共卫生事件应急和重大疾病防控机制。巩固基本药物制度。健全农村三级医疗卫生服务网络和城市社区卫生服务体系,深化公立医院改革,鼓励社会办医。扶持中医药和民族医药事业发展。提高医疗卫生队伍服务能力,加强医德医风建设。改革和完善食品药品安全监管体制机制。开展爱国卫生运动,促进人民身心健康。坚持计划生育的基本国策,提高出生人口素质,逐步完善政策,促进人口长期均衡发展。"②

---

① 胡锦涛:《高举中国特色社会主义伟大旗帜 为夺取全面建设小康社会新胜利而奋斗——在中国共产党第十七次全国代表大会上的报告》,人民出版社,2007,第40页。
② 胡锦涛:《坚定不移沿着中国特色社会主义道路前进 为全面建成小康社会而奋斗——在中国共产党第十八次全国代表大会上的报告》,人民出版社,2012,第37页。

二 全国人民代表大会和国务院制定了许多有关健康的法律条文、条例以及指导意见等

健康是人全面发展的基础，关系千家万户幸福。为提高全民的健康水平和健康意识，全国人民代表大会和国务院制定了许多相关法律条文、条例。《中共中央 国务院关于深化医药卫生体制改革的意见》[①] 是根据党的十七大报告精神，为建立中国特色的医药卫生体制、逐步实现人人享有基本医疗卫生服务的目标、提高全民健康水平、深化医药卫生体制改革而提出的。该意见强调重点抓好五项改革：一是加快推进基本医疗保障制度建设，二是初步建立国家基本药物制度，三是健全基层医疗卫生服务体系，四是促进基本公共卫生服务逐步均等化，五是推进公立医院改革试点。

推进上述五项重点改革的目的是：推进基本医疗保障制度建设，将全体城乡居民纳入基本医疗保障制度，切实减轻群众个人支付的医药费用负担；建立国家基本药物制度，完善基层医疗卫生服务体系，方便群众就医，充分发挥中医药作用，降低医疗服务和药品价格；促进基本公共卫生服务逐步均等化，使全体城乡居民都能享受基本公共卫生服务，最大限度地预防疾病；推进公立医院改革试点，提高公立医疗机构服务水平，

---

① 2009年4月6日，新华社受权发布，全文13000余字，共分六个部分。提出了有效减轻居民就医费用负担，切实缓解"看病难、看病贵"的近期目标，以及建立健全"覆盖城乡居民的基本医疗卫生制度，为群众提供安全、有效、方便、价廉的医疗卫生服务"的长远目标。

健康是生产力

努力解决人民群众"看病难"的问题。

推进上述五项重点改革,有助于落实医疗卫生事业的公益性质,具有改革阶段性的鲜明特征。把基本医疗卫生制度作为公共产品向全民提供,实现人人享有基本医疗卫生服务,这是我国医疗卫生事业发展从理念到体制的重大变革,是贯彻落实科学发展观的本质要求。医药卫生体制改革是艰巨而长期的任务,需要分阶段、有重点地推进。要处理好公平与效率的关系,在改革初期首先着力解决公平问题,保障广大群众看病就医的基本需求,并随着经济社会发展逐步提高保障水平。要逐步解决城镇职工基本医疗保险、城镇居民基本医疗保险、新型农村合作医疗制度之间的衔接问题。要鼓励社会资本投入,发展多层次、多样化的医疗卫生服务,统筹利用全社会的医疗卫生资源,提高服务效率和质量,满足人民群众多样化的医疗卫生需求。

推进上述五项重点改革,有助于增强改革的可操作性,突出重点,带动医药卫生体制全面改革。建立基本医疗卫生制度是一项重大制度创新,是医药卫生体制全面改革的关键环节。上述五项重点改革涉及医疗保障制度建设、药品供应保障、医药价格形成机制、基层医疗卫生机构建设、公立医疗机构改革、医疗卫生投入机制、医务人员队伍建设、医药卫生管理体制等关键环节和重要领域。抓好这五项改革,就能够从根本上改变部分城乡居民没有医疗保障和公共医疗卫生服务长期薄弱的状况,扭转公立医疗机构的趋利行为,使其真正回归公益性,有效解决当前医药卫生领域的突出问题,为全面实现医药卫生体制改革的长远目标奠定坚实基础。

第十章 健康中国之路

《食品安全法》①第三十四条规定：食品生产经营者应当建立并执行从业人员健康管理制度。患有痢疾、伤寒、病毒性肝炎等消化道传染病的人员，以及患有活动性肺结核、化脓性或者渗出性皮肤病等有碍食品安全的疾病的人员，不得从事接触直接入口食品的工作。食品生产经营人员每年应当进行健康检查，取得健康证明后方可参加工作。

《职业病防治法》②第十一条规定：县级以上人民政府卫生行政部门和其他有关部门应当加强对职业病防治的宣传教育，普及职业病防治的知识，增强用人单位的职业病防治观念，提高劳动者的自我健康保护意识。第三十七条规定：用人单位应当为劳动者建立职业健康监护档案，并按照规定的期限

---

① 中国高度重视食品安全，早在1995年就颁布了《食品卫生法》。在此基础上，2009年2月28日，十一届全国人民代表大会常务委员会第7次会议通过了《食品安全法》。《食品安全法》是适应新形势发展的需要，为了从制度上解决现实生活中存在的食品安全问题，更好地保证食品安全而制定的，其中确立了以食品安全风险监测和评估为基础的科学管理制度，明确食品安全风险评估结果作为制定、修订食品安全标准和对食品安全实施监督管理的科学依据。

② 为预防、控制和消除职业病危害，防治职业病，保护劳动者健康及其相关权益，促进经济发展，根据《宪法》，我国制定了《职业病防治法》。《职业病防治法》经2001年10月27日九届全国人民代表大会常务委员会第24次会议通过；根据2011年12月31日十一届全国人民代表大会常务委员会第24次会议《关于修改〈中华人民共和国职业病防治法〉的决定》修正。《职业病防治法》分总则、前期预防、劳动过程中的防护与管理、职业病诊断与职业病病人保障、监督检查、法律责任、附则，共计7章90条，自2011年12月31日起施行。

健康是生产力

妥善保存。职业健康监护档案应当包括劳动者的职业史、职业病危害接触史、职业健康检查结果和职业病诊疗等有关个人健康资料。劳动者离开用人单位时,有权索取本人职业健康监护档案复印件,用人单位应当如实、无偿提供,并在所提供的复印件上签章。

除了法律法规,还有一些部门条例对健康问题也作出了规定。例如,《学校卫生工作条例》第十三条规定:学校应当把健康教育纳入教学计划。普通中小学必须开设健康教育课,普通高等学校、中等专业学校、技工学校、农业中学、职业中学应当开设健康教育选修课或者讲座。学校应当开展学生健康咨询活动。

此外,还有《国家基本公共卫生服务规范》,2009年实行,后来又进行了修订和完善。其重点是实施国家基本公共卫生服务项目①,这是促进基本公共卫生服务逐步均等化的重要内容,也是我国公共卫生制度建设的重要组成部分。自2009年启动以来,在城乡基层医疗卫生机构得到了普遍开展,取得了积极的成效。2011年,人均基本公共卫生服务经费补助标准由每年15元提高至25元。2013年,人均基本公共卫生服务经费标准提高到了30元。

其中,《健康教育服务规范》的规定非常细化。以"设置

---

① 实施国家基本公共卫生服务项目是我国公共卫生领域的一项长期制度安排,是新中国成立60多年来覆盖范围最大、受益人群最广的一项公共卫生干预策略,是政府实施的以人为本、惠民利民的一项重大民生工程,是落实"预防为主"的卫生工作方针的重大举措。

健康教育宣传栏"为例：乡镇卫生院和社区卫生服务中心宣传栏不少于2个，村卫生室和社区卫生服务站宣传栏不少于1个，每个宣传栏的面积不少于2平方米。宣传栏一般设置在机构的户外、健康教育室、候诊室、输液室或收费大厅的明显处，距地面1.5~1.6米高的位置。每个机构每个季度最少更换1次健康教育宣传栏内容。

三 居民健康档案是居民享有均等化公共卫生服务的重要体现

健康档案是医疗卫生机构为城乡居民提供医疗卫生服务过程中的规范记录，是以居民个人健康为核心、贯穿整个生命过程、涵盖各种健康相关因素的系统化文件记录。居民健康档案是居民享有均等化公共卫生服务的重要体现，是医疗卫生机构为居民提供高质量医疗卫生服务的有效工具，是各级政府及卫生行政部门制定卫生政策的参考依据。根据《中共中央 国务院关于深化医药卫生体制改革的意见》和《国务院关于印发医药卫生体制改革近期重点实施方案（2009~2011年）的通知》[1]，我国提出并促使各地建立了城乡居民健康档案。主要体现在以下4个方面。

（1）逐步建立健康档案。建立城乡居民健康档案工作应当在县（市、区）卫生行政部门的统一领导下由社区卫生服务中心、社区卫生服务站和乡镇卫生院、村卫生室等城乡基层医疗卫生机构具体负责。通过开展国家基本公共卫生服务、日

---

[1] 国发〔2009〕12号文件。

常门诊、健康体检、医务人员入户服务等多种方式为居民建立健康档案，并根据服务提供情况作出相应记录。健康档案信息应当齐全完整、真实准确。其他医疗卫生机构应当配合做好健康档案的补充和完善工作。居民健康档案的内容主要由个人基本信息、健康体检记录、重点人群健康管理及其他卫生服务记录组成。具体内容和方法执行《国家基本公共卫生服务规范》（2009）有关要求。

（2）有效使用健康档案。健康档案应当统一存放于城乡基层医疗卫生机构。根据有关法律法规规定，城乡基层医疗卫生机构提供医疗卫生服务时，应当调取并查阅居民健康档案，及时记录、补充和完善健康档案。要做好健康档案的数据和相关资料的汇总、整理和分析等信息统计工作，了解和掌握辖区内居民的健康动态变化情况，并采取相应的适宜技术和措施，对发现的卫生问题有针对性地开展健康教育、预防、保健、医疗和康复等服务。以居民健康档案为平台，促进基层医疗卫生机构转变服务模式，实现对城乡居民的健康管理。

（3）规范管理健康档案。城乡基层医疗卫生人员在为居民建立及使用健康档案时，要符合《执业医师法》《乡村医生从业管理条例》等有关法律法规的规定。基层医疗卫生机构应当建立居民健康档案的调取制度、查阅制度、记录制度、存放制度等，明确居民健康档案管理相关责任人，保证居民健康档案的使用方便和保管保存。各县级卫生行政部门要落实好建立健康档案的机构、人员、经费和设施等保障措施，并加强对建立健康档案工作的监督管理。

居民健康档案一经建立，要为居民终身保存。要遵守档案安全制度，不得造成健康档案的损毁、丢失，不得擅自泄露健康档案中的居民个人信息以及涉及居民健康的隐私信息。除法律规定必须出示或出于保护居民健康目的，任何人都不得将居民健康档案转让、出卖给其他人员或机构，更不能用于商业目的。

城乡基层医疗卫生机构因故发生变更时，应当将所建立的居民健康档案完整移交给县级卫生行政部门或承接延续其职能的机构管理。

（4）逐步建立电子健康档案信息系统。各地要积极创造条件，根据卫生部《健康档案基本架构与数据标准（试行）》①《基于健康档案的区域卫生信息平台建设指南（试行）》②和相关服务规范的要求，逐步推进建立标准化电子健康档案。鼓励以省或地级市为单位研究开发相关信息系统。电子健康档案信息系统要逐步与新型农村合作医疗、城镇职工和居民基本医疗保险信息系统以及传染病报告、免疫接种、妇幼保健和医院电子病例等信息系统互联互通，实现信息资源共享，建立起以居民健康档案为基础的区域卫生信息平台。

到2009年底，按照国家统一建立居民健康档案的要求，我国农村居民健康档案试点建档率达到5%，城市地区居民健康档案建档率达到30%；到2011年，农村达到30%，城市达到50%。根据现在的发展状况，到2020年，我国将初步建立起覆盖城乡居民的，符合基层实际的，统一、科学、规范的健

---

① 卫办发〔2009〕46号文件。
② 卫办综发〔2009〕89号文件。

康档案建立、使用和管理制度；以健康档案为载体，更好地为城乡居民提供连续、综合、适宜、经济的公共卫生服务和基本医疗服务。

第二节 健康是北京奥运会的重要文化遗产

北京奥运会、残奥会的胜利举办，赢得了国际上的普遍赞誉。"健康奥运、健康北京——全民健康活动"，是保障奥运会成功的一项重要工作，在动员全民做好公共卫生，荡涤危害身心健康的陈规陋习，增强健康观念，提高健康素质，为做好北京奥运会、残奥会的医疗卫生安全保障，转变居民的医疗卫生观念以及转变医疗卫生工作模式等方面做了大量工作。可以说，健康是北京奥运会留给我们的重要文化遗产。

一 北京奥运会的准备工作也是全面进行健康城市建设的工作

以举办2008年北京奥运会为契机，北京市政府2006年根据中国医药卫生事业发展基金会的倡议，把健康城市建设和筹备奥运会的工作融于一体，于2007年4月正式启动了以"健康奥运、健康北京"为主题的全民健康行动。全民健康行动社会反响之大、影响之深，在北京市健康促进史上是前所未有的，不仅为北京奥运会的成功举办构建了健康、安全的社会环境，也通过奥林匹克运动给北京、给中华民族留下了一份宝贵的健康遗产，形成了健康促进的北京模式。

为了继承和发扬"健康奥运、健康北京"行动带给北京

第十章 健康中国之路

的宝贵经验,把北京建设成为拥有一流"健康环境、健康人群、健康服务"的国际化大都市,2009年市政府制定并发布了《健康北京人——全民健康促进十年行动规划》。在市级层面成立了有多个部门参加的北京市健康促进工作委员会,形成了政府主导、多部门合作、社会参与的工作机制。2010年,北京市委在谋划国民经济和社会发展第十二个五年发展纲要时又作出了建设健康城市的决策。发布了《健康北京"十二五"发展建设规划》。由此,标志着北京市进入了全面建设健康城市的阶段。

从全民健康促进活动到《健康北京人——全民健康促进十年行动规划》,再到《健康北京"十二五"发展建设规划》,5年间北京的健康促进工作经历了3个阶段、3次转变,健康促进的理念不断深化。这主要基于以下几个方面的思考:一是以人为本的执政理念,要求我们必须以百姓健康为中心谋划城市的建设和发展。二是快速城市化对人类健康的挑战日益严峻,要求我们必须采取迅速有效的应对措施。三是国内外治理城市的经验表明,建设健康城市是有效地解决当今城市中存在的诸多健康问题的好办法。

"医盲"是健康的重要"杀手"之一,许多人不知道为什么会患病,更不知道如何防病和治病,向群众宣传灌输健康知识是"健康奥运、健康北京——全民健康活动"的首要任务。为此,北京市卫生局、市中医药管理局和中国疾病预防控制中心在中国医药卫生事业发展基金会的资助下,组织全国第一流的医学专家编写了《首都市民预防传染病手册》《首都市民健康膳食指南》《首都市民中医指南》《奥运健康手册》《预防艾

健康是生产力

滋病读本》等小册子，免费送到各家各户和为奥运会服务的宾馆、饭店、奥运村及奥运会场馆。为帮助市民学习和掌握健康知识，报纸、网站、电台、电视台等大力宣传报道"健康奥运、健康北京——全民健康活动"，在全市广大群众中形成了一种学习健康知识的浓厚氛围。

陈规陋习是一种慢性毒药，会侵害健康的肌体，贻害子孙后代。为了改变各种陈旧的生活方式，把"禁烟""限酒""限盐""限油"列为"健康奥运、健康北京——全民健康活动"的一项重要内容，并采取了一系列措施。为增强体质在全民中倡导"大步走有氧运动"，先后在龙潭湖公园、地坛公园、香山公园、小汤山疗养院等多个场所举办了活动。

加强和改进慢性病管理，为病人提供便捷、廉价、安全的服务。北京老年人口多，慢性病人多，加强和改进慢性病管理的任务很重。在"健康奥运、健康北京——全民健康活动"的推动下，对慢性病的管理也不断加强和改进。例如，开展对慢性病普查，建立市民健康档案，摸清慢性病人的底数；整合医疗资源，合理布点，为病人看病提供方便。针对慢性病病因复杂和个性突出的特点，一方面从生活方式、饮食控制、运动治疗、心理治疗等方面进行综合治疗和管理，另一方面针对不同的人和不同的病分类管理和干预；中医中药进社区，宣传养生保健、食疗药膳、情志调摄、运动功法、体质调养方面的知识，群众非常喜欢。这些改革受到了城乡人民的热烈欢迎。

二　北京奥运会给我们留下了重要的文化遗产

历时将近两年的"健康奥运、健康北京——全民健康活动"，一是为北京奥运会、残奥会的医疗卫生安全保障工作创造了一个良好的客观环境和雄厚的群众基础；二是对北京的陈规陋俗进行了一次"大扫荡"，为搞好公共卫生、转变医疗模式开了一个好头；三是在全民健康活动的影响和推动下，解决了一些群众最关心、要求最迫切的困难问题。

北京市在解决人民健康的问题上虽居全国前列，但需要解决的问题还不少，今后还需要在两个方面继续努力。第一件事就是把"健康奥运、健康北京——全民健康活动"创造的好经验、好做法作为宝贵的文化遗产坚持下去。比如，形成政府领导、部门合作、社会参与的机制，解决医生短缺、延长医生退休时间和给农村医生发养老金，新闻媒体参与健康教育和健康促进工作，从战略高度研究健康在建设创新型社会方面的作用……这些做法和经验都具有普遍意义，应在实践中进一步加以发展和完善。第二件事就是在"健康奥运、健康北京——全民健康活动"的基础上，把《健康北京人——全民健康十年行动规划》和北京医疗卫生事业"十二五"规划执行好。应该对全市人民的健康状况进行一次全面的调查研究，对照《中共中央　国务院关于深化医药卫生体制改革的意见》和卫生部出台的《健康中国2020年发展规划方案》，科学评估北京市在管理体制上和人民健康状况方面存在的主要问题，一步一步地加以解决。在执行《健康北京人——全民健康十年行动规划》和"十二五"规划时，应在政府统一领导下，把卫生、计生、民政、社保、环保、财政、科研、税务、宣传等党政部门和新闻媒体统一组织起来，深入社区、农村抓典型，推动面上的工作步步深入。这样扎扎实实地抓十年，北京的医药

健康是生产力

卫生工作和市民健康素质将会上一个新台阶。

北京奥运会之后,全国一些大城市都借鉴"健康奥运、健康北京——全民健康活动"的经验。可以这样说,北京奥运会为开展全民健康活动提供了一个很好的契机。

"健康奥运、健康北京——全民健康活动"为什么会受到市民的欢迎?笔者认为有以下几个原因。

一是这项活动瞄准了领导的关注点和群众的聚焦点,把领导的意志和群众的要求结合了起来。2003年"非典"之后,各级领导都把人民群众的健康问题放在更加突出的位置,十分重视医疗卫生工作,广大群众也迫切希望政府更加关注民生,关注百姓健康,但是领导部门思想还不够解放,观念转变得还不够彻底。在这种情况下,提出以举办北京奥运会为契机开展"健康奥运、健康北京——全民健康活动",为全市所有的人参与奥运会提供了一个广阔的舞台,为领导谋划办好奥运会找到了一个可靠的群众基础。

二是把专家的积极性和群众的积极性调动了起来。许多医学专家都希望通过向人民群众传播健康知识,控制疾病的滋生和蔓延,实现"预防为主"的方针;广大群众也迫切希望专家走出科学殿堂,开展普及性的医疗知识宣传活动,"健康奥运、健康北京——全民健康活动"为调动这"两个积极性"创造了条件。

三是把解决群众"看病难、看病贵"问题与解决其他遗留问题结合了起来。北京市委、市政府通过"健康奥运、健康北京——全民健康活动",解决了诸如医生不受退休年龄限制、村医退休后无养老保险、社区病人挂不上专家号、远郊农民看病报销比例低，以及学生、老人、无业人员无医保等一系列问题。

以举办北京奥运会为契机开展的"健康奥运、健康北京——全民健康活动"，在中国开创了健康城市建设的先河。健康城市建设是我国进行物质文明、政治文明、精神文明、社会文明和生态文化建设的必然要求和结果。它是包括健康环境、健康教育、健康服务、健康饮食、健康文体在内的系统工程。只有在这几个方面都符合健康要求，才能保障人的身心健康。在筹备和举办北京奥运会的过程中，这五个方面都取得了很大成效，留下了一笔丰厚的奥运遗产。但是，我们应当看到，建设健康城市的过程，是一个解放思想、转变观念，与不良生活方式和生活习惯决裂的过程，也是一个长期的不断发展和完善的过程。一方面，需要把保障全民身心健康的物质条件和制度、机制科学化、长效化；另一方面，也要求人们在身体、心理、生活方式和生活习惯上逐渐适应这种变化。从这个意义上可以说，"健康奥运、健康北京——全民健康活动"开创了中国建设健康城市的先河。

第三节 健康中国之路

中国作为一个13亿以上人口的泱泱大国，经济发展水平较低，而我们用占世界1‰的卫生总费用，满足了世界22%人口的基本卫生服务要求。现在，中国人民的总体健康水平已处于发展中国家前列，接近发达国家20世纪80年代初期的水平。回顾我国建设健康城市的历程，之所以能够快速稳健发

健康是生产力

展，主要的一条经验就是从中央到地方各级政府领导重视，把建设健康城市作为城市现代化的战略来抓，使之合乎民心、群众得益的"中心工程"。建设健康城市是城市发展的方向，国务院在批准的《卫生事业发展"十二五"规划》中明确提出了开展健康城市建设的要求。

一 健康城市在中国的发展

1994年初，世界卫生组织官员对我国进行考察，同年8月开始在北京市东城区和上海市嘉定区开展了健康城市规划研究工作。至此，我国也正式加入了健康城市规划运动。

北京市东城区和上海市嘉定区根据各自城区的特点，结合本地的社会发展总体规划，分别制定了"健康城市发展规划"。上海市嘉定区的第一步重点放在了垃圾无害化处理上，北京市东城区的重点则放在健康教育、污水处理和绿化上。

1995年6月，海口市和重庆市渝中区也加入了健康城市规划运动。其中海南省海口市成立了以市长为组长的健康城市规划协调小组，对海口市开展健康城市运动的有利因素和不利因素作出了评估，依据海口市的现状和特点，制定了海口市健康城市规划目标以及实现这一目标的措施和实施方法。海口市将创建健康城市与创建生态城市、旅游城市、卫生城市相结合，提出了"健康为人人，人人为健康"的口号。海口市还创办了《健康城市》杂志，得到了世界卫生组织的高度评价。

1995年10月，世界卫生组织官员先后对重庆市渝中区、海南省海口市和上海市嘉定区等进行了项目考察和评估，对其开展的工作给予了高度评价。随后，辽宁大连、江苏苏州、山东日照、河北保定等城市也先后加入了创建健康城市的行列。

这些城市在世界卫生组织的支持下，开展了一系列建设健康城市的研究规划、培训骨干、主题宣传等活动。例如，1995年5月上海市嘉定区举办了"城市卫生规划讲习班"，1995年10月海南省海口市举办了"城市环境卫生培训班"，1996年3月重庆市举办了"中国健康城市规划研讨会"。1996年4月3日，在世界卫生组织的建议下，上海市嘉定区组织召开了"'健康城市'主体宣传会"。

2003年"非典"的袭击和中央的果断处理，引起各地领导对城市公共卫生的重视，使我国健康城市建设进入实质性发展阶段。上海市于2003年底由市政府下发了《上海市建设健康城市三年行动计划（2003～2005年）》，确定了8个项目：营造健康环境、提供健康食品、追求健康生活、倡导健康婚育、普及健康锻炼、建设健康校园、发展健康社区、创建精神文明，涵盖104项指标，并将其作为上海市政府的重点工作。上海是我国第一个开展健康城市的特大型城市之一，对于我国其他大中型城市的健康城市建设具有示范作用。

江苏省苏州市把建设健康城市工作浓缩为10项重点行动，把优化健康服务、营造健康环境、构建健康社会、培育健康人群和提供健康食品5个环节有机地结合了起来，努力做到各个环节的相互配合，共同发展。

北京市在申办奥运会期间，即提出要将筹办奥运会与推动人民群众健康相结合，并提出了被国际奥委会认可的"奥运健康遗产"概念。从2006年起将筹备奥运会与健康城市建设相结合，北京市政府于2007年启动了"健康奥运、健康北京——全民健康活动",2009 年制定并发布了《健康北京人——全民健康促进十年行动规划》,2011 年 1 月将建设健康城市纳入了北京的"十二五"规划,2011 年 6 月出台了《健康北京"十二五"发展建设规划》,2012 年市委在第 11 次党代会报告中又提出了积极推动北京健康城市建设。广州市、唐山市,分别在"健康亚运、健康广州""健康唐山·幸福人民"的全民健康活动的基础上,将健康城市建设纳入了"十二五"规划。

二 党政重视和充分发动群众是进行健康城市建设的一条基本经验

建设健康城市的过程,是由传统城市模式逐步向现代城市模式升级的过程,它以人的健康为中心,涉及经济、政治、文化、社会、自然条件等方面有机结合的复杂工作。各个地方根据本地条件创造了不少有益的经验。但是,要完成这项全面又复杂的工程,必须建立领导与群众相结合的总体格局。这个总体格局就是党的十六届四中全会指出的"建立健全党委领导、政府负责、社会协同、公众参与的社会管理格局"[①]。

中国共产党是政府、军队、社会团体、企事业单位和学校一切部门的领导者,各地党委在建设健康城市的过程中,主要任务是总揽全局,要起到协调各个方面的领导核心作用。只有加强党委领导才能把握方向,调动各个方面的力量,保证健康

---

① 中共中央文献研究室编《十六大以来重要文献选编》(中卷),中央文献出版社,2006,第 287 页。

城市建设取得成功。

政府是国家最有权威的行政领导机关。政府拥有经济、政治、文化社会、自然环境等资源，对政府各个部门拥有领导、调度和指挥权。政府在建设健康城市的过程中负责管理个领导各个部门同心协力，为进行健康城市建设整合协调社会资源，支持健康城市建设。政府负责是建设健康城市最直接的关键。

社会协同就是充分发挥各级各类社会组织在建设健康城市过程中的作用。国内外的实践证明，社会组织中拥有不少专家学者和社会志愿者，是健康城市建设的预见者和倡导者，甚至是某些社会活动的先行者。社会组织在国内有深厚的群众基础，它们能够反映所求、提供服务，是沟通政府、企业和社会的桥梁。在党和政府领导下，社会组织在建设健康城市的过程中可以发挥积极的促进作用。

建设健康城市的根本目的是促使人民健康长寿，这是一项人人都关心的工作，因此必须让广大群众参与。建设健康城市是一项全民工程，其成果为全民共享，改革创新涉及每一个人。譬如治理环境，要求人人不丢垃圾，搞好个人家庭的清洁卫生，改变旧的生活方式，建立科学的生活方式，禁烟、限酒，科学饮食，适量运动，心胸开阔，这些变革都需要人人做到。因此，进行健康城市建设必须充分发动群众，让他们在参与中当主人，作贡献；在参与中受教育，受锻炼，树立新思想，养成科学的生活方式。

无论哪个城市，只要具备了建设健康城市的条件，在中国共产党和人民政府的领导下，科学调动和发挥群众的积极作用，这项造福人民的伟大工程就一定能够取得成功。

健康是生产力

三 "健康中国2020"战略研究报告

2012年8月17日，卫生部发布了《"健康中国2020"战略研究报告》（以下简称为"健康中国2020"战略报告）。"健康中国2020"战略报告构建了一个体现科学发展观的卫生发展综合目标体系，将总体目标分解为可操作、可测量的10个具体目标和95个分目标。这些目标涵盖了保护和促进国民健康的服务体系及其支撑保障条件，是监测和评估国民健康状况、有效调控卫生事业运行的重要依据。该报告提出："国民主要健康指标进一步改善，到2020年，人均预期寿命达到77岁，5岁以下儿童死亡率下降到13‰，孕产妇死亡率降低到20/10万，减少地区之间健康状况的差距。""履行政府职责，加大健康投入，到2020年，卫生总费用占国内生产总值比重达到6.5%~7%，保障'健康中国2020'战略目标实现。"

"健康中国2020"战略报告包括总报告以及促进健康的公共政策研究、药物政策研究、公共卫生研究、科技支撑与领域前沿研究、医学模式转换与医疗体系完善研究以及中医学研究6个分报告。其中，总报告主要阐述了我国卫生事业发展所面临的机遇与挑战，明确了发展的指导思想与目标，提出了发展的战略重点和行动计划以及政策措施等。

"健康中国2020"战略研究规划，准确地把握时代对卫生事业的新要求，科学地研判和积极应对卫生事业面临的形势，全面规划了健康中国在全面建设小康社会阶段的目标要求，为把提高人均预期寿命纳入"十二五"国民经济和社会发展主要目标体系提供了重要依据，为实现卫生事业发展和提高国民健康水平提供了重要抓手，对科学制定我国中长期卫生发展战略目标和战略步骤具有重大意义。

"健康中国"战略是一项旨在全面提高全民健康水平的国家战略，是在准确判断世界和中国卫生改革发展大势的基础上，在深化医药卫生体制改革实践中形成的一项需求牵引型的国民健康发展战略。"健康中国2020"战略是以科学发展观为指导，以全面维护和增进人民健康、提高健康公平、实现社会经济与人民健康协调发展为目标，以公共政策为落脚点，以重大专项、重大工程为切入点的国家战略。实施"健康中国2020"战略，是构建和谐社会的重要基础性工程，有利于全面改善国民健康，确保医改成果为人民共享，也有利于促进经济发展方式转变，充分体现贯彻落实科学发展观的根本要求。

"健康中国2020"战略报告依据危害的严重性、影响的广泛性、明确的干预措施、公平性及前瞻性的原则，筛选出了针对重点人群、重大疾病及可控健康危险因素的三类优先领域，并进一步提出了分别针对上述3类优先领域以及实现"病有所医"可采取的21项行动计划，作为今后一段时期内的重点任务，包括针对重点人群的母婴健康行动计划、改善贫困地区人群健康行动计划、职业健康行动计划，针对重大疾病的重点传染病控制行动计划、重点慢性病防控行动计划、伤害监测和干预行动计划，针对健康危险因素的环境与健康行动计划、食品安全行动计划、全民健康生活方式行动计划、减少烟草危害行动计划等。

"健康中国2020"战略，作为卫生系统贯彻落实全面建设小康社会新要求的重要举措之一，旨在努力促进公共服务均等

健康是生产力

化。这一战略是以提高人民群众健康为目标,以解决危害城乡居民健康的主要问题为重点,坚持预防为主、中西医并重、防治结合的原则,采用适宜技术,以政府为主导,动员全社会参与,切实加强对影响国民健康的重大和长远卫生问题的有效干预,确保到2020年实现人人享有基本医疗卫生服务的重大战略目标。

陈竺指出,在实施"健康中国2020"战略方面,必须着手做好以下几项工作:一是根据我国居民的主要健康问题及其可干预性和干预的成本效果以及相关国际承诺,确定优先领域和重点。二是根据影响健康的主要问题,制订切实可行的全国和地方行动计划。行动计划不仅要提供良好的卫生服务,还要特别关注影响健康的各种社会经济环境和人口因素,营造有利于健康的环境。三是建立健全健康评价体系。评价体系要以人民健康状况为中心,既要反映工作情况,更要反映群众健康素质的变化。为此,必须建立和发展相应的体制机制、投入、人才、科技、文化和国际合作等支撑体系[1]。其中,科技是第一生产力,人才是关键,而体制是有效发挥科技和人才作用的枢纽,公共财政是杠杆和保证,道德文化是灵魂,国际合作是重要资源和保证。

"健康中国2020"战略不仅有理论上的论证、明确并可行的目标,也有具体的实践措施。例如,2011年1月,中国人

---

[1] 《陈竺:"人人享有基本医疗卫生服务"是重大战略目标》,新华网,http://news.xinhuanet.com/politics/2008-01/07/content_7378428.htm,最后访问日期:2014年8月2日。

口协会响应卫生部的号召,在甘肃省启动"'健康中国2020'送子鸟不孕不育关怀工程",旨在帮助甘肃省人民实现人人享有基本医疗卫生服务的目标,也为不孕不育夫妇早日实现孕育梦想。2010年,"健康中国2020"走进江西,并将"男性健康"作为江西站行动的主题,旨在以男性健康为切入点,通过全面提高江西男性健康的水平,普及男性健康的常识,增强男性的健康意识,不断推进健康中国全民教育行动在江西城乡广泛深入展开。2011年3月19日,由卫生部倡导、中国人口协会主办、武汉送子鸟不孕不育研究院支持、武汉送子鸟医院承办的"健康中国2020"不孕不育关怀工程走进湖北。这些实践为我们进一步推动"健康中国2020"战略,进而助推全民实现健康之梦提供了很好的经验,值得我们进一步深入总结和大力借鉴。

四 新型城镇化是"健康中国"发展的总战略

2013年12月15日,习近平主席主持召开了中央城镇化工作会议,决定实施以人为核心的新型城镇化,习近平主席、李克强总理发表了重要讲话。2014年3月,根据党的十八大会报告、十八届三中全会的《中共中央关于全面深化改革若干重大问题的决定》和中央城镇化工作会议精神,中共中央和国务院编制、发布了《国家新型城镇化规划(2014~2020年)》,这是指导全国城镇化健康发展的宏观性、战略性、基础性规划,是为实施"健康中国2020"规划创造宏观环境的社会总规划。习近平主席的讲话和《国家新型城镇化规划(2014~2020年)》强调指出,实现城镇化是一个自然过程,

健康是生产力

是现代化的必由之路,是解决农业、农村、农民问题的重要途径,是推动区域协调发展的有力支撑,是扩大内需和促进产业升级的重要抓手,对全面建成小康社会、加快推进社会主义现代化具有重大现实意义和深远历史意义。在一个拥有13多亿人口的大国实现城镇化,在历史上没有先例,从我国正处于社会主义初级阶段的国情出发,走出一条新路。

我国实行的是新型城镇化,其内涵和特点如下:①以人为本,推进以人为核心的城镇化,提高城镇人口素质和居民生活质量,把促进有能力在城镇就业和生活的常住人口有序实现市民化作为首要任务。②优化布局,根据资源环境承载能力构建合理的城镇化宏观布局,把城市群作为主体形态,促进大中小城市和小城镇合理分工、功能互补、协同发展。③坚持建设生态文明,着力推进绿色发展、循环发展、低碳发展,尽可能减少对自然的干扰和损坏,节约集约利用土地、水、能源等资源。④传承文化,发展有地域特色、民族特点的美丽城镇。⑤城镇化是"四化"同步,即工业化、信息化、城镇化、农业现代化同步发展。工业化是主动力,信息化是融合器,城镇化是平台,农业现代化是根本支撑,这是中国现代化建设的核心内容。这"四化"各具优势,有助于形成互惠互补、互相协调、互相促进、繁荣昌盛的产业格局。

《国家新型城镇化规划(2014~2020年)》还对农业向城市转移人口享有城镇基本服务的权利作出了明确规定:保障随迁子女平等享受教育权利;加强农民工职业技能培训,加大农民工创业政策扶持,健全农民工劳动权益保障机制;扩大社会保障覆盖面,完善职工养老保险制度;改善基本医疗卫生条件，将农民工及随迁家属纳入社区卫生服务体系，免费享受公共卫生服务；拓宽住房保障渠道，将进城落户农民纳入城镇住房保障体系。

"健康中国2020"战略规划和《国家新型城镇化规划（2014~2020年）》都是全面建成小康社会的战略规划，是社会主义现代化建设的重大举措，而现代化的本质是人的现代化问题。两个战略规划的规划方向、目标是一致的，都是从我国实际情况出发，研究规划在全面建成小康社会阶段解决人的现代化问题。两个规划提出的步骤、目标和方向为健康中国之路指明了目标和方向。

附录一

北京市人民政府办公厅转发市卫生局《关于在全市开展"健康奥运,健康北京——全民健康活动"的通知》

各区、县人民政府,市教委、市财政局、市劳动保障局、市商务局、市文化局、市工商局、市体育局、市园林绿化局、市药品监督局、市旅游局、市公园管理中心、市爱卫会:

市卫生局《关于在全市开展"健康奥运,健康北京——全民健康活动"的通知》已经市政府同意,现转发给你们,请认真贯彻执行。

北京市人民政府办公厅
2007 年 9 月 13 日

关于在全市开展"健康奥运,健康北京——全民健康活动"的通知

(市卫生局 2007 年 9 月)

人人享有基本卫生保健服务,人民群众健康水平不断提高,是人民生活质量改善的重要标志,也是全面建设小康社会、推进社会主义现代化建设的重要目标。医疗卫生事业关系广大人民群众的切身利益,关系千家万户的幸福安康,也关系经济社会协调发展,关系国家民族的未来。

当前,北京市居民健康问题不容忽视,健康卫生工作任务十分艰巨。随着北京市流动人口的增长,传染病传播概率增加,传染病防控工作难度日益加大;同时,随着市民生活方式的改变,吸烟、酗酒、高盐饮食、高脂膳食以及缺乏体力活动、精神心理紧张等健康危险因素,给市民健康造成了较大危害,本市慢性病发病人群逐渐呈现低龄化趋势。必须采取有效措施,广泛宣传健康知识,积极引导广大市民树立健康意识,努力提高市民整体健康水平。

市委、市政府一直高度重视维护首都公共卫生安全和人民群众身体健康工作,将其作为贯彻落实科学发展观、全面建设小康社会、促进首都经济社会协调发展、提高人民生活质量的重要内容,采取了一系列有效措施,努力提高防范突发公共卫生事件的能力和市民的健康水平。

2007 年 4 月,中国医药卫生事业发展基金会、中国疾病预防控制中心、市卫生局共同发起的"健康奥运,健康北

健康是生产力

京——全面健康活动"已正式启动。开展好"健康奥运,健康北京——全民健康活动",有利于进一步提高广大市民的健康意识和本市防范突发公共卫生事件的能力,为2008年北京奥运会的成功举办创造良好的公共卫生环境。

各地区、各有关部门要切实提高认识,紧紧围绕"健康奥运,健康北京——全民健康活动"主题,以迎奥运为契机,以健康教育为切入点,制订本地区、本部门的健康教育工作计划和实施方案,积极开展健康教育与健康促进活动。

(1)要按照"政府负责、部门合作、社会动员、群众参与、法律保障"的原则,建立健全跨部门合作机制,逐步形成以健康教育、健康促进为目标的工作格局。

(2)要以预防传染病和慢性病、倡导健康生活方式、提高生活质量为主要内容,充分利用各种媒体,大力开展卫生防病知识与技能的宣传工作,普及健康知识,切实增强市民的健康意识。

(3)要结合"人文奥运"理念的宣传,引导市民杜绝日常不良卫生行为,自觉维护首都形象,切实改善市容环境,降低传染病暴发风险。

附件:"健康奥运,健康北京——全民健康活动"实施项目

一 广泛普及健康知识,提升市民健康保护意识

(1)编印《首都市民预防传染病手册》500万册,为全市每户家庭各发放一册。

时间进度：2007年第四季度完成发放工作。

责任单位：市卫生局。

协办单位：人民出版社，各区（县）卫生局，各街道办事处、乡镇政府。

（2）编印《首都市民健康膳食指南》500万册，为全市每户家庭各发放一册。

时间进度：2007年第四季度完成发放工作。

责任单位：市卫生局。

协办单位：人民出版社，各区（县）卫生局，各街道办事处、乡镇政府。

（3）编印《市民奥运健康手册》100万册，分为城市版和农村版两种，免费向市民发放。

时间进度：2007年第四季度完成。

责任单位：中国疾病预防控制中心。

（4）发布健康预警信息。市卫生部门要建立每日卫生防病信息会商制度，评估本市与国内外有关疫情和健康危险因素，通过新闻媒体及时向社会发布预警信息和防范措施。

时间进度：从2007年6月1日起实施。

责任单位：市卫生局、市委宣传部。

协办单位：北京电视台、北京广播电台、《北京日报》、《北京晚报》、《北京青年报》等。

（5）在《北京晚报》开设"健康奥运、健康北京"栏目。以宣传普及传染病、慢性病防治和精神卫生知识为主，每周出版1期，每期4个版面，拟出版80期。

时间进度：2007年4月开设栏目。

责任单位：市委宣传部。

协作单位：中国医药卫生事业发展基金会、中国疾病预防控制中心、市卫生局、《北京晚报》。

（6）在北京电视台播放健康公益广告。以市民主要健康问题为题材，制作电视公益广告片，在北京电视台循环滚动播出，每日不少于100次。

时间进度：从2007年7月起陆续在北京电视台播放。

责任单位：市委宣传部。

协办单位：中国医药卫生事业发展基金会、中国疾病预防控制中心、市卫生局、北京电视台。

（7）在北京电视台开办健康讲座。每周1次，每次20分钟，聘请国内和本市著名临床医学专家、公共卫生专家、健康教育专家授课。

时间进度：从2007年9月起。

责任单位：市委宣传部。

协办单位：首都精神文明办、市卫生局、市药品监督局、北京电视台。

（8）在全市中小学生中普及健康知识。编写中、小学健康教育教材，中、小学校保证每2周开设1课时的健康教育课程。

时间进度：2007年第四季度完成教材编写、印刷、出版工作，2008年纳入教学计划。

责任单位：市教委。

协办单位：市卫生局。

（9）在全市市民中开展传染病预防和健康膳食知识竞赛

活动,设立一等奖 20 名,二等奖 100 名,三等奖 300 名,鼓励奖 500 名。

时间进度:2008 年 3 月底前完成评奖工作。

责任单位:市卫生局、中国疾病预防控制中心、中国医药卫生事业发展基金会。

协办单位:在京各大媒体。

二 开展全民健康干预行动,增强健康水平

(1) 免费对具有本市户籍的妇女开展子宫颈、乳腺疾病筛查。重点筛查 25～65 岁具有本市户籍的妇女。

时间进度:从 2007 年四季度开始试点,2008 年全面开展筛查工作。

责任单位:市卫生局。

协办单位:市劳动保障局、市财政局、市妇儿工委。

(2) 对农民免费开展高血压病、糖尿病、乙型肝炎等常见慢性病筛查。逐步建立起"每户一档、每人一卡、每年一检"的农村居民健康管理新模式,在全国率先实现人人享有基本卫生保健服务的目标。

时间进度:从 2007 年第四季度开始试点,2008～2009 年全面实施。

责任单位:市卫生局。

协办单位:市财政局。

(3) 开展限盐行动。为全市每户家庭发放一把定量盐勺以及限盐宣传材料,广泛宣传食盐过量的危害和每人每日的食盐控制量(世界卫生组织推荐每人每天食盐不超过 6 克)。

健康是生产力

时间进度：2007年6月底完成发放工作。

责任单位：市卫生局、市疾病预防控制中心。

协作单位：各区（县）卫生局，各街道办事处、乡镇政府。

（4）开展限油行动。为全市每户家庭发放一把定量油杯以及限油的宣传材料，广泛宣传食油过量的危害和每人每日的食油控制量（世界卫生组织推荐每人每天食油不超过25克）。

时间进度：2007年第四季度完成发放工作。

责任单位：市卫生局、市疾病预防控制中心。

协办单位：各区（县）卫生局，各街道办事处、乡镇政府。

（5）开展控烟活动。

A. 创建无烟医院。在奥运会定点医院率先开展创建活动。首都各类医疗机构在2008年北京奥运会前全部达到无烟医院标准。

B. 开展创建无烟中、小学校活动。依据北京市公共场所禁止吸烟的有关规定，在中、小学校禁止吸烟。

C. 推动全市餐馆控烟工作。要求奥运会接待饭店、奥运会场馆及奥运村餐厅全面禁烟，旅游景点餐馆以及西餐、快餐、自助餐餐馆全面禁烟，有条件的大中型餐馆严格设立吸烟区及无烟区，实行分区营业。

责任单位：市爱卫会、市卫生局。

协办单位：市教委、市旅游局、市商务局。

时间进度：2007年4月下旬启动餐馆控烟行动。2007年5月31日（世界无烟日）启动创建"无烟医院""无烟学校"

活动。

（6）开展"迎奥运，走健康路"活动。在全市15家大中型公园建立"健身大道"。根据每个公园的实际情况，划分出1000~2000米的环形健康步行线路，每50米设立1个标志线，每100米设立1个健康提示牌。

时间进度：2007年10月底之前完成公园中的"健身大道"的画线和标牌、标志的制作安装工作。

责任单位：市园林绿化局、市公园管理中心。

协办单位：市体育局、市卫生局、中国疾病预防控制中心、中国医药卫生事业发展基金会。

（7）对全市餐饮业实施食品卫生等级管理，全面提升餐饮业卫生水平。按照餐饮单位量化分级管理评级标准，将全市餐饮业划分为A、B、C、D四个等级，着力提升A、B等级餐馆的比例，逐步取消D级、C级餐馆的卫生许可。

责任单位：市卫生局。

协办单位：市商务局、市旅游局、市工商局。

三 大力开展健康进学校、进社区等活动

（1）创建健康促进学校工作。在全市现有的446所健康促进学校的基础上，2007年再创建100所健康促进学校。

时间进度：2007年5月下旬启动，2008年第一季度对健康促进学校进行验收。

责任单位：市教委、市卫生局。

协办单位：各区（县）教委、各区（县）卫生局。

（2）在城乡开展健康社区创建活动。

时间进度：2007年10月底前完善"健康社区建设标准"；从11月开始，以点带面，逐步推进。

责任单位：市爱卫会。

协办单位：中国医药卫生事业发展基金会、市卫生局、首都精神文明办。

（3）在全市开展"健康之星"评选活动。在自愿报名的基础上，经过区县初评，在全市评选出500名"健康之星"。从500名"健康之星"中评选出100名"健康使者"，再从100名"健康使者"中评选出10~20名"健康大使"。

时间进度：2007年4~5月报名；2007年6~7月区县初选；2007年8~9月市级评选；2007年10月公布评选结果，召开颁奖大会。

责任单位：市卫生局、首都精神文明办、市体育局、市文化局。

协办单位：市保护健康协会。

附录二
中国国际健康城市市长论坛杭州宣言（2008年）
——让城市成为健康生活的家园*

中国国际健康城市市长论坛于2008年11月19日在中国杭州顺利召开。我们围绕"健康与城市发展"的主题，就建

---

* 2008年11月19~20日，由卫生部、全国爱卫办主办，世界卫生组织协办的中国首届国际健康城市市长论坛在杭州召开。会议的主题是"健康与城市发展"。这次论坛的目的是形成并发表"杭州宣言"，推动国际、国内健康城市建设。卫生部副部长陈啸宏、全国爱卫会副主任白呼群参加论坛。来自澳大利亚、日本、韩国、菲律宾等国5个城市（地区）的市长，香港特别行政区卫生署署长，北京、上海、大连、苏州等10个中国首批健康城市试点市（区、镇）的领导，浙江省健康城市建设试点城市义乌市、桐乡市分管市长，北京市、上海市、江苏省、辽宁省、新疆维吾尔自治区以及长春市等省市的卫生厅领导和爱卫办主任等共126名代表参加了本次论坛。此次论坛还特别邀请了世界卫生组织驻华代表韩卓升，世界卫生组织西太区办事处健康社区与人群司司长米兰以及澳大利亚格里菲斯大学、中国医科大学、复旦大学等知名学府的6名专家参加。论坛在总结杭州等城市关于建设健康城市的先进经验基础上，提炼6点倡议，形成"杭州宣言"并签署通过。

健康是生产力

设健康城市国际合作、建设中国特色的健康城市、健康的公共政策和健康的公平性等议题开展广泛交流和深入探讨,形成共识。在此,我们共同倡议:

(1) 建设健康城市,提高市民生活品质,构建人类理想家园,不仅是城市全体居民的共同追求,也应成为城市发展的终极目标。

(2) 建设健康城市,应当倡导健康生活理念,引导健康生活方式,不但注重市民的身体健康,更注重市民的道德健康、心理健康和社会适应。

(3) 建设健康城市,应当构建健康的社会,倡导和谐人际关系,营造礼让、友爱、守信、互助的公共交往方式,不但要构建和谐的家庭关系、邻里关系,也要构建和谐的公共人际关系。

(4) 建设健康城市,应当建立健全保障健康的公共政策,建立有效的公共卫生体系、医疗服务体系、医疗保障体系和危机应急处理体系,为居民提供良好的健康服务。

(5) 建设健康城市,应当创造良好的生活环境,根据各自城市的自然资源、人文特色,建设既安全、环保又舒适、优美的城市环境,让城市成为宜居、宜学、宜业的生活家园。

(6) 各城市政府,应当与市民共同携手,以人的健康为出发点,推进健康环境、健康人群、健康文化和健康社会有机、协调和持续发展,建设一座座安全、和谐、卫生、宜居和人人拥有高品质的健康城市。

2008 年 11 月 20 日

中国杭州

附录三

以奥运会为契机　开展全民健康活动提高全民健康素质

——"健康奥运、健康北京——全民健康活动"
工作总结

举世瞩目的北京奥运会、残奥会胜利结束，赢得了国际上的普遍赞誉。这是党中央、国务院坚强领导的结果，是北京市委、市政府和北京奥组委周密组织、精心指挥的结果，是全国人民大力支持和北京市各条战线共同努力的结果。"健康奥运、健康北京——全民健康活动"，是"迎奥运、讲文明、树新风"的一项重要活动，是保障奥运会成功的一项重要工作，在动员全民做好公共卫生工作、荡涤危害身心健康的陈规陋习、增强健康观念、提高健康素质、做好奥运会和残奥会的医疗卫生安全保障，以及转变医疗卫生工作模式等方面做了大量工作。

一　"健康奥运、健康北京——全民健康活动"的主要工作

北京市在战胜"非典"以后，市委、市政府非常重视医

健康是生产力

疗卫生工作,加大投入,医疗卫生工作有了很大发展。但是,随着经济的发展,生态环境和空气质量的变化,生活条件的改善,工作节奏的加快,吸烟、酗酒、高盐食、高脂食、精神紧张的人日益增多,高血压、高血脂、高血糖、肥胖、超重、心脏病、糖尿病、脑卒中、恶性肿瘤等慢性病有增无减;由于流动人口的增加,传播传染病的概率也在增加。尽管北京的经济发展在全国名列前茅,医疗资源在全国首屈一指,但也存在"看病难、看病贵"的问题。这些问题只有在迎接奥运会这个难得的机遇中加以解决。

(1)进行健康教育,把健康知识交给群众。医盲是健康的重要"杀手"之一,许多人不知道为什么会患病,更不知道如何防病和治病,把健康知识交给群众是"健康奥运、健康北京——全民健康活动"的首要任务。为此,北京市卫生局、北京市中医药管理局和国家疾病预防控制中心组织全国一流医学专家编写了《首都市民预防传染病手册》《首都市民健康膳食指南》《首都市民中医指南》《奥运健康手册》《预防艾滋病读本》等小册子,出版了1560万册,免费送到各家各户和为奥运会服务的宾馆、饭店、奥运村及奥运场馆。为帮助市民学习和掌握健康知识,市委宣传部组织《北京日报》《北京晚报》等7家报纸,新浪网等3家网站和北京广播电台、北京电视台,开辟宣传健康知识专栏,举办电视大讲堂,组织专题讲座,开展有奖征文、知识竞赛,并派出几十名记者采访报道学习好的典型社区和个人。仅2008年1月以来,宣传报道"健康奥运、健康北京——全民健康活动"的文章就发表了3734篇,制作公益广告50部,每天在北京10个电视频道滚动播出110~120次,共计

附录三 以奥运会为契机 开展全民健康活动 提高全民健康素质

播出73025次,《北京晚报》编辑了44个专版,积累了80万字的宣传材料,报纸、电视、广播、网络天天有报道,在全市广大群众中形成了一种学习健康知识的浓厚氛围。

（2）进行健康干预,建立健康的生存环境和生活方式。陈规陋习是一种慢性毒药,会侵害人民健康的肌体,贻害子孙后代。为了改变这种陈旧的生活方式,把"禁烟、限酒、限盐、限油"列为"健康奥运、健康北京——全民健康活动"的一项重要内容,并采取了一系列措施:一是为实现中国政府向国际社会作出的"无烟奥运"承诺,北京市政府发布了第204号"禁烟令",即《北京市公共场所禁止吸烟范围的若干规定》,将252所医院、1600所学校和为奥运会服务的6.6万辆出租汽车,以及为奥运会服务的宾馆、饭店、奥运会场馆列为禁烟场所。报纸、网络、电视、广播大造吸烟危害健康的舆论。在奥运会期间,每天有几十万人观看比赛,没有发现任何违规现象。二是为帮助居民家庭科学地限盐、限油,市政府订做了650万把盐勺和500万个限油壶,免费发放到居民家庭。市政府规定,今后凡是北京市场出售的每一袋盐,都必须配一把限盐勺。三是为全市25~65岁的适龄妇女免费筛查乳腺癌和宫颈癌,免费为农民检查高血压、糖尿病,免费为老年人和儿童以及中小学生接种流感疫苗。房山区免费为农民进行综合性体检,普查白内障、精神病,对经济困难家庭查出来的疾病予以免费治疗。四是为增强人民体质,在全民中倡导"大步走有氧运动",先后在龙潭湖公园、地坛公园、香山公园、小汤山疗养院等多种场所举行"大步走"活动。五是在全市评选"健康之星",表彰先进。18个区县通过层层评议筛选,评

健康是生产力

出改变陈规陋习成效卓著、帮助他人防病健身的"健康大使"16名,"健康使者"84名,"健康之星"377名。通过民主评议和健康干预行动,增强了居民的健康观念,帮助他们建立了健康的生活方式。

(3)加强传染病的防控,确保奥运会的安全。传染性疾病危害面广,是医疗保障领域的一项重点任务。一是在奥运会和残奥会期间,每天24小时监控市内外、国内外疫情,及时发布预警信息和防范措施,并和华北民航管理局、北京市铁路管理局、北京市出入境检验检疫局、北京市交通局建立了公共卫生信息沟通协调机制,确保24小时信息畅通。二是建立了传染病症状监测系统,对奥运会场馆内157个医疗站及市内125家二级以上医院出现的发热、腹泻、结肠红肿、皮疹、黄疸等5种症状的涉奥人员和居民进行传染病排查,以便早发现、早控制。三是搞好大街小巷、学校、医院、饭店、餐馆等公共场所的清洁卫生,清除垃圾,消除病媒,改造公厕,创造文明的生存环境。为迎接奥运会,北京改造了公厕3505座,新建公厕500座,对预防传染性疾病起了很好的作用。奥运会期间,552所学校、44家医院、496个社区和农村建成了健康示范单位,全市36575户餐饮业,经过整顿评比,卫生条件达到优秀的A级餐馆有2598户,符合条件的B级餐馆有18354户,基本符合条件的C级餐馆有15623户,使餐饮业全部达标,增加了一道防止肠胃传染病的防线。四是进行预防艾滋病的宣传,免费向奥运会场馆和为奥运会服务的公共场所发放《预防艾滋病读本》、安全套,培训了180名高等学校的学生和500名社区预防艾滋病宣传志愿骨干,宣传预防艾滋病的知

附录三 以奥运会为契机 开展全民健康活动 提高全民健康素质

识，倡导对艾滋病毒感染者和患者给予人文关怀。

（4）加强和改进慢性病管理，为病人提供便捷、廉价、安全的服务。北京老年人口多，慢性病人多，加强和改进慢性病管理的任务很重。在"健康奥运、健康北京——全民健康活动"的推动下，对慢性病的管理也不断加强和改进。一是开展慢性病普查，建立市民健康档案，摸清慢性病人的底数。全市 18 个区县已建个人健康档案 1450 余万件，为慢性病的管理和治疗奠定了基础。二是整合医疗资源，合理布点，为病人看病提供方便。例如，西城区结合城区行政区域调整和旧城改造，设置了 7 个社区卫生服务中心，48 个社区卫生服务站，152 个由全科医生、防保人员和护士组成的健康服务队，同社区各户的家庭保健员结合起来为全区慢性病人服务。社区居民看病很方便，出门走 15 分钟就可到达卫生站。目前全市有健康服务团队 1100 个，为 700 万个市民治病送药，家庭保健员有 3 万多名，这样可以逐步构成社区内的四级保健网。2007 年，社区根据政府出台的大医院对口支援社区的指示签订协议，实行双向转诊制度，使居民在家门口就能享受大医院的服务。三是针对慢性病病因复杂和个性突出的特点，一方面从生活方式、饮食控制、运动治疗、心理治疗等方面进行综合治疗和管理，另一方面针对不同的人和不同的病进行分类管理和干预。目前对糖尿病、高血压实行进出平衡的量化"知己管理"成效显著，3 个月就可取得降低指标、控制并发症、降低药费的效果。全市已有 249 个"知己管理"机构，检测仪有 10133 台，"知己管理"医务人员有 602 人。在接受"知己管理"的 7951 人中，糖尿病达标率（正常）为 60%，有效率为 78%，高血压达标率（正常）为

63%，有效率为90%。药费普遍下降，深受患者的欢迎。四是中医中药进社区，对养生保健、食疗药膳、情志调摄、运动功法、体质调养，群众非常喜欢。中药费用低，安全有效，中医的门诊量占总门诊量的50%。五是进行收支两条线和药品零差价改革，减轻病人负担。房山区政府决定，在2008～2010年对全区40万个农民中患高血压、心脏病、糖尿病、脑卒中的病人全部免费供药。这些改革受到了城乡人民的热烈欢迎。

（5）集中首都医务界的精兵强将，为奥运会、残奥会提供医疗卫生安全保障。北京市卫生部门从2004年起就在市委、市政府和奥组委的领导下开始了奥运会、残奥会的准备工作。2008年，在中央和军队医务部门的支持下，在卫生部的指导与协调下，各项准备工作很快到位，形成了一个从奥运场馆内到场馆外，从市内到邻近省市的严密的互相衔接的医疗卫生安全保障网。一是建立全市公共卫生应急机制，制定了流感、禽流感、鼠疫、突发事件（包括核生化恐怖事件）、霍乱、饮水污染等涉及30个部门的应急预案，成立了由卫生部、总后卫生部、国家食品药品监督管理总局、北京奥组委和北京市卫生局等有关部门组成的以丁向阳副市长为组长的奥运医疗卫生保障工作协调小组，统一指挥应急事件。为了做到万无一失，还进行了多次实际演练。二是做好食品、饮水医疗卫生安全保障，消灭和控制蚊、蝇、鼠、蟑螂等媒生物；严控核生化恐怖事件，防止发生群体性的踩踏事件。在奥运场馆内派驻421名卫生保障人员，63辆卫生监督车和50辆防疫车，对场馆内和场馆外的餐饮业以及公共场所的饮水站都建立了监测和预警系统。在奥运场馆也进行了周密的部署，救护车和人员24小时值

附录三 以奥运会为契机 开展全民健康活动 提高全民健康素质

守。三是万无一失地做好奥运医疗卫生服务保障。在奥运场馆内设置了156个急救站，配备了1794名外语好、技术水平高的医务人员；配置了急救车191辆，急救人员803人，担架800张，车上都配有先进的医疗抢救设备，还有由626名医务人员组成的奥运村综合医务所，合计共有3223名医务人员在场馆内服务。场馆外有162个急救站，385辆急救车，1265名急救人员，备好了抢救用的血液。对全市17.5万名医务人员进行了奥运知识、文明礼仪、规范服务和医用外语培训，经过多次演练全部合格。四是全体医务人员在卫生局负责人的率领下，忠于职守，24小时值班。在奥运会期间，全市二级以上医院共有149.5万人次值守；派出急救车1.8万多次，二级以上医院接诊468.3万人次。在奥运会期间，奥运场馆医疗站和奥运村综合诊所接诊21337人次。24家奥运定点医院接诊涉奥人员3567人次；在残奥会期间，残奥会场馆医疗站和残奥村综合诊所接诊8046人次，定点医院接诊涉奥人员1020人次；抢救急性危重病人3名。在奥运会医疗卫生安全保障方面，由于准备充分，协调指挥有力，医务人员认真负责，圆满地完成了奥运会、残奥会的医疗和公共卫生的保障任务，实现了无重大食物中毒、无饮水污染、无重大传染病疫情、无病媒侵扰的"四无"目标，受到了国际奥委会主席罗格、国际奥委会医学委员会主席林奎斯特、国际残奥会医学和科学部主任范德唯里埃和世界卫生组织驻华代表韩卓升博士等国际著名人士的高度称赞。

二 基本经验

"健康奥运、健康北京——全民健康活动"的基本经验

健康是生产力

是：以人为本，与时俱进，为参加奥运会、残奥会的各国贵宾、运动员、游人的健康服务，为北京市人民的健康服务。

（1）解放思想，转变观念。时代在前进，医学在发展，健康观念也随之改变。为了万无一失地做好奥运会、残奥会医疗卫生安全保障工作，根据北京的实际情况，按照丁向阳副市长提出的四大观念来部署医疗卫生安全保障工作。

第一，大卫生观念。所谓大卫生观念就是惠及全民的现代卫生观念。这种大卫生观认为：①"健康是人全面发展的基础"。健康既是经济社会发展的目的，又是经济社会发展的动力，对保护健康的卫生事业的发展不能滞后于经济社会的发展，政府各部门都必须重视，否则就会拖经济社会发展的后腿。②现代医学模式表明，环境和社会因素在预防和控制疾病的过程中起主导作用，医疗卫生工作不仅要重视治，更要重视防，要认真贯彻预防为主、防治结合的方针。③人民群众是健康的主体。进行健康教育和健康促进，是一场转变思想观念、破除陈规陋习、改变生活方式的革命，必须有群众的广泛参与，才能提升全民的健康水平，为奥运会、残奥会的医疗卫生安全保障奠定雄厚的群众基础。

第二，大部门观念。大部门观念是由大卫生观念决定的。在当代，人的健康是由多种因素决定的，保护健康不仅是卫生部门和医院的事，也是政府有关部门共同的任务。政府应坚持以人为本，把人民健康问题列入各级政府工作议程，按照政府主导、部门合作、社会参与、城乡统筹、标本兼治的原则，把人民的健康问题解决好。

第三，大北京观念。北京是党中央、国务院和中央军委所

附录三 以奥运会为契机 开展全民健康活动 提高全民健康素质

在地,北京医疗资源也分属中央各部门、军队和北京市,必须对这些医疗资源进行整合,才能充分发挥作用。在奥运会、残奥会期间,按照中央"举全国之力办一届有特色、高水平的奥运会"的指示精神,所有医疗资源在奥运医疗卫生保障协调小组统一指挥下,圆满地完成了奥运会、残奥会的医疗卫生安全保障工作。

第四,大地域观念。传染病的流行是没有地域的,奥运会期间有204个国家的贵宾、运动员和游人云集北京,加大了传染性疾病流行的概率。为了切实做好传染性疾病的防控,北京市一方面及时准确地掌握市内外、国内外的疫情动态,另一方面与天津、河北、辽宁、山西、吉林、内蒙古等省市区的卫生部门建立了联防联控机制,及时分析疫情发展形势,制订防控预案,保证奥运会的安全。

(2)转变医疗模式,由重治轻防转变为预防为主、防治结合。2003年战胜"非典"的袭击之后,市委、市政府很重视卫生工作,加大财政投入,做了大量工作。但是,由于空气污染,食品结构不合理,缺乏体力活动,使居民中的慢性病发病率直线上升。据2007年底的初步统计显示,高血压患者有328.9万人,糖尿病患者有80.4万人,脑卒中患者有17.3万人,恶性肿瘤患者有9.5万人,肥胖患者有204.1万人,血脂异常者有34.7万人,慢性病高危人群达250万~350万人。不改变重治轻防的医疗方针,慢性病患者就难以减少,"看病难、看病贵"问题也难以得到解决。必须按照大卫生观,将医疗工作的重点转向对疾病的普查预防、干预控制、疫情预警、食品安全监督、普及卫生教育、环境保护等,才能提高全

健康是生产力

民的健康素质,避免走西方国家的"经济愈发展,患富贵病的人愈多"的老路。在这次"健康奥运、健康北京——全民健康活动"中,市政府免费发盐勺、油杯,免费为老人、儿童接种流感疫苗,免费为适龄妇女筛查乳腺癌、宫颈癌,免费发放健康知识小册子。这些活动虽然支出达到几亿元,但从长远来看,算总账却节约了几十亿元。

(3) 以人为本,市政府着力解决人民最关心、最直接、最现实的切身利益问题。北京医疗资源丰富,政府投资也不少,但也不同程度地存在"看病难、看病贵"问题。一是城市社区居民守着大医院,但挂不上专家号,重病患者不能及时得到治疗;二是城市还有30万个老人,150万个大中小学生、婴幼儿,47万个无业人员及残疾人没有纳入社会医疗保障;三是郊区农民参加"新农合"的报销比例低,看病有困难;四是城乡基层医生数量少,专业水平低,群众不满意;五是农村医生没有养老金,队伍不稳。在"健康奥运、健康北京——全民健康活动"中,市政府对群众最关心的问题都及时地加以解决。关于城市"一老一小"的医保问题,采取财政补贴为主、个人筹资为辅、自愿参保的方式,建立了大病统筹医疗保险。关于参加"新农合"的农民看病报销比例低的问题,采取建立"新农合"筹资增长机制解决,2007~2010年,凡是参加"新农合"的人每年财政补贴增长100元,到2010年使农民的筹资水平达到500元。关于城市居民挂不上专家号的问题,市政府规定,在市内二、三级大医院对口支持所在地区的社区医院,每个医生每年到社区医院门诊15天,需要挂专家号的病人由社区医院统一安排。关于城乡基层医生

附录三 以奥运会为契机 开展全民健康活动 提高全民健康素质

少、业务水平低的问题，一是政府出资组建退休专家志愿团到社区服务；二是招聘学医的本科毕业生到基层工作；三是对现有医务人员轮流进行培训；四是对未考上大学的高中生送医学院进行定向培养，充实农村医生队伍；五是延长现有医生退休时间，农村医生退休后由市政府发放养老金。这些问题的解决后，城乡基层群众有了能治病的医生，医务人员各得其所，工作也积极起来了。

（4）新闻媒体宣传人民健康问题，既提高了群众的健康素质，又贯彻落实了"三贴近"原则。健康知识是一种科学，不是自发产生的，而是靠外面灌输的。为了向市民传播健康知识和增强健康观念，市委宣传部决定《北京日报》等7家报纸、新浪网等3家网站、北京电视台、北京广播电台及一大批记者参加"健康奥运、健康北京——全民健康活动"的宣传报道。群众看到自己学习健康知识和参加健康活动上了报纸、电视和广播，进一步激发了自己参加"健康奥运、健康北京——全民健康活动"的积极性。2008年9月中旬，市卫生局和市疾病控制中心对全市5万人的抽样调查显示：对"健康奥运、健康北京——全民健康活动"的知晓率高达94.5%；86.1%的人对报纸登载的有关"健康奥运、健康北京——全民健康活动"的文章和广播、电视举办的专题讲座都很注意阅读和收听收看。81.9%的市民知道每人每天食盐量为6克；93.8%的市民知道吃油多了会得慢性病；98.3%的市民知道被动吸烟会危害健康；93.6%的市民知道防病比治病更重要；83.7%的市民经过健康教育更注意健康了。凡是参加"健康奥运、健康北京——全民健康活动"的新闻媒体的阅读率、收

275

健康是生产力

听收视率都有显著提高。健康是全国人民最关心的切身利益问题，宣传报道人民的健康问题，是新闻媒体贯彻落实"三贴近"原则的捷径，是新闻媒体的职责。健康是人民最关心的民生问题。在"健康奥运、健康北京——全民健康活动"中，北京市委宣传部把关注人民健康列入重要工作议程，是贯彻落实科学发展观的集中体现。

（5）市委、市政府重视，部门合作，社会参与是"健康奥运、健康北京——全民健康活动"成功的关键。为了举办一届"有特色的，高水平的奥运会"，北京人民在市委、市政府和奥组委的领导下准备了7年，拟订了许多预案，但健康问题仍是成功举办奥运会的一个重要问题。"绿色奥运、科技奥运、人文奥运"一刻也离不开"健康奥运"。按照国际惯例，凡是举办大型国际活动的城市，在临近举办时如果发生大规模的传染性疾病，世界卫生组织就会取消其举办资格；举办过程中如果发生重大医疗卫生事故，就会严重损害举办国家的声誉；举办奥运会的直接目的是为各国运动员提供一个竞技的比赛平台，但其终极目的是提高全民的科学、文明、健康素质。当中国医药卫生事业发展基金会建议在全市开展健康教育和健康促进，依靠用健康知识武装起来的群众来解决这些问题时，得到了市委、市政府领导的全力支持，并作为"迎奥运、讲文明、树新风"的一项全民性的重要活动。

为了有效地开展活动，北京市成立了由市委常委、宣传部长、副市长蔡赴朝，市政府主管卫生工作的副市长丁向阳，中国医药卫生事业发展基金会理事长王彦峰组成的最高协调小组，并决定以中国医药卫生事业发展基金会、中国疾病预防控

附录三 以奥运会为契机 开展全民健康活动 提高全民健康素质

制中心和北京市卫生局的名义在全市发起"健康奥运、健康北京——全民健康活动"。经过将近一年的调查研究和准备,于 2007 年 4 月 27 日,北京市政府主持举行了启动仪式,卫生部部长高强,北京市市长王岐山,中共北京市委、市人大、市政府的领导,市政府各委、办、局和 18 个区县的领导参加了会议。同年 9 月 24 日,北京市政府转发了市卫生局关于开展"健康奥运、健康北京——全民健康活动"的通知和最高协调小组拟定的 19 项活动,各区县根据市政府的部署也都建立了政府领导、部门合作、社会参与的领导机构,结合本区县特点,制订了实施方案。这样就把全市居民组织到"健康奥运、健康北京——全民健康活动"之中。为及时掌握全民健康活动进展情况,北京市卫生局成立了"健康奥运、健康北京"办公室,各区县卫生局也建立了相应的办事机构。最高协调领导小组定期开会部署工作,指导活动在全市有计划、有步骤地开展,使这场全民健康活动在拥有 1500 万常住居民和 500 万流动人口的北京达到了预想的目标。

三 对今后工作的建议

历时将近两年的"健康奥运、健康北京——全民健康活动",一是为奥运会、残奥会的医疗卫生安全保障工作创造了一个良好的客观环境和雄厚的群众基础;二是对北京的陈规陋俗进行了一次"大扫荡",为搞好公共卫生、转变医疗模式开了一个好头;三是在全民健康活动的影响和推动下解决了一些群众最关心、要求最迫切的问题。北京市在解决人民的健康问题上虽居全国前列,但需解决的问题还不少。今后的工作概括

健康是生产力

起来就是两个方面：第一件事就是把"健康奥运、健康北京——全民健康活动"创造的好经验、好做法作为宝贵的奥运遗产坚持下去。比如，政府领导、部门合作、社会参与的领导机制，为解决医生短缺延长医生退休时间和给农村医生发放养老金，新闻媒体参与健康教育和健康促进，从战略高度研究健康在建设创新型社会的作用，这些做法和经验都具有普遍意义，应在实践中进一步发展和完善。

第二件事，就是结合学习和实践科学发展观，在"健康奥运、健康北京——全民健康活动"的基础上，把《健康北京——全民健康十年促进规划》修改好、执行好。为了修改好《健康北京——全民健康十年促进规划》，应对全市人民的健康状况作一次全面的调查研究，对照国家即将出台的《关于深化医药卫生体制改革的意见》和卫生部即将出台的《健康中国 2020 年发展规划方案》，科学评估本市在管理体制上和人民健康状况方面存在的主要问题，一步一步地加以解决。在执行《健康北京——全民健康十年促进规划》时，应在政府统一领导下，把卫生、计生、民政、社保、环保、发改委、财政、科委、税务、宣传等部门和新闻媒体统一组织起来，深入社区、农村抓典型，推动面上的工作步步深入。这样扎扎实实地抓十年，北京的医药卫生工作和市民健康素质就将会上一个新台阶。

中国医药卫生事业基金会
2008 年 12 月 18 日

附录四
北京市人民政府关于印发《健康北京人——全民健康促进十年行动规划（2009～2018年）》的通知

各区、县人民政府，市政府各委、办、局，各市属机构：

现将《健康北京人——全民健康促进十年行动规划（2009～2018年）》印发给你们，请认真贯彻执行。

附件：健康北京人——全民健康促进十年行动规划（2009～2018年）

北京市人民政府
2009年5月27日

附件：健康北京人——全民健康促进十年行动规划（2009～2018年）

健康是人们成就事业和幸福生活的基本前提，是实现经

健康是生产力

济、社会发展的基本条件，也是人类社会的永恒追求。世界卫生组织明确提出："21世纪的医学，不应该继续以疾病为主要研究领域，而应该把人类健康作为主要研究方向。"健康教育与健康促进是帮助人们实现健康的重要手段，也是实现21世纪人人享有卫生保健目标的战略措施。

近年来，针对慢病对北京市民健康的危害和发展趋势，从"防治结合、以防为主"的大卫生观念出发，本市在大力宣传慢病防治知识、推广健康生活方式等方面采取了一系列行动，并出台了相关政策。

为进一步改善全市居民的主要健康指标，全面提升市民的健康素质，通过普及健康知识、动员市民参与健康行动、政府提供健康保障，延长全市居民健康寿命，将北京建设成为拥有一流"健康环境、健康人群、健康服务"的国际化大都市，现提出《健康北京人——全民健康促进十年行动规划（2009~2018年）》。

一　总体要求

1. 指导思想

以科学发展观为指导，将提高市民健康素质作为首都社会发展的重要目标，坚持以人为本，充分利用"健康奥运、健康北京——全民健康活动"的宝贵遗产，通过10年的努力，用健康促进策略应对慢病的挑战，通过普及健康知识、动员市民参与健康行动、政府提供健康保障，实现"健康北京人"的目标，促进本市健康水平大幅度提高。

2. 基本原则

坚持"预防为主、防治结合，政府主导、部门合作，市民参与、人人行动"的原则,广泛开展各种健康促进活动,干预控制影响人群健康的危险因素,规范公共卫生行为,倡导文明健康生活方式;针对不同性别、不同年龄、不同身体状况的人群,采取不同的干预对策,促进其建立健康生活方式;对高危人群实行"早发现、早诊断、早治疗",促进康复、减少痛苦,延长健康寿命。

3. 工作目标

结合本市经济社会发展状况,通过10年的努力,使市民主要健康指标显著改善,市民身体健康、心理健康、社会适应能力和道德健康水平不断提高,市民健康寿命延长,将北京建设成为拥有一流"健康环境、健康人群、健康服务"的国际化大都市,开创有首都特色的经济社会可持续协调发展道路。

4. 主要指标

(1) 全民健康知识知晓率达到85%以上。

(2) 人均每日食盐量下降到10克以下(现为日均13.4克)。

(3) 人均每日油脂摄入量下降到35克以下(现为日均54.6克)。

(4) 成人吸烟率男性下降到50%以下,女性下降到4.0%以下(现为男性57.7%,女性4.6%)。

(5) 每周运动3次以上、每次30分钟以上的人群比例达50%以上(现为34.1%)。

(6) 市民刷牙率达到90%以上,正确刷牙(顺着牙齿的方向,上牙向下刷,下牙向上刷)率达到70%以上,65~74岁老年人口腔中能承担咀嚼功能的牙齿平均不少于20颗(现为 15 颗）。

(7) 中小学生肥胖率下降到 15% 以下（现为 17.28%）。

(8) 孕产妇死亡率控制在 15/10 万以下（现为 18.51/10 万），新生儿死亡率控制在 3‰ 以下（现为 3.7‰）。

(9) 全市所有社区卫生服务机构均有条件提供高血压、糖尿病管理服务，35 岁以上人群高血压知晓率、治疗率、控制率分别达到 80%、65%、50% 以上（现为 49.1%、42.3%、10.6%）。

(10) 人群健康体检合格率逐年上升。

(11) 全市居民平均期望寿命达到 81 岁（现为 80.27 岁）。

二 主要行动

1. 健康知识普及行动

(1) 利用电视、广播、报纸、网络、公益广告等传播媒介，加强卫生知识与保健常识的宣传。在北京电视台、北京人民广播电台设立健康频道或栏目，在《北京日报》《北京晚报》等市级报刊上设立健康专版，普及健康知识（牵头部门：市委宣传部；协作部门：市卫生局、市文化局、市广电局、市新闻出版局）。

(2) 因地制宜，建设健康园地、健康广场，为广大市民提供集健康咨询、体能测试、娱乐健身功能于一体的健康教育与健康促进服务。同时，以社区为单位组织各种俱乐部、娱乐队等活动小组，经常组织开展各种健康促进活动，鼓励老年人积极参与各种社会活动和社会交往（牵头部门：市卫生局；协作部门：市园林绿化局、首都精神文明办、市文化局、市体育局、各区县政府)。

(3) 开展"健康社区行""卫生保健进万家""健康知识进校园""心理健康进社区""健康知识竞赛"等健康促进活动,倡导市民参加"健康行为"大讨论,引导市民全面提升健康意识(牵头部门:市卫生局;协作部门:首都精神文明办、各区县政府)。

(4) 深化中小学生健康教育。全市中小学校每学期有5节健康教育课,每名学生有1本健康教育读本,使学生在日常生活和活动中养成良好的健康习惯,保护好视力和牙齿,合理膳食,增加体育锻炼,引导学生自觉抵制烟草、远离烟草(牵头部门:市教委;协作部门:市卫生局)。

(5) 创建健康促进学校。通过逐步完善学校的健康政策,不断改善学校的物质和社会环境,为学生提供健康服务,培养学生的健康技能等,努力为学生创造健康、安全的学习和生活环境,最大限度地提高广大师生的健康水平。在2018年前,全市80%的中小学校达到健康促进学校的标准(牵头部门:市教委;协作部门:市卫生局、市红十字会)。

2. 合理膳食行动

(1) 加强儿童青少年营养膳食管理,制定"中小学生健康饮食政策",发挥营养午餐在学生膳食干预中的作用,促进儿童青少年从小养成健康的生活方式,改善儿童青少年的超重和肥胖状况(牵头部门:市教委;协作部门:市卫生局)。

(2) 加强对食品生产、加工、消费、流通流域的监管,鼓励和补贴食品生产厂家开发低糖、低脂和低盐等有利于健康的食品;推广食品营养成分标签,在有条件的商店(超市)

健康是生产力

开设低脂、低盐食品专柜，引导市民根据自身情况，选择消费低盐、低脂食品（牵头部门：市质监局；协作部门：市工商局、市卫生局）。

（3）在幼儿园、学校、医院及集体用餐单位开展营养知识培训，科学指导市民合理膳食，改变膳食结构不合理、营养不均衡现状（牵头部门：市卫生局；协作部门：市教委）。

（4）向全市范围内的餐馆、集体食堂和家庭推广使用低钠盐（牵头部门：市商务局；协作部门：市卫生局）。

（5）开展膳食摄入量的监测评价，每年进行抽样调查，了解居民营养膳食摄入情况，公布监测数据（牵头部门：市卫生局；协作部门：各区县政府）。

3. 控烟行动

完善控烟法规规章及其相关政策，加大控烟力度，在2018年以前实现全市公共场所全面禁止吸烟（牵头部门：市爱卫会；协作部门：市政府法制办、市卫生局、首都精神文明办）。

4. 健身行动

（1）开展工间（工前）操活动，每日1次，每次不少于20分钟（牵头部门：市总工会、市体育局；协作部门：市卫生局）。

（2）全市公共体育场馆向老年、中小学生优惠开放，同时推进学校体育场馆向社会开放（牵头部门：市体育局、市教委、市财政局；协作部门：各区县政府）。

5. 保护牙齿行动

（1）建立完善以社区卫生服务机构为中心的口腔健康防治网，能够承担起口腔初级卫生保健工作的社区卫生服务中心达 100%，为市民定期进行口腔健康检查和牙周洁治（牵头部门：市卫生局；协作部门：市人力社保局）。

（2）对全市学龄前儿童和在校中小学生开展免费口腔健康检查，建立口腔健康档案，加强对龋齿及其危险因素的监测与控制（牵头部门：市教委；协作部门：市卫生局）。

（3）为儿童免费防治龋齿，以全市 6~9 岁儿童为目标人群，每年进行 1 次龋齿检查和防治。在 2018 年前将青少年龋病控制在世界卫生组织确定的最低限度（牵头部门：市卫生局；协作部门：市教委）。

6. 保护视力行动

（1）建立学生健康体质检查制度，每学期开展 1 次视力检查，每天组织做 2 次眼保健操，帮助学生掌握科学用眼知识和方法（牵头部门：市教委；协作部门：市卫生局）。

（2）在全体人群中开展眼病的早期筛查、早期干预，在 2018 年眼病高危人群年受检率达 90% 以上（牵头部门：市卫生局；协作部门：市人力社保局、市民政局）。

7. 知己健康行动

（1）为市民提供便民血压测量服务。在全市药店、计划生育服务站增设血压、体重测量和药学、计划生育知识等相关咨询服务，免费为市民提供血压、体重、腰围测量服务（牵头部门：市药监局；协作部门：市卫生局、市人口计生委）。

（2）开发建立辖区人口健康状况的档案管理信息系统，全面掌握辖区内人口的主要健康问题。对高血压、糖尿病人群开展主动健康管理，控制血压、血脂、血糖。全市社区卫生服务机构对辖区人口中的高血压、糖尿病病人定期开展健康咨询、健康监测和服药指导（牵头部门：市卫生局；协作部门：市人力社保局）。

8. 恶性肿瘤防治行动

（1）围绕控制吸烟、控制感染、早诊早治、合理膳食等几个方面开展恶性肿瘤综合防治（牵头部门：市卫生局；协作部门：市爱卫会）。

（2）开展宫颈癌、乳腺癌筛查，实现"早发现、早诊断、早治疗"。适龄人群每2年至少接受1次肿瘤筛查，在2018年前筛查出的患病人群的治疗率达到90%以上（牵头部门：市卫生局；协作部门：市人力社保局）。

9. 母婴健康行动

（1）加强优生优育、科学育儿指导服务，提倡母乳喂养，建设爱婴医院、爱婴社区。在2018年前以区县为单位，爱婴社区覆盖率达到90%以上（牵头部门：市卫生局；协作部门：市民政局、市人口计生委）。

（2）提高出生人口素质，改善儿童健康服务，降低出生缺陷人口数量。在2018年前，以区县为单位，婚前孕前、孕期、出生三级防治措施的覆盖率达到95%以上；开展孕前优生健康检查；免费为学龄前儿童进行健康体检和新生儿先天性疾病筛查，5岁以下儿童疾病综合管理率达到98%以上（牵头部门：市卫生局；协作部门：市民政局、市人口计生委、市人力社保局）。

三　保障措施

1. 加强健康促进工作的组织领导

成立多部门参加的市健康促进工作委员会，领导和协调全市健康促进工作。市健康促进工作委员会办公室设在市卫生局。在市政府的统一领导下，市卫生、体育、教育、文化、宣传、商务、人力社保、民政、财政、发展改革、人口计生、质监、工商、园林、工会等相关管理部门通力合作，各负其责。各区县将全民健康促进工作列入政府的重要议事日程，建立领导小组和办事机构，制订年度实施计划，积极推进健康促进工作的开展，确保各项工作目标如期实现。

2. 加强健康促进工作的考核与评估

市健康促进工作委员会每年对各区县、市相关部门健康促进工作完成情况进行督导与评估考核，并将考核结果纳入市委、市政府对区县和部门的年度考核。

3. 建立健康促进工作经费保障机制

建立政府主导、积极争取社会力量支持的经费保障机制。全民健康促进工作经费纳入市、区县政府预算。各相关部门要根据健康促进工作计划在部门预算中安排相应的经费，以保障各项计划顺利实施。

4. 加强健康教育专业机构和人员队伍建设

建立北京健康教育基地。在现有市健康教育所的基础上，建立一个集健康教育与健康促进的业务管理、专业指导、技术服务、大众传播、科研教学于一体的健康促进中心和健康教育馆。健康教育馆免费向市民开放。

5. 加大宣传力度，营造健康的社会氛围

健康促进工作是全社会的责任，围绕总体目标，宣传、动员全社会广泛参与健康促进活动，营造健康行动从我做起的社会氛围。从2010年起，市政府每年发布1次"北京市人群健康状况白皮书",向社会公布北京人健康状况,明确未来行动目标。

6. 充分发挥健康教育社会团体的作用

积极扶持各类城市卫生志愿者队伍,以群众教育群众的方式,推动更多的市民关心关注健康,建立健康的生活方式和良好的卫生习惯,在全社会形成人人了解健康知识、人人参加健康行动的健康促进氛围。

7. 积极开展国内外交流与合作

学习国内外健康促进先进经验和具体做法,积极开展多种形式的交流活动;拓宽国际合作领域,争取世界卫生组织和其他国际组织的指导,努力提升本市健康教育与健康促进队伍的能力和水平。

附录五
推进健康城市建设
——唐山共识（2010年）[*]

我们参加中国第三届健康教育与健康促进大会的代表和市长相聚在正致力于建设科学发展示范区和人民群众幸福之都的唐山，共商健康城市建设大计，达成了可喜的共识。

健康城市是世界卫生组织针对传统城市化给人类健康带来的危害而提出的全球行动战略。健康城市建设是一场用现代文明代替传统文明的深刻革命，致力于促进人与自然、人与社会、人与人之间和谐相处，促进人的身心健康；健康城市建设是应对城市化进程中所出现的各种问题的最佳解决途径，是提升人类健康水平的根本出路。

---

[*] 2010年9月18~19日，由中国健康教育中心（卫生部新闻宣传中心）、中国医药卫生事业发展基金会、唐山市人民政府共同主办的第三届中国健康教育与健康促进大会暨城市化与健康（唐山）论坛在河北省唐山市隆重举行。来自北京、上海、天津、重庆、广州、杭州、成都、昆明、济南、长春、西宁、南宁、包头、伊春、克拉玛依、唐山等18个地方的市长、区长、秘书长、卫生局长等有关领导以及专家和媒体朋友共300余人参加了此次论坛。

健康是生产力

自 20 世纪 90 年代以来，世界卫生组织就和我国卫生部合作，在北京、上海、杭州、成都、长春、大连、苏州、克拉玛依、海口等一批城市进行了试点；2008 年北京奥运会，开辟了大都市全面建设健康城市的先河；我们亲眼看到唐山市全面推进健康城市建设所取得的成就和创造的新经验；我们赞赏上海、天津、重庆、广州、南宁、济南、昆明、西宁、包头等为推进健康城市建设所付出的巨大努力。我们愿意每年相聚一个城市，轮流举办健康城市论坛，以加快推进健康城市建设的发展。

我国经过 30 多年的高速发展，建设健康城市的条件已经成熟。党中央提出的转变经济发展方式的伟大战略，是一场新的科技革命，是保护生态环境，提高人的素质，摒弃不良生活方式和习惯，全面建设现代医疗和健康模式的革命，是在现阶段贯彻落实科学发展观的出发点和落脚点。

我们呼吁所有具备创建健康城市条件的城市，紧跟党中央的伟大战略部署，把握机遇，把健康城市建设提上议事日程，保护人民的健康和幸福，共创美好的明天！

2010 年 9 月 19 日
中国唐山

附录六

继承奥运健康遗产
努力把北京建设成健康之都[*]

王彦峰　金大鹏　王鸿春[**]

胡锦涛总书记在党的十七大报告中指出："健康是人全面发展的基础，关系千家万户幸福。"在刘淇书记的领导和关心下，北京市委市政府高度重视全市人民的健康问题，特别是在筹备奥运会期间，北京市委市政府提出了"绿色北京、科技北京、人文北京"和"健康奥运、健康北京——全民健康活动"，不仅保障了奥运会、残奥会的成功举办，而且使全体市民提高了健康理念，树立了科学生活方式，给世界留下了一笔丰厚的奥运健康遗产。奥运会之后，北京市提出了建设世界城市的宏伟目标，这与以科学发展为主题、以转变经济发展方式

---

[*] 本文系 2010 年 10 月 27 日王彦峰、金大鹏、王鸿春送呈时任中共中央政治局委员、北京市委书记刘淇同志的建议，刘淇同志当日即对该建议作出批示。

[**] 王彦峰为中国医药卫生事业发展基金会理事长；金大鹏为北京健康教育协会会长；王鸿春为时任首都社会经济发展研究所所长。

健康是生产力

为主线的党的十七届五中全会精神是完全一致的。我们应继承和弘扬北京奥运会、残奥会健康遗产，继续坚持以人为本，积极与世界卫生组织的要求接轨，全面推进健康城市建设，努力把北京建设成"健康之都"。

一　健康城市的概念和内涵

健康城市是世界卫生组织为摒弃源于西方国家的高消耗、高污染、高浪费、低经济效益、低生态效益、低社会效益这种传统生产方式对人类发展造成的严重危机，而提出的一种新的生存战略。它明确指出："健康城市是长期致力于创造和改善自然和社会环境，开拓并扩展其资源，使城市居民能够在生活的各个方面相互协助和支持，并发挥最大潜能，达到最佳状态的城市。"

据世界卫生组织统计，每年全球死亡4900万人，其中3/4都与生存环境有关。这就是说，只有在产业、环境、城市建设、城市规划以及各个方面的管理中都贯彻以人的健康为中心，保障广大人民群众健康的工作、学习和生活，才能使城市成为人类生存发展的健康乐园。建设健康城市已超出了狭义上的健康概念，它不是居民个人的事，也不只是卫生部门的事，而是包括城市规划、建设、管理等各个部门的共同职责。

二　建设健康城市的重要意义

第一，建设健康城市是城市发展的内在要求。传统工业化模式一方面促进了社会生产力的极大发展，另一方面也给城市带来了环境污染、饮水困难、人口拥挤、交通堵塞、住房紧

附录六 继承奥运健康遗产 努力把北京建设成健康之都

张、暴力伤害等一系列社会问题，使人类的健康受到了极大威胁，疾病特别是慢性疾病迅速增加。要实现城市的健康发展，就必须努力转变发展方式，走新型工业化道路，实现人与城市的和谐发展，进而促进人的健康。

第二，建设健康城市是城市发展的世界趋势。当前，世界上很多国家的城市都在开展健康城市建设工作。各国开始健康城市建设是以1986年世界卫生组织在欧洲总部建立健康城市项目为标志。当时，参加的城市仅有11个。随后，范围不断扩大。截至2008年，全球已有4000多个城市参加了健康城市项目。建设健康城市已成为城市发展的世界趋势。我国在20世纪90年代开始参加了世界卫生组织的健康城市建设工作。建设健康城市行动得到了上海、天津、重庆、广州、南宁、济南、昆明、西宁、唐山等全国很多城市的热烈响应。2010年9月18~19日在唐山召开的第三届中国健康教育与健康促进大会上，与会城市达成了《推进健康城市建设——唐山共识》，一致呼吁具备创建健康城市条件的城市，要将建设健康城市提上议事日程。

第三，建设健康城市是当前北京城市发展的客观要求。新中国成立以来，特别是改革开放以来，北京市工业化和城市化有了很大发展，人民生活也有了显著改善。但是，北京市的工业化未摆脱传统工业化的弊端。人民的生活水平上升了，但健康水平并未相应提高。据统计，全市患有各类慢性病的人口占成年人口的1/3，新旧传染病仍然频发。建设健康城市，提升人民群众的健康水平，已成为全市人民最迫切的要求之一。而要提升人民群众的健康水平，就必须转变原有的发展方式，走

293

以人的健康为中心，资源节约、环境友好的新型发展之路，特别是要加强在城市规划、管理、运行中各个环节与健康关系的研究，全面推进健康城市建设。

三 建设健康城市与北京建设世界城市的关系

第一，建设健康城市与建设世界城市都是落实"以人为本"的科学发展观的具体体现。健康城市是保障人类永续发展的唯一出路，任何城市都应成为健康城市。健康城市突出强调健康是人类的第一主题，着力建立丰富充足的物质环境、洁净良好的生态环境、和谐有序的社会环境、优质安全的医疗服务环境，来提高人民群众的健康水平和生活质量。而建设世界城市是北京市在奥运会后，根据其区位优势及未来作为世界大国首都应发挥作用的特点，提出的一项新发展战略，其本质是根据首都的科学发展规律和中国的国情与历史，探索具有中国特色的世界城市发展之路，从而提升北京市的综合实力和国际影响力，提升人民群众的生活质量并实现人的全面发展。从这个意义上可以说，建设健康城市与建设世界城市的根本出发点是一致的，都是落实"以人为本"的科学发展观的具体体现。

第二，建设健康城市是建设世界城市的基础。世界城市是具有广泛影响力和控制力的城市，其影响力和控制力的来源最重要的是其人力资源的强大状况和社会环境运行的良好状况，而健康是它们运行的基础。同时，世界城市是国际城市的高端形态，更是城市化发展的高端形态。在世界各国城市的发展都在摒弃传统工业化模式，转而寻求更为健康的新型工业化模式时，北京建设世界城市就必须以新型工业化为基础，建设健康

附录六　继承奥运健康遗产　努力把北京建设成健康之都

的世界城市,从而通过建设健康城市,促进世界城市的建设,实现健康城市建设与世界城市建设相辅相成、相得益彰。

第三,国际上公认的世界城市都是高标准的健康城市。研究显示,国际上公认的世界城市——纽约、伦敦和东京都非常重视健康城市建设。东京在1991年就建立了东京健康促进委员会,拉开了健康城市建设的序幕。英国伦敦在20世纪80年代末就从其下辖的康斯市开始了健康城市建设。纽约也早在20世纪末开始了健康城市建设。目前,纽约、伦敦和东京在城市健康方面都保持着较高水平,且处在世界的前列。据国际上权威的与健康状况有密切关系的宜居城市调查机构美世公司的调查,2010年纽约、东京、伦敦在全球的宜居排名分别为第46位、第35位、第39位,而北京则排在第114位,其中在医疗和健康水平方面,北京只相当于东京的60%。

四　推动北京市健康城市建设的若干建议

根据以上分析,在当前形势下,北京在建设具有中国特色世界城市的目标下,全面开展健康城市建设工作是十分必要的。

一是将建设健康城市工作纳入北京的"十二五"规划。建设健康城市是一项关系发展模式的重大变革,它必将在建设世界城市的统领下,对城市建设的各个方面产生深远影响。"十二五"时期是我国全面建设小康社会的关键期和深化改革开放、加快转变经济发展方式的攻坚期。在此重要时期,将建设健康城市纳入城市发展规划具有十分重要的意义。而且,"十二五"时期对于建设健康城市也是一个极其难得的机遇,

295

健康是生产力

否则,新的发展模式形成之后再调整,将极其困难。

二是成立与世界卫生组织接轨的北京市建设健康城市领导小组,一方面获取世界卫生组织的指导,另一方面实现与国际接轨。领导小组下设办公室,具体负责北京市建设健康城市中的有关组织、协调、策划等相关工作以及与世界卫生组织、卫生部以及其他部门的协调沟通工作。领导小组由市委市政府主要领导任组长,由主管副市长兼任办公室主任,各相关委办局负责人为成员。

三是成立"北京建设健康城市研究"课题组,对北京市如何建设健康城市开展深入研究。课题组拟由中国医药卫生事业发展基金会、北京市健康教育协会、首都社会经济发展研究所负责牵头组织,其中具体调研、撰写工作由首都社会经济发展研究所和北京市决策学学会负责完成。

附录七

北京市人民政府关于印发《健康北京"十二五"发展建设规划》的通知

各区、县人民政府，市政府各委、办、局，各市属机构：

现将《健康北京"十二五"发展建设规划》予以印发，请认真贯彻实施。

附件：健康北京"十二五"发展建设规划

北京市人民政府
2011年7月20日

健康是生产力

附件：健康北京"十二五"发展建设规划[①]

目录

第一章　规划基础

（一）主要成就

（二）面临挑战

（三）发展机遇

第二章　发展思路和目标

（一）指导思想

（二）基本原则

（三）发展目标

第三章　促进居民健康

（一）普及健康知识

（二）调整生活方式

（三）开展健身行动

（四）防控慢性疾病

（五）维护心理健康

（六）呵护老年健康

第四章　强化公共卫生

（一）防控传染疾病

（二）确保卫生安全

[①] 限于篇幅，这里只摘录了该附件中的目录。

（三）做好妇女保健

（四）促进儿童健康

（五）改善精神卫生

（六）推广健康体检

（七）做好急救服务

第五章　提升医疗服务

（一）深化医药卫生体制改革

（二）缓解群众看病难的问题

（三）建设国际一流诊疗中心

（四）推行家庭医生式的服务

（五）化解群众看病贵的问题

第六章　优化生活环境

（一）改善污水处理能力

（二）提高垃圾处理能力

（三）控制大气噪声污染

（四）改善交通安全状况

（五）整洁城乡市容环境

（六）创造综合支撑条件

第七章　加强行政监管

（一）让居民安全饮食

（二）让居民放心用药

（三）让居民安心就诊

（四）建立健康评估机制

第八章　保障措施

（一）加强领导协调，推进规划实施

健康是生产力

（二）开拓筹资渠道，增加公共投入

（三）构筑法制环境，保障规划落实

（四）落实建设责任，加强评价考核

（五）加强舆论引导，营造良好氛围

（六）开展交流合作，扩大内外影响

附录八
健康城市·北京倡议
——健康城市　科学发展[*]

2012年6月7~8日,我们来自全国30个城市的代表齐聚首都北京,交流健康城市建设经验,共商健康城市推进大计,我们一致认为:

健康是生产力,是人类最宝贵的财富。健康城市是城市发展的必然趋势,是当前城市发展的最高形态。健康城市旨在实现人与城市的健康发展,城市与自然的和谐共存,促进人类社会可持续发展。

---

[*] 2012年6月7~8日,在卫生部和全国爱卫办的指导下,由中国医药卫生事业发展基金会、中国非处方药物协会、北京市爱卫会联合主办,北京民力健康传播中心、北京健康城市建设促进会承办的"健康城市建设工作经验交流会暨第九届自我药疗年会"在北京隆重举行。在这次会议上,全国人大常委会副委员长桑国卫视频致辞,卫生部部长陈竺、民政部副局长刘忠祥、中国医药卫生事业发展基金会理事长王彦峰分别致辞,对健康城市工作经验交流会的召开表示祝贺,对健康城市建设的开展给予了肯定,时任北京市政府副市长丁向阳作了关于北京市开展健康城市建设的主题报告。来自北京、上海、天津等20多个省、市、自治区的30个城市的市长、区县长、卫生局长、爱卫办主任等有关领导以及媒体朋友共200余人参加了经验交流会。

健康是生产力

健康城市是城市全面发展的重要标志，反映出一个城市的现代化水平。建设健康城市，既要关注人自身的健康，也要关注城市环境的健康。不仅要建设优良的健康教育、疾病控制、卫生服务等城市人群的卫生健康环境，也要建设和谐的社会、文化、产业、生态、公共服务等城市健康大环境。

在"十二五"时期，我国以科学发展为主题，以转变经济发展方式为主线。建设健康城市，要紧扣科学发展的主题，秉承以人为本的理念，从规划、建设、运行到管理，全面贯彻"以人的健康为中心"的原则，把城市建设成为健康人群、健康环境、健康产业和健康社会有机结合的整体；建设健康城市，要通过转变经济发展方式，摒弃高污染、高能耗、低效益的传统城市发展模式，开创以宜业、宜居为目标的城市发展新格局。

我们在首都北京郑重地倡议：

（1）全国所有具备条件的城市，积极响应党中央、国务院的战略部署，把建设新型的健康城市提上议事日程。

（2）开展健康城市建设的城市，应争取把建设健康城市纳入本市的"十二五"发展规划，建立强有力的协调和促进机制。

（3）共同倡议成立中国健康城市论坛，推进各城市建立健康城市建设促进会等健康促进社会组织。

（4）积极推动研究制定中国健康城市标准和健康城市发展规划，完善中国的健康城市理念，实现建设健康城市和卫生城市的有机结合，促进健康城市的科学发展。

2012年6月8日
中国北京

附录九
首届"国际健康论坛"在京举行 发布《国际健康宣言》

2013年11月8~9日，由国际健康与环境组织、世界旅游城市联合会、《中华医学百科全书》工作委员会、中国医药卫生事业发展基金会共同发起主办，由中国发展研究院、《中华医学百科全书》工作委员会事业发展部联合承办，与中华预防医学会、中国医药企业管理协会、中国民族医药协会、国际生态安全合作组织、北京健康城市建设促进会和吴阶平医学基金会合作的"国际健康论坛暨《中华医学百科全书》2013主编年会"在人民大会堂隆重举行。大会设立主论坛和七个主题分论坛，同期举办了"中华民族医药文化展"，通过并发布了《国际健康宣言》。来自联合国与世界各国的官员、学者、专家、企业家700余人参加了本次论坛。

当日，前国务委员、首届国际健康论坛名誉主席唐家璇，文化部部长蔡武，北京市市长、世界旅游城市联合会主席王安顺，第67届联合国大会主席、国际健康与环境组织主席武克·耶雷米奇，联合国常务副秘书长泰格艾格奈瓦克·盖图，联合国秘书长特别助理金垣洙，世界卫生组织代表裴雷，外交

健康是生产力

部副部长李保东，国家卫生和计划生育委员会副主任、国家中医药管理局局长王国强，中国工程院院士、《中华医学百科全书》总主编刘德培，国际健康与环境组织创始主席、中国医药卫生事业发展基金会理事长王彦峰，国际健康与环境组织副主席、全国政协常委王林旭等中外嘉宾出席论坛。

本届论坛以"构建更宽广的健康内涵"为主题，搭建起了全球促进健康的高层次对话平台。论坛期间举办的"《中华医学百科全书》2013编委年会"，是中国医学发展的一件盛事，该百科全书的编撰出版将有力地促进中华医学宝藏为全球共享。

在论坛开幕式上，联合国秘书长潘基文先生通过视频致辞，高度评价了这次大会。他说，推动人类健康一直是联合国的工作核心。举办"国际健康论坛"，是我们推动人类健康发展共同愿景的重要举措。同期举办的"《中华医学百科全书》2013主编年会"标志着中国国家重点出版工程——广受瞩目的《中华医学百科全书》的成功实施，是中国对国际社会的重大贡献。

唐家璇在致辞中说，让人民享受更高水平的医疗服务和更优美的生态环境，是全世界的共同梦想。本次论坛的成功举办，是践行联合国宪章精神的重要体现，也必将对推广中华医学、促进健康事业、传播绿色理念起到重要作用。

王安顺在致辞中说，在转型发展的关键时期，人民生活面临的健康危险因素日趋复杂。北京市将把健康促进作为政府重要职责，深化医疗卫生体制改革，努力从源头上减少和遏制疾病发生，更好地为人民的健康服务。希望参与论坛的各界人士

附录九　首届"国际健康论坛"在京举行　发布《国际健康宣言》

广泛交流，深入探讨，为北京市健康促进工作和城市发展提出更多宝贵意见。

武克·耶雷米奇在致辞中呼吁各国共同关注人类健康、应对环境挑战，并表示将支持《中华医学百科全书》的编撰出版，推动传统医学的传播与发展。

王彦峰在晚宴中致辞说，健康问题已成为全世界共同关注的重大问题。国际健康与环境组织的成立和本次论坛的成功举办得到联合国秘书长潘基文先生的倡导和推动，这次健康论坛是贯彻"国际健康与环境组织"宗旨的会议，是为建设健康、美丽、和谐、幸福的世界贡献智慧的国际会议。我们应以更宽广的视野看待保护健康的问题，凡是有关人类健康的问题，都可以平等地交流、互相学习。

大会主论坛由中国工程院院士、国务院学位委员会委员、《中华医学百科全书》编纂总主编刘德培主持，闭幕式由组委会副主席兼执委会秘书长杨利明主持，在闭幕式上，联合国秘书长特别助理金垣洙先生向获得"2013国际健康成就奖"的机构代表和个人颁发获奖证书和奖牌，论坛组委会副主席章琦代表全体与会者宣读了《国际健康宣言》。

本次大会各分论坛的讨论议题非常广泛，具体包括：以人文视角探索健康发展、探索更完善的医疗保障体系、营造健康城市新模式、健康服务的新趋势、中华传统医学的国际化探讨等。来自世界各国的官员、学者、专家、企业家纷纷登台亮相，阐述各自的观点，引发了与会代表的热烈讨论，共同为促进人类健康事业发展出谋划策。

参考文献

《马克思恩格斯文集》第1~10卷，人民出版社，2009。

《马克思恩格斯全集》第3卷，人民出版社，1979。

《马克思恩格斯全集》第42卷，人民出版社，1979。

《马克思恩格斯选集》第2卷，人民出版社，1995。

《江泽民文选》第1~3卷，人民出版社，2006。

胡锦涛：《高举中国特色社会主义伟大旗帜 为夺取全面建设小康社会新胜利而奋斗——在中国共产党第十七次全国代表大会上的报告》，人民出版社，2007。

胡锦涛：《坚定不移沿着中国特色社会主义道路前进 为全面建成小康社会而奋斗——在中国共产党第十八次全国代表大会上的报告》，人民出版社，2012。

中共中央文献研究室编《十六大以来重要文献选编》，中央文献出版社，2005。

江捍平：《健康与城市：城市现代化的新思维》，中国社会科学出版社，2010。

吕姿之：《环境健康教育与健康促进》，北京大学医学出版社，2005。

崔宝秋：《环境与健康》，化学工业出版社，2013。

杨多贵：《国家健康报告》，科学出版社，2008。

王彦峰：《中国健康城市建设研究》，人民出版社，2012。

王彦峰：《中国健康城市建设实践之路》，同心出版社，2012。

王鸿春：《北京健康城市建设研究》，同心出版社，2011。

王鸿春：《2012北京健康城市建设研究报告》，同心出版社，2012。

王鸿春：《2013北京健康城市建设研究报告》，同心出版社，2013。

Wang Yanfeng, *Studies on Building Healthy Cities in China*, Beijing: People's Publishing House, 2013。

Wang Hongchun, *Studies on Beijing's Efforts to Build a Healthy City*, Beijing: People's Publishing House, 2013。

杨河清、郭晓宏：《欧美和日本员工过劳问题研究述评》，《中国人力资源开发》2009年第2期。

谭得伢：《试论社会经济与人群健康的双向作用》，《中国卫生经济》1984年第11期。

万钢：《发展医药科技 促进全民健康》，《光明日报》2010年5月10日。

戴永夏：《奖励健康》，《新民晚报》2006年8月17日。

《国外企业给员工减压提供心理咨询和按摩》，《生命时报》2006年7月19日。

《国外企业给员工减压提供心理咨询和按摩》，《生命时报》2006年7月19日。

蔡江南：《中国经济发展——影响国民健康的双刃剑》，《解放日报》2008年3月2日。

《北大营养专家展望健康产业发展前景》，《企业导报》2006年第12期。

《解读世卫长寿数字（附图）》，《生命时报》2007年5月29日。

梁克：《社会经济因素影响国民健康状况》，《中国社会科学报》2012年7月18日。

李会富：《当代健康生活方式的4个理念》，《天津日报》2011年9月19日。

《大力发展健康科学技术》，《经济日报》2010年7月6日。

《育昂扬向上的公民品格——四论弘扬社会主义核心价值观》，《人民日报》2014年2月17日。

高强：《发展医疗卫生事业，为构建社会主义和谐社会作贡献》，《人民日报》2005年7月9日。

王凯：《我国慢病高发：未来10年或耗掉5580亿美元财富》，《经济参考报》2012年8月17日。

后　记

多年来，我一直在思考一个问题：健康与生产力究竟是什么关系？通过学习马列著作并结合多年来的工作实践，我逐渐认识到"健康就是生产力"，这是符合马克思原意的。中国医药卫生事业发展基金会八年多的医疗卫生扶贫工作实践证明，这是对一些干部群众进行健康教育最有效的思想武器，他们一旦了解了这一概念的深刻含义，就会转变轻视健康的糊涂观念。

有鉴于此，时任首都社会经济发展研究所所长、北京健康城市建设促进会理事长王鸿春研究员与我商议，一方面可将《健康是生产力》申请为北京市社科基金项目，进行深入研究，形成课题报告，供有关领导决策参考；另一方面还可将此观点撰写成理论著作，公开出版，引发有关专家学者及实际工作者研究思考。为了这部著作能尽快完成，鸿春同志协助我做了大量的组织协调工作，在此深表感谢。

本课题为北京市社科基金项目，在课题立项和全书的组织

健康是生产力

编写过程中，需要感谢的同志还有：北京市哲学社会科学规划办公室主任王祥武、北京日报社理论部原主任李乔、中国社会科学院社会科学文献出版社社会政法分社总编辑曹义恒、北京市爱国卫生运动委员会办公室主任刘泽军、北京健康城市建设促进会秘书长赫军、首都社会经济发展研究所副处长鹿春江、北京日报社理论部编辑张记合、北京健康城市建设促进会研究部主任助理杜博伦等。

综上所述，本书的主题思想是由我提出的，我对全书进行了统稿和审定，撰写成书则是靠集体力量协助我完成的，在此对所有参与者表示由衷感谢。

中国医药卫生事业发展基金会
王彦峰
2014年10月于北京

图书在版编目(CIP)数据

健康是生产力/王彦峰著.—北京：社会科学文献出版社，2014.11
 ISBN 978-7-5097-6605-7

Ⅰ.①健… Ⅱ.①王… Ⅲ.①马克思主义-健康-理论研究 Ⅳ.①A811.694

中国版本图书馆CIP数据核字（2014）第233299号

健康是生产力

著　者／王彦峰

出 版 人／谢寿光
项目统筹／曹义恒
责任编辑／曹义恒

出　　版／社会科学文献出版社·社会政法分社（010）59367156
　　　　　地址：北京市北三环中路甲29号院华龙大厦　邮编：100029
　　　　　网址：www.ssap.com.cn
发　　行／市场营销中心（010）59367081　59367090
　　　　　读者服务中心（010）59367028
印　　装／三河市东方印刷有限公司
规　　格／开本：889mm×1194mm　1/32
　　　　　印张：10　字数：225千字
版　　次／2014年11月第1版　2014年11月第1次印刷
书　　号／ISBN 978-7-5097-6605-7
定　　价／49.00元

本书如有破损、缺页、装订错误，请与本社读者服务中心联系更换

▲ 版权所有 翻印必究